# VOYAGES ET AVENTURES
## DE L'ESPRIT

ALEXANDRA DAVID NEEL

# VOYAGES ET AVENTURES DE L'ESPRIT

Albin Michel

# Albin Michel
## ▪ *Spiritualités* ▪

*Collections dirigées
par Jean Mouttapa et Marc de Smedt*

# Sommaire

# Une aventurière de l'esprit

## par Marc de Smedt

*J'ai vécu l'élaboration de ce livre avec une joie inaccoutumée : la rencontre avec Marie Madeleine Peyronnet, qui vécut avec Alexandra David Neel les dix dernières années de sa vie, et continue à publier, à défendre et à faire connaître son œuvre étonnante ; les nombreuses visites à Samten Dzong, cette maison près de la ville de Digne qui abrita l'écrivain jusqu'à sa mort et se trouve maintenant promue Fondation ; le travail de fouille, le mot n'est pas trop fort, que nous fîmes dans le bureau, les classeurs et les archives mêmes de l'exploratrice ; le long et passionnant choix des textes ; toute une ambiance et des conversations évoquant sans cesse le génie disparu ; et, surtout, la redécouverte du legs que cette femme, à tous égards surprenante, laisse à l'humanité par ses livres.*

*Nous sommes tous appelés à disparaître, l'histoire retiendra peu de noms, peu de textes, mais le nom et l'œuvre d'Alexandra David Neel passeront à la postérité, j'en suis convaincu. La vie de cette grande dame est un exemple pour les générations présentes et à venir ; ses écrits sont des témoignages uniques sur des mondes disparus. Son itinéraire et sa recherche intérieure en font l'égale de nos plus grands moralistes, et je la mets au rang d'un Montaigne pour tout cela et pour la beauté splendide de son style.*

*Alexandra David Neel est à lire, à relire. Il faut conseiller sa lecture, qui nous offre la chance de partager une aventure vécue que je trouve plus prenante, plus riche, que celle d'un Monfreid, d'un Lawrence d'Arabie ou d'un Kessel. Son extraordinaire destin pourrait inspirer un film à grand spectacle autant qu'une saga en bande dessinée.*

*L'épopée d'Alexandra dissipe immédiatement banalités et vicissitudes brumeuses de la vie. Elle offre une leçon de courage, de curiosité et de regard, car elle sait voir. Elle n'a pas passé son existence à rêver, elle l'a prise à bras le corps, à pleines jambes, tête claire et vision lucide. Elle a voulu aller au bout de sa vérité, de ce mouvement qui la poussait en avant, ailleurs, toujours plus loin, bien au-delà de ses forces présumées, se dépassant sans cesse elle-même en un cheminement où les routes du monde se mêlent aux secrètes voies intérieures.*

*Voilà une femme qui, née le 24 octobre 1868 et morte le 8 septembre*

*1969, dans la cent unième année de son âge, sut vivre pleinement le possible : issue d'un milieu bourgeois du Nord, dès l'âge de quatre ans elle ressent un sentiment panthéiste envers la nature, disant d'un bel arbre, d'un beau coucher de soleil ou d'un rocher aux formes surprenantes :*

« *Cela est si beau que ce doit être Dieu.* » *Puis, écrit-elle dans* Le Sortilège du mystère [1] *:*

> « *Tout enfant j'ai eu la curiosité des croyances religieuses. Je ne doutais pas qu'elles fussent d'une importance indiscutablement primordiale. Il me fallait les inventorier, en trouver le sens, en discuter moi-même le bien-fondé.* »

*A quinze ans, elle fugue déjà, parcourt à pied la côte belge, passe en Hollande, s'embarque pour l'Angleterre, épuisant le contenu de sa bourse de fillette. A dix-sept ans, accompagnée des seules maximes d'Épictète, elle part en train pour la Suisse, l'Italie, traversant le Saint-Gothard à pied et visitant les lacs. N'ayant plus d'argent, elle demande à sa mère de venir la chercher sur les bords du lac Majeur. Elle se moque de toutes les punitions et déjà s'essaye à endurer des jeûnes et des austérités copiées sur celles lues dans les biographies de saints ascètes chrétiens. A vingt ans, elle fait des études d'infirmière, fréquente des socialistes idéalistes, des anarchistes. Tout cela aujourd'hui semble peu de chose, mais nous sommes en 1888 ! Elle scandalise ses proches, mais n'en a cure, habitée par sa quête de vérité. Petite (elle mesure un mètre cinquante-six), indépendante et fière de l'être, elle part pour l'Angleterre. Et avant de s'embarquer, elle connaît son premier éveil intérieur qu'elle racontera admirablement [2] :*

> « *Le bateau partant dans la matinée, je devais passer la nuit à Flessingue et, comme l'heure de me coucher ne me semblait pas encore venue, je me promenais le long des quais. Il ne faisait pas tout à fait nuit, les formes n'étaient encore qu'enveloppées d'un voile d'ombre qui allait s'épaissir progressivement. Seuls, de rares passants se hâtant vers leurs demeures surgissaient de temps à autre de l'obscurité pour s'y enfoncer l'instant suivant. Une paix ineffable s'était répandue en moi, je me sentais merveilleusement seule. De tous ceux qui me connaissent, pensais-je, aucun ne sait que je suis ici, sur ce quai, en Hollande, et si je mourais en ce moment, personne ne saurait qui je suis. Cette solitude, que j'imaginais absolue, répandait en moi des vagues de félicité. Les transports les plus exaltés des mystiques peuvent-ils égaler cet état de calme infini dans lequel toute agitation physique ou mentale a*

---

1. *Le Sortilège du mystère,* Presses Pocket.
2. *Id.*

*disparu et où la vie coule sans heurts, sans se fragmenter en sensations ou en idées, sans autre goût que celui de l'existence ?*

« *Cependant, le lendemain, sur le pont du bateau, le visage fouetté par le vent âpre et vivifiant de la mer du Nord, l'activité de mon esprit se réveilla, et je m'amusais déjà à imaginer les conjectures qui m'attendaient, car j'allais maintenant prendre contact avec la folle gent des adeptes de la " Gnose suprême ".* »

*A Londres, elle se lie donc à des groupes ésotéristes, théosophiques en particulier, découvre les doctrines orientales, et surtout le bouddhisme, qui l'interpelle immédiatement. Revenue à Paris, elle poursuit ses recherches dans un milieu universitaire cette fois, à la Sorbonne, au Collège de France, suit les cours de Sylvain Levy et découvre ce* « *temple* » *du savoir et de la connaissance : le musée Guimet, qui renferme à ses yeux, et à juste titre, plus de secrets que toutes les sectes et leurs temples à fioritures orientalistes qu'elle appelle des* « *trappes à gogos* »*. Son destin était fixé.*

*A l'âge de vingt-trois ans, elle s'embarque pour Ceylan et l'Inde. Nous n'entrerons pas plus avant dans le détail de sa biographie dont les grandes dates figurent dans les pages qui suivent et demanderons aux lecteurs avides des détails de se reporter aux trois biographies existantes[3] dont celle de Jean Chalon, élégante et profonde.*

*Disons simplement que cette femme écrit à vingt-cinq ans, à son retour de l'Inde, sa première œuvre, un opuscule signé sous le pseudonyme d'Alexandra Myrial et intitulé* Pour la vie[4]*, dont les thèmes sont, pour l'époque, révolutionnaires et qui, aujourd'hui, n'a rien perdu de sa verve et de sa ferveur comme en témoignent ces quelques citations :*

« *L'obéissance a deux phases distinctes :*
*1) On obéit parce que l'on ne peut faire autrement.*
*2) On obéit parce que l'on croit que l'on doit obéir...*
*... Chacun, trouvant naturellement son opinion seule vraie, qualifie d'injustice tout ce qui s'en écarte.*
*... On a réclamé le droit de vote, c'est-à-dire le droit à l'obéissance. Le droit de déclarer soi-même que l'on renonce à être maître de soi pour subir la volonté de quelques individualités aux décisions de qui l'on se soumet d'avance en les élisant.*
*... Pour l'homme, le maître c'est l'ignorance qui ne le laisse ni comprendre ni vouloir.*
*... Le croyant disant " Plus tard, en paradis " ou le révolution-*

---

3. *Alexandra David Neel, par Jacques Brosse, Retz, rééd. Albin Michel, coll.* « *Espaces libres* »*. Dix ans avec Alexandra David Neel, par M. M. Peyronnet et* Le Lumineux Destin d'Alexandra David Neel, *par J. Chalon, Plon.*
4. *Republié dans* Deux maîtres chinois, *Plon.*

*naire disant " plus tard, après la révolution " me paraissent bien
semblables d'esprit..., ce qu'il ne faut pas dire c'est plus tard.*
    *... L'homme n'a pas à chercher son but en dehors de lui, il n'a
pas à le placer en quelque chose d'extérieur, homme ou idée. »*

Et tout l'ouvrage est dans cette même veine explosive. Quelques
années plus tard, en 1909, elle fera paraître, sous le nom d'Alexandra
David, après deux essais sur des philosophes chinois méconnus[5] et de
nombreux articles, un petit livre, Féminisme rationnel, *qui pourrait
être la Bible des féministes aujourd'hui et où, entre autres, elle s'écrie :*

> « Si nous avons une volonté ferme de nous émanciper, quant aux
> actes extérieurs, de la tutelle légale à laquelle nous sommes tenues
> par les hommes, il conviendra d'abord de songer à nous émanciper
> de la tutelle intime sous laquelle nous nous plaisons nous-mêmes...
> Soyons nous-mêmes ! Toute la vie est là ! Bonheur ou malheur, il
> n'en est de complet que celui qui procède de nous, de notre être
> intime, qui a source première en nous. »

Femme moderne, Alexandra David Neel l'était bien avant l'heure.
Et dans cet ouvrage qui rend hommage à ses talents d'exploratrice et
d'écrivain, vous découvrirez de multiples facettes de sa personnalité,
grâce à des textes cités intégralement et qui n'ont pas été publiés depuis
des dizaines d'années. Bien sûr, la grande histoire de ce « Tintin en
jupons » fut le voyage et ses rencontres, tous ces séjours en Orient et
surtout au Tibet, pays interdit, zone blanche sur la carte, qu'elle sut
pénétrer et aimer. Ce cahier y fait donc une place majeure. Et ceux qui
ne la connaissent pas y découvriront son bouddhisme qui fut expérimenté en toute lucidité, démythifiant ce qui devait l'être ; elle parle
ainsi des lamas qui pour la plupart annonent leur sutras sacrés sans les
comprendre ni les vivre. Elle-même étudiait les anciens écrits dans leur
texte même, à l'égal des plus grands orientalistes, et revivait la lettre par
une pratique assidue de la méditation comme en témoignent ces lignes[6],
en prélude à la rencontre avec un tigre survenant là et qui, devant le
calme de l'immobilité de la posture de la méditante, s'éloigna, tout aussi
paisiblement qu'il était venu. Histoire authentique, parmi d'autres bien
plus prosaïques, histoire souvent attestée par ces anachorètes qui vivent
dans des repaires loin du monde dans la jungle ou la montagne, et dont
Alexandra sut partager la vie et les expériences :

> « Je m'assis donc et m'abandonnai à mes méditations favorites.
>     Au cours de tant d'années passées dans l'Inde, mon esprit s'était
> meublé non seulement de connaissances d'ordre philosophique

5. *Republié dans* Deux maîtres chinois, *Plon.*
6. Au cœur des Himâlayas, *Pygmalion.*

*mais, en plus, de quantité d'histoires touchant la vie des anacho-
rètes dans les forêts. J'avais aussi, depuis longtemps, pris l'habitude
de la méditation intense, le samadhi des Indiens, pendant laquelle
les perceptions sensorielles ne provoquent aucune réaction mentale,
ce qui fait dire improprement que, dans cet état de concentration
d'esprit, on ne voit pas, on n'entend pas, etc.*[7] *C'est là une
technique à laquelle on ne peut guère s'initier qu'en Orient et qu'il
ne faut pas confondre avec les pratiques religieuses. Ce genre de
" méditation " convient parfaitement à des rationalistes agnosti-
ques.*

    *La solitude et le silence parmi les bois y incitaient, je cédai à leur
invitation et le résultat habituel se produisit à peu près. Je dis à peu
près, car bien que j'eusse en " grande partie " perdu conscience de
mon environnement, mes oreilles perçurent un bruit et celui-ci
réveilla une activité correspondante dans ma pensée. Ce bruit était
celui de pas feutrés, précautionneux et pourtant lourds...* » C'était
le tigre.

    *Eh oui, pour celui qui ne bouge pas, le monde ne bouge pas autour
de lui : cela est valable dans tous les sens, le calme amène le calme,
l'activité amène l'activité et chaque comportement porte son propre
résultat, son karma. Le fait que celui-ci soit positif ou négatif importe
peu, reste une question de valeurs personnelles et de conscience, une
conscience dont Alexandra défendait l'acuité. Les termes de libération,
d'éveil, elle les vivait dans sa chair et son esprit, non comme il se doit
mais comme, humainement, il se devrait.*

    *Laissons place maintenant à cette « Lampe de sagesse », nom que lui
donna le seul lama qu'elle jugea vraiment digne de l'initier et auprès de
qui elle passa une longue retraite en ermitage, au pied de sa caverne,
laissons-la nous éclairer.*

M. de S.

---

7. « *En fait, les sens continuent à fonctionner, mais leurs contacts avec leurs objets respectifs
(l'œil avec les formes, les couleurs, l'oreille avec les sons, etc.) ne sont pas accueillis
consciemment par l'esprit et celui-ci ne leur associe pas des idées. Il ne s'ensuit pas que ces
contacts et les effets physiques qu'ils déterminent ne soient pas enregistrés et emmagasinés dans
les réserves du subconscient.* » Note d'A.D.N.

# Alexandra David Neel

## Quelques dates

**24 octobre 1868** : sa naissance.

**1871** : un jour, son père l'a emmenée devant le mur des Fédérés au pied duquel gisaient, fusillés, les insurgés de la Commune.

**1874** : son départ de Paris pour Bruxelles.

**1875** : son entrée au couvent (« Maintenant je suis une grande personne », disait-elle.)

**1888** : ses relations avec Elisée Reclus (l'anarchiste). Son entrée dans la franc-maçonnerie. La visite du musée Guimet.

**1891** : son premier voyage en Inde (18 mois environ). Sa rencontre avec le swami Bashkarananda. Sa première vision de la barrière himâlayenne.

**1894-1895** : sa tournée théâtrale au Tonkin.

**1904** : le 4 août, elle épouse Philippe Neel ; en décembre survient la mort de son père.

**1911** : retour en Inde pour 18 mois ; elle ne rentrera que 13 ans après. En novembre, rencontre avec Shri Aurobindo Gosh à Pondichéry.

**1911** : le 30 décembre est le jour où on lui demande de tout abandonner et de vivre nue... (joie parce que ces gens la jugent capable d'un tel renoncement...) Voir *Lettres* p. 79, tome 1.

**1912** : rencontre avec Sidkéong Tulkou, mahārājah du Sikkim.

**1912** : le 28 mai, rencontre avec le Gomchen de Lachen (qui a accepté de repousser sa retraite de trois ans, trois mois et trois jours pour la prendre comme disciple-élève !)

**1912** : le 25 juin, rencontre avec le 13e Dalaï Lama.

**1912-1913** : pèlerinage à Lumbini dans les ruines de Kapilavastu, au royaume du père de Bouddha, lieu de sa naissance.

**1913** : le 10 juin, son mari accepte qu'elle poursuive son voyage, donc ses études (voir « Lettre du 10 juin 1913 », dans le tome 1 de la *Correspondance*).

**1914** : le 11 décembre, elle apprend la mort de son ami le jeune mahārājah du Sikkim, Sidkéong Tulkou.

**1915 :** le 20 août elle écrit : « Je suis propriétaire dans les Himâlayas » lorsqu'elle s'installe, enfin ! dans son ermitage…(voir « Lettre du 20 août », tome 1, p. 344).

**1916 :** juillet, rencontre du Panchen Lama dans son monastère de Tashilhunpo à Shigatze.

**1918 :** 12 juillet, arrivée à Kum-Bum (Ta-her).

**1924 :** février, arrivée à Lhassa.

**1937 :** son retour en Chine.

**1941 :** le 14 février, elle apprend la mort de son mari Philippe Neel.

**1946 :** juillet, retour en Inde en attendant son rapatriement en France.

**1955 :** le 7 novembre, mort de Yongden, son fils adoptif et compagnon de 40 années de pérégrinations diverses, à Digne.

**1959 :** un jour, M.-M. Peyronnet lui dit qu'elle accepte de vivre avec elle à Samten Dzong, lui permettant ainsi de poursuivre son œuvre et de finir sa vie au milieu de ses livres et de ses souvenirs.

**1967 :** un jour, elle apprend que le lycée de Digne portera son nom (il n'y a que pour Mistral, Pagnol et Alexandra David Neel que le nom a été donné à un lycée de leur vivant).

**1969 :** la visite de ses trois « jeunes » amis : Christian Fouchet, Bertrand Flornoy et Gaétan Fouquet.

**8 septembre 1969 :** sa mort.

# L'aboutissement d'une vie

## entretien avec Marie Madeleine Peyronnet

Marie Madeleine Peyronnet a vécu avec Alexandra David Neel durant les dix dernières années de son passage sur cette terre[1]. Dame de compagnie, secrétaire, infirmière, bonne à tout faire, chauffeur et confidente, elle fut son ultime compagne. Auteur d'un livre sur cette expérience fascinante, responsable de l'édition des ouvrages posthumes et de la Fondation Alexandra David Neel, fondation abritée par la ville de Digne où se trouve cette maison, Samten Dzong, « la forteresse de la méditation », où Alexandra David Neel passa la fin de son existence et que l'on peut toujours visiter, Marie Madeleine Peyronnet reste le témoin privilégié d'une personnalité très au-delà du commun. Voici quelques bribes d'une récente conversation amicale, enregistrée pour ce numéro.

*Quinze ans après sa mort, quelle image vous reste-t-il d'elle ?*

Vous savez, je suis une grande amoureuse de l'intelligence et, toute jeune, lorsque les filles rêvaient de rencontrer un prince charmant, moi je rêvais de trouver sur ma route une grande intelligence : et je l'ai rencontrée dans la personne d'Alexandra David Neel. Elle avait un grand et terrible caractère mais, avec le recul du temps, l'image qui me reste d'elle est celle d'un personnage fabuleux dont tous les côtés difficiles dus à son grand âge et à sa paralysie croissante, tous ces côtés-là s'estompent et ne demeure dans ma mémoire que la grande aventurière, qui a vécu l'aventure de l'esprit après celle des voyages.

Plus je travaille sur son œuvre plus je pense que René Grousset du musée Guimet avait raison lorsqu'il disait : « Il y a deux Alexandra David Neel : celle qui écrit et celle qui sait. »

Et même quand je pense à sa paralysie, je ne peux qu'être admirative : elle avait une volonté d'acier et un orgueil démesuré qui l'empêchaient de se laisser aller et elle s'est déplacée jusqu'au bout, à l'aide de cannes, en lançant ses jambes en avant ; elle disait : « Moi je marche sur mes mains ! »

1. Voir *Dix ans avec A. D. Neel*, Plon.

Il faudrait inventer des mots pour parler de cette femme, son regard, sa parole, ses gestes, tous ses actes exprimaient l'énergie ; c'était un monument d'énergie qui ne fut vaincu que par la mort... et encore je n'en sais rien !

A cent un ans, elle qui avait vu mourir tant de monde m'aurait jeté son dentier à la tête, car, ne pouvant plus se servir longtemps de ses doigts, elle avait besoin de « ça » (c'est-à-dire moi) pour écrire : à la fin elle me dictait tout et nous pensions, quelques jours avant sa mort, acheter un magnétophone. Dommage qu'on ne l'ait pas décidé auparavant !

C'est une femme qui n'a jamais fait aucune concession. Elle a réussi grâce à elle-même sans faire de lèche-bottes à personne et elle savait dire à tout un chacun sa façon de penser, sans fioritures. Son franc-parler lui a d'ailleurs créé de nombreuses inimitiés. Tous les sentiments étaient démesurés chez elle, elle était très excessive et restait fidèle à sa philosophie de vie. D'ailleurs, elle n'admettait pas que chez ceux qu'on appelle des maîtres, qu'ils soient universitaires ou autres, il y ait séparation entre la pensée émise, enseignée et l'existence vécue. Pour elle, quelqu'un de préoccupé par les choses de l'esprit devait mener une vie digne de l'élévation de son raisonnement. La théorie ne s'avérant valable que confrontée et prouvée par l'existence pratique.

*Oui, elle était très dure dans ses jugements. Vous m'avez dit un jour que, parlant justement des maîtres, elle avait dit : « Ceux qui sont restés honnêtes, c'est qu'ils n'ont pu faire autrement. » C'était pourtant une spiritualiste elle-même...*

Oui, c'est vrai, mais vous savez dans le domaine du paradoxe, plus les gens sont grands plus le paradoxe est démesuré. Elle a d'ailleurs l'honnêteté de le reconnaître et faisait son autocritique. Elle dit dans sa correspondance : « Moi aussi j'ai mordu, j'ai donné mon coup de dent dans ce tas d'immondices qu'est la vie, mais, grâce au bouddhisme, je m'en suis sortie. » Elle n'a jamais prétendu être une rose blanche sans épines et sans taches. Ainsi, dans un de ses carnets personnels, parlant de son fils adoptif le lama Yongden, elle écrit : « J'ai été égoïste, je l'ai élevé sous ma dépendance pour l'avoir tout à moi et maintenant, resté un enfant il est incapable de se débrouiller tout seul. » Et heureusement qu'il est mort avant elle.

Elle était sans concessions pour elle-même et, aussi, pour les autres. Une fois, je lui ai dit dans ma candeur : « Madame, vous êtes un grand toubib, au diagnostic étonnant, mais les remèdes vous ne les apportez pas. » Elle me répondit : « Et toi, si coléreuse, tu peux te modifier ? Mais si l'on sait reconnaître ses torts et travers, on est déjà plus à même de comprendre les autres. Et d'avancer sur le chemin de la vie. »

*Que disait-elle de la mort ?*

Elle l'attendait avec une très grande curiosité. Il lui tardait de voir le moment de ce passage.

*La prenait-elle pour la dernière aventure à vivre dans cette vie ?*

Oui, absolument. D'ailleurs depuis tout enfant elle l'attendait, elle était prête à affronter cet instant. Je lui disais : « Vous êtes tellement curieuse de ce moment que c'est cela qui vous tient en vie ! »

*Que répondait-elle ?*

Elle riait. Je l'amusais avec mes réflexions à l'emporte-pièce. Elle disait : « Avec toi le cinéma est permanent et gratuit... »
Elle avait la haine du monde dans le sens où elle regrettait les vices et la bêtise des hommes, mais elle était par contre passionnée par toutes les potentialités positives de l'humanité. Elle était à la fois spiritualiste et rationaliste, passionnée par l'esprit et ses au-delà comme par les possibilités incroyables de la science. Et je prétends que cette femme, avec cette force vitale et cette intégrité dans sa vision intérieure et extérieure, a su devenir le plus grand reporter de tous les temps. De plus, toutes les idées anarchiques de sa jeunesse, elle les a gardées, et ce jusqu'à la fin : les idées de son traité anarchique, *Pour la vie*, signé alors Alexandra Myrial, elle les a soutenues jusqu'au bout.

*Il est exact qu'elle reprend ce texte dans la troisième partie de son livre* En Chine[2], *et écrit en exergue que c'est là son testament spirituel.*

Et vous vous rendez compte qu'elle a écrit tout cela au début du siècle ! Quand le féminisme ose à peine parler aujourd'hui de thèmes comme, par exemple, l'idée de la rétribution de la femme au foyer ! Après avoir lu ce livre, je me suis écriée : « Mais, Madame, c'est votre meilleur bouquin ! ». Alors, un jour, cinq semaines avant sa mort, à cent un ans, elle m'a demandé de le lui relire. Et elle écoutait ça, avec son regard magnifique. On aurait dit que son regard tirait des traits, il sortait quelque chose de ses yeux, on était coupé en deux quand elle vous regardait ; elle avait un regard magnétique qui impressionnait beaucoup tous ceux qui venaient lui rendre visite... Donc, elle écoutait avec attention, comme si je lui lisais un article de quelqu'un d'autre, et à la fin elle me dit : « Si je l'écrivais aujourd'hui, qu'est-ce qu'ils prendraient tous ! » Donc, elle aurait voulu aller encore plus loin !
Elle est restée une anarchiste libertaire jusqu'au bout. Elle était

---

2. Repris sous le titre : *Deux maîtres chinois*, Plon.

d'ailleurs très heureuse de faire œuvre de vulgarisation car elle disait que le plus grand service que l'on pouvait rendre à un être était de le rendre intelligent. Et pour elle, aider le peuple à s'élever ne signifiait pas qu'il fallait lui donner de l'argent mais de la culture, une tête bien faite. Elle disait : « Donner de l'argent à un imbécile ne sert à rien, il ne sait pas le dépenser. » Pour elle, le riche ne devait pas descendre dans l'échelle sociale, mais c'était le pauvre qui devait monter.

Elle était farouchement contre tout nivellement par le bas. Et la presse communiste la scandalisait par sa médiocrité ! Elle disait : « Le chien de la voisine est plus communiste que ces gens-là ! » Pour elle, le communisme ne signifiait pas devenir vulgaire et elle était navrée que ces grands idéaux soient ainsi galvaudés et rabaissés.

Elle prétendait aussi que pour prendre parti il fallait connaître tous les partis. Pour choisir une religion, connaître les autres religions. Elle prônait la diversité des idées pour permettre le bon choix, convenant à l'être. Elle me disait : « On vous baptise à la naissance. Mais c'est un scandale. Heureusement encore qu'on ne m'a pas inscrite en plus au perti communiste, socialiste ou royaliste ! C'est moi qui dois avoir mon libre choix ! C'est aux êtres de choisir leur idéologie ! »

Mais alors elle était intransigeante sur le fait de *vivre* ce qu'on croit et ce qu'on suit. Elle n'admettait pas la tiédeur idéologique, ni la non-mise en pratique des idées qu'on professe. Elle vitupérait contre tous les discours creux des partis politiques dont tout le monde sait que, face à la réalité, ne restent que des mensonges mais aussi contre les curés, les lamas, tous ces religieux qui ne pratiquaient pas dans les faits les idées qu'ils prêchaient.

*Mais son œuvre reste très humaine. La lisant on est finalement heureux de voir l'humanité sous ce jour-là.*

Si l'on respectait ses idées et son respect des idées, la terre serait un paradis.

*Des idées teintées de bouddhisme...*

Attention ! Elle n'a jamais fait de prosélytisme ! Elle exposait des principes et pratiques inconnus, ainsi que sa façon de les vivre.

*Pourtant dans sa* Correspondance *elle écrit bien que le bouddhisme lui semble la seule voie valable, la plus claire...*

Sa correspondance c'est moi qui l'ai livrée. Jamais elle n'aurait publié de son vivant ces lettres, ce journal de voyage, ces écrits où l'on découvre l'intimité de ses pensées.

*C'est le livre[3] où elle apparaît dans toute sa grandeur et vérité.*
*Vraiment il est d'une lecture extraordinaire !*

Sa pensée y est condensée en courtes phrases qui ont un poids
unique. Je compte d'ailleurs faire un troisième volume de cette
correspondance. Sept kilos de documents ! la plus petite lettre avait
vingt-cinq pages ! J'ai mis dix-huit mois pour en faire la première
compilation... Après ce travail, je range la maison, mets des bouquets
partout, je fais la dame, je ne me reconnais pas et, tout d'un coup, je
m'assieds à cette table, là, et je me mets à écrire : je me retrouve à Aix-
en-Provence, je la vois m'accueillir, hiératique :

— Bonjour Madame.
— Comment vous appelez-vous ?...

Et en treize jours j'ai ainsi écrit mon livre, que je trouve d'ailleurs
maintenant bien incomplet.

*Vous étiez venue pour quelques jours dans cette maison ?*

Pour trois mois. Et cela fait vingt-six ans que je suis ici. Je ne
regrette rien. Je voulais une vie pas banale, je me la suis offerte. Je suis
heureuse d'avoir consacré ma vie à une telle âme. Dans ce monde où il
n'y a que l'argent, le mensonge et les fesses qui priment, rencontrer une
telle grande âme est rare. En tout cas, elle ne laisse personne
indifférent ; des jeunes de vingt ans qui viennent visiter cette maison
me disent : « C'est mon maître à penser, elle m'aide à bien vivre ma
vie. » Et des vieux me disent : « Sa lecture nous rajeunit ! »

Alors, l'exemple de cette petite bonne femme, avec ses failles et ses
faiblesses, qui a su trouver son chemin, prouve que nous aussi nous
pouvons trouver le nôtre. Et ce chemin se situe au-delà de l'Himâlaya
et du bouddhisme. En nous-mêmes.

*Elle est morte très calme ?*

Oui. Elle avait senti sa mort venir. Elle m'avait dit : « Tortue, je
vais mourir, comme dirait mon papa, cela se sent. » Les trois derniers
jours, elle est entrée dans le coma mais la pompe continuait à battre.
Intellectuellement, elle est morte intacte.

Quelques jours avant sa mort, elle commençait quatre livres ! *Jésus,*
*patriote juif ou mythe grec, Le Tibet des lamas, le Tibet des Chinois, Le*
*Yoga authentique* et un quatrième titre qui va vous prouver son sens
très aigu de l'analyse politique : *L'Impossible Communisme mais le*
*communisme triomphant.* Elle craignait que cette idéologie triomphe
dans ses plus mauvais aspects, à un niveau vulgaire, abêtifiant. Mais elle
n'a pas eu le temps : elle n'a vécu que cent un ans !

---

3. *Journal de voyage, lettres à son mari,* Plon, 2 volumes.

Vous savez ce que je me permettais de lui dire ? « Madame, vous êtes paresseuse. » Je ris quand j'y pense mais c'est vrai qu'elle aimait beaucoup se promener. Elle me répondait : « Tu as peut-être raison. » Et moi : « Madame, avec votre intelligence, si vous aviez ma force de travail actuelle, vous en feriez des livres ! » Elle était d'accord, en riant. Mais elle aimait se balader. Elle n'a jamais refusé une promenade ! Et ce, depuis le début de sa vie.

Et pas d'heures pour travailler, pas d'heures pour ranger, pas d'heures pour dormir. Ce qui ne facilitait pas les relations sociales. Mais on n'avait pas le droit de se coucher sans avoir fait un travail constructif, quelques pages d'un chapitre. Et toujours à l'écoute des nouvelles, elle est morte en écoutant la radio, des journaux, des livres de philosophie autour d'elle. Ça allait des essais les plus récents à ses rouleaux de textes en tibétain, en passant par ses Bibles. Elle aimait beaucoup méditer l'Ecclésiaste et le citait souvent. Sa formule favorite était d'ailleurs : « Va comme ton cœur te mène et selon le regard de tes yeux. »

*Elle qui n'a jamais eu de disciple direct, rien, cela a été une chance de vous trouver à la fin de sa vie ! Une chance pour vous, une chance pour elle.*

Je lui ai lancé un jour de colère : « Madame, je dirai au monde que vous étiez un Himâlaya de despotisme ! »

Elle était adossée à son fauteuil et m'a répondu : « Je sais que je peux compter sur toi. Tu diras la vérité. Tu ne me feras pas passer pour une gâteuse, une doucereuse ! » (Rires.)

*Pouvez-vous citer une phrase à elle, qu'elle aimait bien employer ?*

Toujours des phrases très belles, très fortes : « Ce monde est un mirage et nous ne sommes que des ombres. »

Et parmi ses toutes dernières paroles, reprenant l'idée de Socrate et de tant d'autres, elle m'a dit : « Je sais, Tortue, que je ne sais rien et que j'ai tout à apprendre. »

Et ce, pas du tout sur un ton désabusé, mais avec un immense intérêt. Elle me disait aussi : « Il me semble que les hommes sont en train de préparer une troisième guerre mondiale. S'ils comprennent leur bêtise et leur orgueil, ils se ressaisiront et l'éviteront. Mais je n'ai guère d'espoir. Moi, je ne la verrai plus, mais toi, peut-être… »

Propos recueillis par Marc de Smedt

# De l'importance
## des influences ambiantes

L'année 1900 qui ouvre ce siècle voit paraître chez Ernest Leroux éditeur, libraire de société d'ethnographie, un opuscule dont le titre exact est : " De l'importance des influences ambiantes au point de vue philosophiques ", sous la signature de Mme A. Myrial[1], premier nom de plume de Alexandra David Neel. Elle y développe une théorie révolutionnaire qui est celle-là même prônée aujourd'hui par les scientifiques qui, tel Fritjof Capra, parlent de " Tao de la physique " :

*Kâryaté hy avaças karma sarvas prakrititijaer gunaes*

"L'homme, malgré lui, est mis en action par les qualités de sa matière"[2].

---

1. Ce travail a été communiqué par l'auteur à la Société d'Ethnographie de Paris lorsque celle-ci a engagé sa grande discussion sur l'Ambiantisme. (Voy. *Bulletin de la Société d'Ethnographie*, t. XIX, 173 et le résumé dans le *Journal officiel* du 7 mai 1900.)

2. *Mahâbhârata.* -La traduction souvent adoptée est : "L'homme, malgré lui, est mis en action par les fonctions naturelles de son être". La traduction que je fais peut paraître plus obscure, moins française. Je n'hésite pourtant pas à la proposer parce qu'elle me paraît plus littérale et plus conforme à l'esprit du texte. La traduction employée dit bien que l'homme agit selon son organisme, mais le texte sanskrit serre la question de plus près en disant que l'homme est mis en action par les propriétés ou les qualités inhérentes à la substance, à la matière qui compose son être.

Si, comme le dit ce texte confirmé par les découvertes modernes, si l'homme agit suivant les qualités propres à la matière dont il est composé, l'étude de cette matière, de la façon dont elle se forme et dont elle se transforme est d'une importance capitale.

L'homme est avant tout un produit de son milieu. Lorsque au fond des mers des cellules surgissent et se différencient de la matière proto-plasmique, c'est que des circonstances favorables déterminent cette transformation. L'évolution des cellules s'accomplit ensuite selon les milieux avec lesquels elles entrent en contact. C'est à l'influence des circonstances ambiantes que nous devons d'être parvenus à l'humanité. Les découvertes de la science nous montrent le monde animal se confondant à un certain point avec le monde végétal et les cellules qui furent nos ancêtres primitifs étaient, sinon absolument sœurs, du moins bien proches parentes de cellules dont la descendance emportée à travers d'autres milieux est encore aujourd'hui parmi les végétaux. La démarcation qui semble si nette lorsque l'on considère des organismes supérieurs des deux règnes n'existe pas de la même façon entre les êtres primitifs. Les études spéciales faites au sujet des *prostites*, ces êtres microscopiques vivant dans la mer, n'ont pu amener leur classification bien définie dans l'un des deux règnes, tant s'entremêlent en eux les caractères divers faisant d'eux des plantes par certaines particularités, des animaux par certaines autres.

L'étude des phases de la vie de notre globe nous montre les différentes espèces d'êtres apparaissant ou disparaissant selon les modifications qui se sont produites sur la terre. Les longues périodes de vie terrestre écoulées avant l'apparition de l'homme prouvent que sa naissance dépendait d'un milieu propice comportant la possibilité de la vie humaine. Sans la formation de ce milieu particulier, l'homme n'aurait jamais existé. — A côté des lentes transformations opérées chez les êtres par les nécessités de l'adaptation aux milieux qu'ils subissent, nous pouvons constater de brusques changements correspondant aux modifications apportées naturellement ou artificiellement dans les conditions ambiantes des individus. — Ne réussit-on pas à empêcher la transformation naturelle des tritons en les empêchant de sortir de l'eau. La respiration pulmonaire ne pouvant s'établir chez eux faute de circonstances favorables ils continuent à respirer par les branchies. — On cite un phénomène du même ordre mais en sens contraire. Plusieurs individus d'une espèce se rapprochant du triton : l'axolotl mexicain, animal conservant ses branchies toute sa vie, — plusieurs axolotls sortirent un jour de l'eau, perdirent leurs branchies et se mirent à respirer au moyen de poumons.

Très caractéristique aussi est le cas de la couleuvre. En liberté, elle pond des œufs ; enfermée dans une cage, si l'on a soin de ne pas y mettre de sable, la couleuvre donne naissance à des petits vivants. L'influence subite de circonstances ambiantes différentes suffit ici pour transformer, en apparence, un ovipare en vivipare.

*

L'étude des influences ambiantes marche de pair avec celle des influences ataviques et héréditaires. Il n'est pas question d'opposer une théorie à une autre théorie, il n'y a pas de contradiction, car les caractères ataviques ou héréditaires ne sont que la transmission d'influences ambiantes passées.

*

On ne saurait prendre les questions de trop loin lorsqu'on veut se livrer à une étude sérieuse. Quel que soit le fait dont on désire examiner les conséquences, l'étude péchera toujours par un point si l'on ne se rend pas compte de l'origine de ce fait.

Si l'on se préoccupe de l'influence qu'ont exercée sur l'Humanité les idées philosophiques, sociales et religieuses, on aborde peut-être la question par le milieu et non par le commencement.

Une conception religieuse, philosophique ou sociale n'est pas une *cause première*, elle n'est pas seule à agir sur l'homme. Fille des milieux qui l'ont fait naître et tributaire des milieux qu'elle a traversés, se transformant à leur contact, elle est facteur actif dans l'ambiance, mais facteur parmi d'autres facteurs qui réagissent sur elle comme elle réagit sur eux.

Les idées philosophiques, sociales et religieuses ne doivent pas, à mon avis, être étudiées comme des manifestations simultanées de la pensée humaine, les premières conceptions religieuses ayant précédé de beaucoup les théories sociales et les systèmes philosophiques. Dans les périodes primitives où l'instinct animal vivait seul en l'homme, il ne pouvait être question de théories sociales ; la force physique régnait, le plus fort contraignait le plus faible à lui obéir, mais sa mentalité fruste n'allait pas jusqu'à chercher à baser son pouvoir sur une théorie abstraite quelconque.

Le premier sentiment que l'on voit poindre à l'origine de la pensée humaine est la crainte et le désir de protection. L'homme, ne se sentant pas la force nécessaire pour lutter contre la nature et commençant à désirer d'échapper à son absolue domination, cherche en dehors de lui des protecteurs qu'il croit plus puissants et abdique entre leurs mains le soin de sa défense.

Parmi les causes purement physiques, agissant seules jusque-là, s'introduit ainsi un élément nouveau, émanant d'elles mais factice, et l'homme devient esclave des chimères qu'il a enfantées ; oubliant qu'elles n'existent que par lui, il se soumet à ses fictions comme à des êtres réels. Le règne de la force physique n'est plus. Les Maîtres commandent au nom d'une idole quelconque : dieu, idée ou principe ; ils n'ont point besoin d'être présents pour obtenir l'obéissance, car ils ont leurs représentants en chaque esprit dans la croyance à l'idole d'où ils tirent leur autorité. Le premier législateur est prêtre, le premier système social est la théocratie qui n'est qu'une forme de l'obéissance aux divinités par l'intermédiaire de leurs ministres.

A un point fort éloigné de l'origine des religions nous voyons surgir les systèmes philosophiques. De ces systèmes les uns ne sont que
des développements d'idées religieuses existant, les autres tentent de
s'appuyer sur des données scientifiques pour en tirer des conclusions
philosophiques et pratiques. Une étude très intéressante pourrait se
faire sur les particularités propres aux milieux qui ont donné naissance
à ces différentes écoles. Il serait extrêmement intéressant surtout de
savoir comment la pensée aryenne a pu, sans le secours de la science
expérimentale, atteindre à cette justesse de vue qui fait de cette antique philosophie, la philosophie moderne par excellence. Sans m'arrêter sur ce point qui s'écarte de mon sujet, je me permettrai de souhaiter que des études sérieuses et une diffusion intelligente introduisent
dans nos sociétés l'esprit admirable de l'antiquité aryenne et qu'à
l'influence déprimante de l'esprit sémitique qui nous gouverne par l'intermédiaire des idées judéo-chrétiennes nous tentions de substituer une
influence plus vivifiante. Opposant au culte de la souffrance, du renoncement, de l'ignorance en un mot, la philosophie de la Vie et l'exalta-
tion du Savoir.

*

En ce qui concerne les organisations sociales elles procèdent des idées
abstraites — religieuses ou philosophiques — bien plus que des nécessités
de l'existence humaine. Dans ce domaine nous sommes encore absolument sous le règne des mythes.

Il n'y a chez aucun peuple une institution sociale qui n'ait sa base
dans une conception arbitraire, religieuse ou morale, à laquelle ce peuple
a donné son assentiment intérieur. S'il n'en était pas ainsi, comment
les peuples entretiendraient-ils des institutions dont ils ne tirent aucun
avantage ?

On peut dire que la plupart des rapports sociaux existant actuellement entre les hommes, leur mode de vie en général, sont en opposition directe avec les enseignements de la science. Si l'humanité per-
siste à continuer cette vie anormale, c'est que l'influence des idées arbi-
traires qu'elle a héritées de ses ancêtres est assez puissante pour imposer silence à l'instinct vrai et aux besoins réels de l'organisme humain.
Ces idées formant une sorte de milieu factice — telles les idées religieuses, les idées morales — sont considérées par une foule de gens
comme des notions *a priori*. La science, cependant, ne peut admettre
de notions *a priori*. Tout ce qui est entré dans notre cerveau y a pénétré par la voie de nos sens. Tel conte de notre grand'mère revenant
à notre mémoire sous l'influence d'une vibration particulière nous semble
parfois un avis céleste, une voix de la conscience. Bien plus encore,
l'habitude contractée par ses ancêtres peut exister chez l'individu sous

forme de tendance héréditaire et la gêne ressentie par son organisme, prédisposé à agir d'une façon déterminée, lui inspire, lorsqu'il agit d'une façon différente la croyance à une loi surnaturellement inscrite en lui. Tout ce qui est en l'homme a été acquis sous l'influence des influences ambiantes, subies soit par lui, soit par ses devanciers. Tout le monde peut constater le cas des animaux domestiques chez qui le dressage, certaines habitudes imposées par l'homme, ont produit des tendances qui semblent innées, bien qu'elles soient héritées. Les chiens de chasse, les chiens de berger ne se trouvent pas à l'état naturel ; pourtant d'eux-mêmes ils chassent et surveillent le bétail. La persistance de l'influence que leur a fait subir l'homme a créé ces deux races spéciales de chiens.

\*

J'ai dit plus haut qu'une idée n'est jamais seule à agir sur les individus ; il me semble donc nécessaire en étudiant les résultats dus à l'influence exercée par les idées abstraites de tenir compte en même temps des autres éléments coexistant autour du peuple dont on s'occupe et non seulement des éléments de son milieu actuel, mais des particularités propres aux milieux qu'ont traversés ses ancêtres et qui agissent encore sur lui par les caractères ataviques, les prédispositions héréditaires qu'ils lui ont légués.

L'Islamisme, le Christianisme sous ses deux aspects, Catholicisme et Réforme, ont eu une influence considérable sur les peuples ; mais l'Islamisme eût-il pris en d'autres régions l'extension énorme qu'il a prise dans le monde oriental ? L'enthousiasme soulevé par Luther en Allemagne eut-il pu naître dans cette Italie sceptique et artiste qui révolta si profondément le réformateur ? — Quelles que soient les transformations qu'une doctrine fasse subir à un peuple, il faut considérer d'abord ce qui disposait ce peuple à la recevoir. Les caractères acquis des peuples acceptant cette doctrine, les particularités du sol, du climat, l'alimentation doivent être pris en considération, car si les théories abstraites influent sur les esprits, souvent aussi les doctrines ne sont acceptées que parce que le peuple les modifie pour se les adapter. L'Italie, et principalement l'Italie du Sud, est aussi païenne que sous les Romains. Un récent voyage en Grèce m'a permis de constater que si les superstitions y ont quelque peu changé de forme, le paganisme règne sur la majorité de la population tout comme aux temps antiques. Le Christianisme n'a triomphé qu'en empruntant les formes du paganisme pour les adapter tant bien que mal à l'esprit juif. Les masses populaires réfléchissant peu, il est plus facile de les soumettre à une idée que de leur faire adopter des formes nouvelles. N'examinant pas l'idée qu'on leur présente, n'en comprenant pas les conséquences, elles la laissent s'implanter sans résister et le temps aidant, elles en deviennent l'esclave sans l'avoir discutée ni admise de propos délibéré. Une forme matérielle est plus à la portée du peuple : de là vient l'extrême difficulté que l'on éprouve à changer ses habitudes, à le faire renoncer aux actes qu'il accomplit par routine, leur restant attaché sans en comprendre le sens. Le dieu des Juifs, Javhé, n'a jamais pu abolir chez les Latins et les Grecs le culte des divinités locales et secondaires. Héros et génies ont conservé leurs autels en se transformant en anges et en saints. Pourquoi le Nord, sous l'influence de la Réforme, a-t-il renoncé aux dieux pour ne reconnaître qu'une seule divinité alors que le Midi n'a jamais pu rompre les liens qui l'attachent à la pensée païenne ?

Renan rattachait la conception monothéiste à l'aspect du sol : ''Le désert est monothéiste'', a-t-il dit. Il croyait que l'aridité de la Nature entraîne la stérilité de l'imagination, et que l'homme contemplant toujours les mêmes tableaux n'est point porté à concevoir cette foule de divinités qui, chez les peuples vivant au sein d'une nature exubérante, personnifient les forces diverses qu'ils voient en lutte autour d'eux.

— Voilà bien, semble-t-il, une reconnaissance de la théorie de l'Ambiantisme et l'expérience semble la justifier. Malgré ma satisfaction de pouvoir m'appuyer sur un savant de la valeur de Renan, bien que mon expérience personnelle m'ait permis de constater de visu la vérité d'une partie de son affirmation, l'autre partie reste douteuse et je me permettrai de vous soumettre ce doute qui n'infirme nullement d'ailleurs la théorie de l'Ambiantisme et dont toute la portée est : qu'il ne suffit pas pour déterminer les influences agissant dans l'Ambiance de considérer les caractères les plus saillants d'un milieu, car tous les éléments composant ce milieu agissent concurremment.

Le désert a évidemment une tendance à produire des conceptions monothéistes. Javhé et Allah ont pris naissance dans des contrées peu fertiles : l'Arabie et la Palestine. Toutefois les Arabes ne paraissent pas avoir été monothéistes avant Mahomet puisque celui-ci entrant dans le Kasbaa y trouva plusieurs centaines d'idoles qu'il renversa. Quant aux Hébreux, ils étaient seuls à reconnaître un dieu unique ; tous les peuples voisins étaient polythéistes. Le besoin de posséder des dieux hantait les Israélites eux-mêmes ; la Bible est remplie de récits relatifs à leur infidélité envers leur dieu unique. Nous y voyons de très fréquents retours à l'idolâtrie sous diverses formes : la zoolâtrie, vague souvenir d'Egypte, ou l'astrolâtrie en honneur chez les Chaldéens. Sous l'influence des femmes étrangères, à qui ils s'unissaient malgré la défense et les menaces des prophètes, les Hébreux admettaient facilement parmi eux les dieux des peuples voisins. D'après le deuxième livre des Rois, les Israélites rendaient un culte au soleil, à la lune, aux signes du zodiaque. Le roi Josias voulant réprimer l'idolâtrie fit détruire les chars et les chevaux consacrés au soleil et profaner les ''hauts lieux'' où l'on faisait des encensements en l'honneur des Baals[1].

---

1. Baal n'est pas le nom d'un dieu particulier ; c'est un titre donné à diverses divinités : il équivaut à Seigneur.

Les Israélites adorèrent aussi sous le nom d'Ashéra une déesse qui est probablement identique à Astarté ; ils élevèrent en maints endroits des statues représentant des veaux et leur rendaient un culte ; ils connurent même les sacrifices humains et brûlaient leurs enfants en l'honneur de Moloch[1]. Les thérapims semblent être considérés, au temps des patriarches, comme des dieux lares, des fétiches domestiques. Même en adorant Javhé, les Hébreux ne le reconnaissaient pas comme dieu unique. Ils croyaient parfaitement à l'existence des divinités honorées par les autres peuples et les premiers chrétiens y croyaient tout comme eux[2]. Javhé était simplement leur dieu particulier qu'ils considéraient, dans les périodes où son culte prévalait, comme le plus puissant des dieux. Or il ne suffit pas pour être monothéiste de croire à un dieu supérieur aux autres objets de sa vénération, car toutes les mythologies, sauf celles qui dérivent de conceptions panthéistes, admettent une hiérarchie. Zeus et Odin sont aussi des maîtres, des chefs célestes, et les mythologies grecques, germaniques ou scandinaves n'ont jamais passé pour être monothéistes. Pour terminer ce point, j'ajouterai que des catholiques contemporains croient encore à l'existence des dieux païens.

J'avais fait connaissance, sur un paquebot, d'un missionnaire que je retrouvai plus tard dans l'Inde. Sommes-nous ici en présence d'un phénomène dû à l'influence des causes ambiantes, à force d'entendre parler des dieux, depuis vingt ans qu'il habitait l'Inde, ce missionnaire avait-il été amené à y croire, tout en les détestant ? Je ne sais ; mais ce prêtre croyait fermement à l'existence du dieu Rama et, ce qui plus est, à sa présence dans le temple de Madura dont il occupait, disait-il, le bâtiment central, celui d'où jaillit le merveilleux lotus d'or. Ce fait doit-il nous étonner outre mesure ? Je ne le pense pas. Le croyant, habitué à accepter par la foi des choses que sa raison n'a pas discutées, est facilement la proie des impressions que lui communiquent les éléments ambiants. La vie sensitive existe presque seule en lui ; le contrôle, précédant l'acceptation des idées, lui fait défaut. Or quel plus merveilleux centre d'impressions que ces gigantesques temples hindous ? A Madura, malgré la cohue des galeries où s'entrecroisent les éléphants et les vaches, malgré les rites singuliers et les sacrifices répugnants, j'ai compris la terreur sacrée dont parlent les anciens. L'architecture, l'encens et la musique ont amené plus de fidèles aux autels de tous les dieux que les discours de leurs ministres, tant les influences extérieures ont de pouvoir sur l'homme.

\*

La Nature n'offre jamais à l'attention de l'homme un phénomène unique capable de lui faire concevoir une force unique personnifiée en

---

1. Rois I et II, Chroniques, Jérémie, etc.
2. Ils les appelaient des démons (Epitre de Paul aux Corinthiens).

un dieu unique. Deux aspects, opposés en apparence, se manifestent, au contraire, continuellement à lui ; le jour — la nuit ; le plaisir — la souffrance ; le mâle — la femelle, et dans la plupart des contrées le grand phénomène des saisons : l'hiver, la mort, — l'été, la résurrection, la vie. Par la puissance des aspects de la nature, une sorte de dualisme s'est assez vite imposée aux hommes. Quel que soit le nombre de leurs divinités, elles se partagent ordinairement en deux catégories : les divinités bienfaisantes et celles dont on redoute la malveillance. Si je puis ouvrir ici une parenthèse, je dirai que ces dernières attirent généralement, par la crainte qu'elles inspirent, plus d'adorateurs à leurs autels que l'amour n'en conduit à ceux des divinités clémentes. Le mal est un principe actif : l'homme ressent très vivement la souffrance, tandis que le bonheur est plutôt un état équivalent à l'absence de souffrance. Il faut un organisme extrêmement affiné pour être capable d'être heureux activement, c'est-à-dire d'être heureux autrement qu'en ne souffrant pas. Les peuples ne possédaient pas autrefois et n'ont pas encore atteint aujourd'hui à cette délicatesse de sensation.

Une conception dualiste existe dans la plupart des mythologies, même dans celles des peuples dits monothéistes ; il est aisé de s'en apercevoir et l'on comprend mieux alors, malgré la diversité des mythes, l'influence des causes physiques sur la formation des idées religieuses.

En toute étude, j'estime que sous peine de perdre pied et de s'égarer dans des hypothèses il faut toujours s'appuyer sur les caractères naturels, sur la base physique d'où émane toute manifestation intellectuelle.

Certaines manifestations philosophiques ou religieuses propres à l'Inde et à l'Extrême-Orient ne me paraissent pas se rattacher à une conception dualiste. Malgré le Purusha et le Prakriti hindous, le ying et le yang chinois, on aurait peut-être tort de voir en ces termes une manifestation simplement dualiste. L'Inde et la Chine ne comprennent pas la Vie universelle de la même façon que les Occidentaux. Les conceptions métaphysiques occidentales leur sont *incompréhensibles* et les leurs sont *incompréhensibles* aux Occidentaux. Si un Occidental est capable de s'adapter à leur conception, (pardonnez-moi cette expression) de voir à travers leurs lunettes, ce doit être en vertu d'une disposition cérébrale toute spéciale rappelant celle des races asiatiques, ou d'une éducation particulière. — Avec ses milliers de dieux, l'Inde est matérialiste et athée, mais ce matérialisme, cet athéisme ne ressemblent pas aux vieilles conceptions de ces deux termes en Occident. Dans ses récits trop imagés pour nous, dans la confusion apparente des théories, l'Inde antique proclame l'Unité de l'Existence Universelle sous l'infinie diversité des aspects[1]. Notre science moderne ne marche-t-elle pas dans les mêmes sentiers ?

---

1. *Sat* ou *Tat*, c'est-à-dire : *cela* est le terme employé en sanskrit pour désigner la chose existant, l'éternelle matière dont les incessantes transformations composent tout ce qui frappe nos sens.

Une plus longue digression m'entraînerait trop loin sur ce sujet. J'ajouterai seulement que la vue des pays tropicaux fait mieux comprendre la philosophie aryenne. En ces régions, l'on voit de près la Vie à l'œuvre. C'est la vision d'Arjuna ; enchantement et épouvante ; la vision qui *"fait dresser les cheveux sur la tête"*, comme dit le texte sanskrit. C'est le règne de *Shiva, Seigneur de la destruction d'où émane la naissance,* dieu poétique d'une théorie transformiste.

*

S'il est intéressant de considérer les effets des influences ambiantes dans leurs grandes lignes, il n'est pas moins intéressant et il est peut-être plus pratique d'en analyser les détails. A côté de l'étude des espaces sidéraux, il y a l'observation des infiniment petits et le microscope nous ouvre un champ d'investigation aussi attachant que celui qui dépend du télescope.

Au sein de nos sociétés se trouvent des individualités dont le développement s'est arrêté à des phases de l'évolution qui les rapprochent de types très anciens ; chez d'autres une régression s'est opérée ; d'autres au contraire devancent la masse dans son évolution.

Nous sommes contemporains de véritables Primitifs, nous les coudoyons sans nous en douter, parce qu'ils parlent notre langue et n'offrent pas de particularités physiques absolument saillantes.

Quels sont les milieux favorables au développement de l'espèce humaine ? — Sous quelles influences l'homme dégénère-t-il ? Quelles conditions ambiantes sont pernicieuses à la santé de son organisme, à l'épanouissement de son intelligence ?

Voilà certes de graves problèmes, bien dignes d'attirer l'attention des penseurs...

# Fête antique
## au théâtre romain de Carthage

En 1907, sous la signature d'Alexandra David, nous trouvons dans la Revue de la Quinzaine du Mercure de France, cette critique théâtrale féroce qui montre et l'acuité du jugement et l'intelligence de cette femme qui, toute sa longue existence durant, saura privilégier l'être au paraître, l'essentiel au futile, et se dresse aujourd'hui comme l'exemple même de quelqu'un qui a su se libérer des modes et préjugés d'un temps, mais aussi et surtout, en soi-même.

A Carthage, où se trouvent beaucoup de cailloux et pas de ruines, existait, autrefois, une sorte de cirque adossé à une butte de terre. Les archéologues y voyaient l'emplacement d'un théâtre romain et, comme preuve de leurs dires, montraient un fragment de maçonnerie figurant une scène et quelques mètres de gradins de marbre restés adhérant à la colline. Le lieu, d'ailleurs, n'avait rien d'imposant, mais les nombreux débris qui y jonchaient le sol lui prêtaient un certain pittoresque. Or l'idée vint à quelques comédiens-amateurs de réveiller les échos endormis depuis des siècles, d'emplir de nouveau de la rumeur des multitudes enthousiastes et du crépitement des bravos ce coin perdu de la campagne carthaginoise. Ce fut le commencement de la fin. Il fallait de l'espace pour placer la foule convoquée. On s'occupa donc de ''ranger'' les ruines afin de les rendre moins encombrantes. Cette année, les talents locaux s'étant modestement effacés, une véritable représentation devait être donnée. Plus encore que pour l'essai tenté précédemment il convenait de pouvoir se mouvoir à l'aise. Un seul moyen se présentait : faire disparaître toutes ces pierres ébréchées qui compromettaient vraiment la belle ordonnance du théâtre champêtre que l'on souhaitait. Aujourd'hui, la besogne est achevée. Sur le sol soigneusement nivelé, battu, balayé, propre et net comme une aire à dépiquer le blé, s'élèvent, d'une part des gradins de bois, de l'autre une longue estrade de planches : la scène. Sur celle-ci, des pans de murs *antiques*, que les maçons arabes viennent de terminer, se dressent couverts d'un atroce badigeon brun jaunâtre. Plus loin, charpentes et toiles peintes, une grande baraque foraine figure le temple d'Eschmoun. Où sont donc les colonnes brisées, témoins vénérables de l'antique splendeur du lieu ? — A part quelques chapiteaux admis à l'honneur d'orner l'estrade, tout le produit gênant des fouilles a été rejeté hors de l'enceinte. Une double rangée de colonnes gît dans les fossés bordant un sentier conduisant à la grande route. On peut espérer que de progrès en progrès et d'aménagements en aménagements ces pauvres vieilles choses brisées se transformeront bientôt en cailloutis destiné à empierrer, lors des prochaines réjouissances, les chemins donnant accès au *nouveau Théâtre Antique.*

Deux pièces ont été représentées.

*La mort de Carthage,* 3 actes de M. Grandmougin, est un gros drame quelconque émaillé d'assez d'atrocités pour donner au public populaire l'impression qu'on lui présente des héros barbares. Prisonniers immolés aux dieux ou que l'on aveugle avec un fer rouge, mère poignardant ses enfants n'ont pas paru, du reste, émouvoir bien vivement les spectateurs.

*La Prêtresse de Tanit,* 1 acte de Mme Lucie Delarue-Mardrus, procède d'une idée plus heureuse. Il y a quelques années fut découverte à Carthage la tombe d'une prêtresse de Tanit. Mme Delarue-Mardrus s'inspirant de ce fait représente la mise au jour du sarcophage par les ouvriers employés aux fouilles. Un poète est là, rêvant sur les ruines. La pierre funèbre est soulevée devant lui et l'on voit la prêtresse, couchée, dormant de son dernier sommeil. Le dernier, non pas, car le soleil en touchant son front la réveille et la voilà s'étonnant de ne plus retrouver, dans le paysage familier, sa Ville et ses Dieux. Puis, l'âme désolée par ce que le poète lui apprend des ruines irrémédiables, comprenant qu'elle est le Passé qui ne peut plus être que le Souvenir, elle se laisse recoucher pour jamais, dans le cercueil de pierre, entourée des offrandes funéraires d'autrefois auxquelles le poète ajoute des fleurs cueillies parmi les orges verdoyantes.

Tout n'est peut-être pas irréprochable dans le texte de la pièce. Certains vers pourraient être avantageusement remplacés, mais beaucoup d'autres sonnent agréablement. La lecture de l'œuvre m'avait charmée ; une interprétation, en partie défavorable, n'a pas permis au public d'en goûter, comme il convenait, la fraîcheur et la grâce. Mlle Delvair, une jolie et très pathétique prêtresse, a été on ne peut plus mal secondée par son partenaire chargé du rôle du poète. Cet artiste, chantant avec d'intempestifs trémolos de mélodrame des vers d'une délicatesse un peu précieuse, faits pour être harmonieusement murmurés en sourdine, a nui au succès de l'auteur.

En dépit de ces critiques, la fête en elle-même fut réussie. Si l'on s'était borné à y inviter les habitants de Tunis, si les organisateurs, qui réclament avec tant de bruit la conservation des derniers vestiges de Carthage avaient dressé leur scène n'importe où, en plein air ou dans un théâtre, sans saccager un des rares endroits où l'on voyait encore des débris de ruines, il n'y aurait qu'à féliciter tout le monde. Mais convier l'Etranger, promettre une manifestation d'art unique, alors qu'on n'offrait, en somme, qu'une misérable imitation des spectacles donnés à Orange, a paru, à beaucoup, un *bluff* excessif et transformer en un trou vide, pareil à une carrière abandonnée, ce dernier coin de champ où, parmi les touffes d'asphodèles et de chrysanthèmes d'or, les marbres mutilés évoquaient, mélancoliques, le souvenir des Carthage défuntes, peut sembler criminel.

# Un " Stirner " chinois

**La voici philosophant sur les théories du penseur chinois Yang-tchou, qui vécut cinq siècles avant notre ère, donc un siècle environ après Lao Tseu ; elle le présenta aux lecteurs du Mercure de France en 1908 et tous ses dires restent absolument actuels.**

Nous sommes loin de nous douter, en Europe, de la diversité des théories philosophiques qui ont été déjà émises en Chine. L'idée que Confucius résume toute la pensée du monde jaune est généralement ancrée chez nous et, volontiers, jugeant les Chinois à travers les discours de ce Maître, nous les croirions irrémédiablement voués au "juste milieu" et incapables de toute attitude extrême. Il n'en est rien.

Le Céleste Empire, secouant la torpeur séculaire à laquelle il s'abandonnait et contraint, par les nations occidentales, de délaisser son antique idéal de paix et de quiétude, cherche à étayer, sur de nouvelles bases, sa vie et son activité. Un grand nombre de Chinois, on ne peut l'ignorer, dans leur hâte de se transformer, semblent jeter par-dessus bord tout l'héritage philosophique qu'ils tiennent de leurs pères. Du mépris manifesté, jadis, aux "barbares" d'Occident, ils passent trop aisément, dans les classes intellectuelles, à une estime peut-être exagérée pour leurs méthodes et leurs théories. Cependant, un atavisme vieux d'autant de siècles qu'est celui de la Chine ne se renie point en quelques brèves années. Trop de générations ont été élevées dans la vénération de la sagesse antique, pour qu'un grand nombre de modernes partisans des réformes sociales ne tournent pas les yeux vers les maîtres du passé. Il faut les en louer. Sans vouloir peser la valeur des philosophes adoptés par nous, les Chinois peuvent trouver, chez les penseurs de leur race, toutes les idées spéculatives et sociales émises par les nôtres. Il n'a pas manqué de gens, en Chine, pour s'en apercevoir.

Qu'il soit né de cette constatation ou de l'amour persistant de la tradition, il existe, dans l'Empire du Milieu, un intéressant mouvement en vue de ramener l'attention sur certains philosophes dont les théories paraissent propres à diriger les esprits dans la voie des réformes et des transformations sociales que tous les hommes éclairés savent indispensables et inévitables. Si l'on rend — injustement, peut-être, à certains égards — la philosophie officielle responsable de la stagnation qu'a subie la Chine, en sa mentalité, sa civilisation et sa science, l'on se tourne, parfois, vers certains excommuniés de l'orthodoxie confucéiste. Ces vaincus, ces honnis sont remis en lumière et, sinon glorifiés, du moins commentés avec ardeur.

C'est ainsi que plusieurs ouvrages chinois ont été, dans ces derniers temps, consacrés à Meh-ti. Il aurait été bizarre, en effet, que, fréquentant l'Europe où le mot ''solidarité'' détient, en ce moment, la grande vogue, les lettrés chinois ne se fussent pas aperçus qu'ils possédaient, parmi leurs penseurs illustres, le grand ancêtre de toutes les théories solidaristes[1].

Mais à côté de l'apologie de la solidarité, de la démonstration de sa nécessité pour assurer la vie et la perpétuation de tout groupement social, les intellectuels chinois auront pu rencontrer, chez nous, la tendance à l'individualisme, à l'affirmation de la personnalité dans une vie propre de plus en plus affranchie d'entraves extérieures, tendance qui marque partout, dans la nature, l'évolution des êtres supérieurs. En lisant Max Stirner ou d'autres apologistes de la vie intense et intégrale, ils se seront rappelé que, bien des siècles avant que nous les entendions, les leçons hardies qui effarent encore la majorité d'entre nous leur avaient été données et le nom de Yang-tchou va revivre comme revit celui de son contemporain Meh-ti.

Pour nous, spectateurs étonnés du réveil de cet Extrême-Orient que nous croyions, il y a peu d'années encore, une proie inerte près d'être dépecée au gré des convoitises occidentales, l'histoire de la pensée de l'étonnante race jaune est pleine d'intérêt. Mieux, et de façon plus sûre que toutes les déductions tirées de faits superficiels, elle est capable de nous faire entrevoir les destinées de ces peuples énigmatiques dont l'âme se cache, pleine de surprises, derrière une ''grande muraille'' mille fois plus impénétrable que celle dont ils avaient enclos leur territoire.

---

1. Sur Meh-ti voir : ''Le Philosophe Meh-ti et l'idée de solidarité'', par Alexandra David (Luzac, Londres ; Victorion, Paris), repris chez Plon dans " Deux Maîtres chinois ".

Nos renseignements biographiques sur Yang-tchou se résument à peu de chose. Il semble avoir vécu à Léang, capitale de l'Etat du Wei, vers le V<sup>e</sup> siècle avant notre ère. On a quelques raisons de croire qu'il était petit propriétaire terrien. Il ne paraît pas qu'il ait jamais exercé aucune charge publique, à l'encontre de beaucoup d'autres philosophes qui furent fonctionnaires de plus ou moins haut rang. Cette particularité est, d'ailleurs, en parfait accord avec la tendance générale de sa doctrine.

Nous ne possédons aucun ouvrage, ou fragment d'ouvrage, que nous puissions attribuer directement, soit à Yang-tchou, soit à l'un de ses disciples immédiats. Un chapitre du livre de Lieh-tse est l'unique source de nos documents.

Lieh-tse appartenait à l'école taoïste. Il est assez étrange de rencontrer dans son ouvrage cette sorte d'enclave formée par le chapitre ou livre VII et consacrée à des théories fort différentes de celles qu'il professait lui-même. On n'a pas d'opinion précise sur la façon dont s'est opérée cette adjonction hétérogène.

Je ne veux point m'appesantir sur des questions de détails qui ne peuvent intéresser que les orientalistes. J'oserai même hasarder que si la personnalité de Yang-tchou n'avait point d'existence réelle, peu nous importerait. Nous ne nous soucions pas, ici, d'un homme, mais d'une théorie, d'une manifestation spéciale de la pensée chinoise. Toutefois, Yang-tchou est bien véritablement un personnage réel. Son nom et son œuvre sont mentionnés de la façon la plus nette par des auteurs tels que Meng-tse (Mencius) et Chuang-tse. Si nous devons ignorer les péripéties de sa vie, nous ne pouvons, d'aucune façon, mettre, comme on l'a fait pour Lieh-tse, son existence en doute.

*

Yang-tchou est peu connu en Europe, en dehors du cercle restreint des érudits orientalistes.

Aucune étude n'a encore été publiée sur lui en langue française. A l'étranger, le sinologue allemand, Ernst Faber, a donné une traduction de Yang-tchou encastrée, comme dans l'original chinois, dans l'ouvrage de Lieh-tse. Le sinologue anglais, James Legge, en a publié quelques fragments dans les prolégomènes de sa traduction de Meng-tse. Je ne puis guère mentionner que pour mémoire les quelques lignes d'analyse consacrées à Yang-tchou par de Harlez. Elles sont trop succinctes pour donner une idée de ce philosophe. Enfin, plus récemment, le Dr Forke a publié, en anglais, un mémoire fort remarquable sur le même sujet. Son étude est, de beaucoup, la plus intéressante et la plus complète. J'ajouterai qu'elle m'a paru imprégnée d'un esprit philosophique et d'une compréhension de l'auteur qu'elle traduit dont sont, trop souvent, dénués bien des travaux de ce genre.

Je serais tentée d'appliquer à Yang-tchou la dénomination d'anarchiste. Malheureusement, le terme a été si dénaturé, si faussé, qu'on a peine à l'entendre sous sa simple signification étymologique. C'est à celle-là qu'il faudrait revenir si l'on voulait attribuer à notre philosophe l'épithète fière gâchée par l'ignorance des masses. D'*a* privatif et *arché* commandement, nous avons le *sans-commandement*, et ce négateur absolu du commandement arbitraire, de la loi extérieure, de tout précepte dont le principe n'émane pas de nous, n'a pas nous pour objet et pour fin, se trouve, par excellence, personnifié dans Yang-tchou.

Nul n'éprouva avec plus d'intensité que lui l'horreur de la contrainte, des mœurs factices, des codes imposant aux individus une attitude en contradiction flagrante avec les injonctions impératives de la nature en eux.

Pas de commandement ! Vis ta vie ! Vis ton instinct ! Laisse ton organisme s'épanouir et évoluer selon la loi intime de ses éléments constitutifs. Sois toi-même !... Tel est le langage de Yang-tchou. Il le tient sans emportement, sans grands cris, avec cette déconcertante placidité qui fait le fond du caractère chinois. Plus que les affirmations, en elles-mêmes, de ce prince des "amoralistes", la paisible assurance avec laquelle il écarte les principes les plus enracinés, jette bas les devoirs les plus indiscutés, a troublé ses traducteurs chrétiens. La singulière simplicité d'expression de ce "négateur du sacré", comme aurait dit Stirner, leur a paru épouvantable au-delà des plus tonitruants blasphèmes. Un souffle de terreur a passé sur leur âme et ils ont vu se dresser, devant eux, la face ironique et terrifiante du " Malin ". Peut-être le vieux philosophe doit-il encore bouleverser plus d'une conscience parmi ses nouveaux lecteurs. Je n'oserais me porter garante du contraire.

L'amoralité de Yang-tchou, les invitations qu'il nous adresse à vivre *notre* vie intégralement, à marcher " comme notre cœur nous mène ", se basent, pour une part, sur la brièveté de nos jours et sur l'absence, chez lui, de théories spéculatives touchant une existence *post mortem*. Yang-tchou ne dépasse point les vérités tangibles. — Qu'y a-t-il au-delà de la dissolution des éléments formant notre individualité sensible ?... Le philosophe ne nous en entretient point. On peut observer que les penseurs chinois ont, en général, gardé un silence prudent sur nos destinées d'outre-tombe. Ce n'est que parmi les classes inférieures de la population qu'ont prospéré les descriptions fantaisistes des Paradis et des Enfers. Le Lettré chinois est rationaliste par tempérament. Toutefois, tandis que cette question, par une sorte d'entente tacite, était écartée des discours philosophiques et ne jouait aucun rôle dans la détermination de la règle de conduite normale et raisonnable qu'il convient de proposer à l'homme, Yang-tchou en fait, pour ainsi dire, le pivot de son enseignement. Tous les conseils qu'il nous donne ont en vue une individualité éminemment transitoire qui, demain, sera " poussière et pourriture " sans qu'il demeure rien d'elle, sinon un souvenir bon ou mauvais, quelques mots de louange ou de blâme qu'elle ignorera à jamais.

L'autre principe directeur de l'enseignement de Yang-tchou, moins ouvertement exprimé, peut-être, mais facile à extraire de nombre de ses discours, est une foi absolue à la loi de *Causalité*. Notre philosophe est un déterministe convaincu. Il l'est, non à la façon tiède et illogique de la plupart des Occidentaux qui se parent de ce titre — tout en conservant en eux, reliquat d'idées ataviques, la croyance au bon plaisir divin, au libre arbitre, à l'arbitraire, sous quelque nom qu'on le déguise — mais avec une rigoureuse rectitude de raisonnement et de déduction. Et voilà l'explication de sa glorification de la vie intense, intégrale et sans nulle entrave factice. Nos instincts sont la voix par laquelle s'exprime la loi propre aux éléments dont l'agglomération constitue notre individu. Ils proviennent de l'essence même des molécules qui les produisent. Ce qui est, c'est ce qui ne peut pas ne pas être. Il semble même que Yang-tchou, rattachant entre elles toutes ces manifestations isolées de la loi unique, les adopte toutes, même les plus divergentes, dans un grand acte de foi en l'harmonie, en la beauté de l'ordre universel. Le Monde, dit-il aux moralistes présomptueux, n'a que faire de votre sollicitude, de vos vertus, des réformes que vous prétendez y opérer, des entraves que vous voulez, sous prétexte de l'améliorer, opposer à ses manifestations spontanées. Le Monde est Parfait. Votre ordre à vous, pygmées à la vision étroite, n'est que désordre. Laissez faire la nature et tout sera bien.

Les mêmes considérations servent à étayer le célèbre discours sur ''le cheveu''. Ce discours est historique ; il a dû avoir, à son époque, un retentissement immense et Meng-tse le mentionne avec indignation : ''Si en sacrifiant un seul de tes cheveux tu pouvais être bienfaisant à tout l'univers, il ne faudrait pas le sacrifier.'' Autour de ce thème paradoxal se groupent des développements inattendus et saisissants. Il est grandement regrettable que les controverses, les apologies, les commentaires, certainement nombreux, auxquels cette sensationnelle doctrine a dû donner naissance ne nous soient point connus.

Il ne s'agit pas, ici, comme on pourrait le croire, d'un égoïsme grossier et banal, mais de théories logiquement raisonnées. Quoiqu'on l'ait dit, ce n'est pas un appel à la jouissance frénétique qui ressort des discours de Yang-tchou, mais l'indication d'une règle de pensée et d'action que le philosophe juge rationnelle.

Yang-tchou ne se perd pas dans l'orgueil des dissertations métaphysiques. Certainement, il incline à croire que les mouvements divers auxquels nous porte notre instinct sont coordonnés dans l'ordre universel. L'hypothèse est plausible, probable ; il y adhère volontiers, mais, en somme, les problèmes de ce genre dépassent notre taille et ne peuvent qu'amuser notre fantaisie. L'homme raisonnable le sait. Il sait aussi que, quel que soit cet univers infini qui l'environne, pratiquement, il est à lui-même son centre et sa fin unique. Le monde extérieur, il n'en a conscience que par rapport à lui et, lorsque sa conscience s'éteindra, avec elle, l'univers sombrera pour lui. C'est pourquoi j'ai cru pouvoir rappeler au sujet de Yang-tchou la déclaration de Max Stirner : ''Rien n'est, pour moi, au-dessus de moi.'' Elle m'a paru propre à résumer tout un aspect de sa doctrine. J'ai, du reste, en tenant compte de la différence d'expression, trouvé une ressemblance profonde entre le vieux penseur chinois et le moderne philosophe allemand.

Un autre rapprochement semble s'indiquer : celui de Yang-tchou et d'Epicure. Les traducteurs de Yang-tchou, cités plus haut, s'y sont arrêtés, sans entrer, d'ailleurs, dans aucun développement à ce sujet. La comparaison possible entre les deux philosophes dépasse-t-elle la surface et peut-elle être poursuivie jusqu'aux conceptions servant de base à leurs théories ?... Je crois, pour ma part, à certaines divergences notables, mais je n'oserais m'aventurer à les esquisser en quelques lignes.

Il aurait été intéressant de voir comment Yang-tchou entendait l'application de ses théories dans la vie sociale. Mais notre curiosité ne trouve point à se satisfaire. Tandis que Meh-ti s'est longuement étendu sur la façon dont sa loi de solidarité devait être comprise et appliquée, Yang-tchou n'envisage, en aucun de ses discours, l'organisation sociale du pays. Cette lacune tient-elle à ce que les textes où cette question était posée ne nous sont point parvenus ou bien le philosophe l'a-t-il vraiment écartée ? Nous ne pouvons nous prononcer. Nul doute que si Yang-tchou avait abordé ce terrain, nous ne l'eussions vu démontrer que sa loi d'égoïsme et de libre expansion des instincts individuels cadrait avec une société où, sans hypocrites démonstrations, mais pratiquement, les hommes s'étaient mutuellement plus utiles et plus bienveillants. Meh-ti n'a-t-il pas établi, ainsi, que ''l'Amour Universel'', la solidarité et l'altruisme intensifs servaient, mieux que tout autre procédé, les intérêts de notre égoïsme ?

*

Exception unique, peut-être, parmi les penseurs de son temps et de son pays, Yang-tchou tranchera presque aussi hardiment, aujourd'hui, parmi la masse de nos philosophes modernes. Alors que nos sociétés contemporaines rejetant, d'une part, les vieux dogmes et s'obstinant, de l'autre, à conserver les systèmes éducatifs et les formules morales issues d'eux, se débattent dans une incohérente confusion, nous pouvons trouver intérêt — et peut-être profit — à écouter les leçons de cet esprit indépendant.

Lorsque, considérant, à sa suite, la foule des hommes s'acheminant vers la tombe, ligotés par les préjugés et sombrant dans le gouffre fatal sans avoir même soupçonné ce que c'est que vivre, nous nous écrierons avec lui : *En quoi ceux-ci diffèrent-ils des criminels enchaînés ?*, peut-être serons-nous plus proches d'une réelle compréhension de l'existence, plus proches, tout au moins, de rechercher s'il n'y a pas, en dehors de la manière burlesque et tragique dont nous concevons la vie individuelle et les rapports sociaux, un autre mode de conduite plus normal et, partant, plus fertile en joie.

Si Yang-tchou peut nous inciter à cette recherche, nous inspirer cette résolution audacieuse — et plus ardue à réaliser qu'on ne pense — de vivre par nous et pour nous, toute la vie que nous pourrons embrasser dans notre étreinte, retenir dans notre cœur et dans notre esprit, une telle leçon de virile et intelligente énergie sera plus que jamais, sans doute, utile et bienfaisante.

# Devant la face d'Allah

## Conte du désert

*L'Homme porte son sort attaché à son cou.*

*(KORAN XVII, 14)*

**Autre témoignage de son éclectisme, ce conte publié en 1909 dans "Le Soir" de Bruxelles et rédigé en 1908 en Afrique du Nord. C'est toujours Alexandra David qui signe et annonce la grande romancière de "La puissance du néant", "Magie d'amour et magie noire", "Le lama aux cinq sagesses", triptyque romanesque qui a le Tibet pour cadre. Mais ici, en ce joli conte, nous pérégrinons du Paris des faubourgs aux sables du Sahara.**

Au milieu de la plaine impassible et vide, le cimetière musulman s'écrasait, infime, dans la blondeur des sables. C'était le soir. La face majestueuse et farouche du désert s'imprégnait d'une sérénité grave. De la ligne molle des dunes plus proches, à l'infini des invraisemblables lointains de cimes violettes et des pics orange, la fulgurante blancheur de la lumière sombrait en des teintes cuivrées de brasier mort. Hâtive la nuit venait, tombait du ciel profond, s'avançait onduleuse et rapide de tous les points de l'espace, recueillant les dernières lueurs et, d'un geste souverain, roulait aux plis de son manteau d'ombre bleue, l'immensité altière des solitudes.

Mes yeux erraient parmi les humbles tombes blanches, anonymes, sans épitaphe, ne disant rien sinon qu'un Croyant repose là dans l'attente du grand jour :

*Lorsque les étoiles auront été anéanties*
*Que la voûte des cieux se sera fendue*
*Que les montagnes seront dispersées en poussière*
*Et que la terre rejetant les morts de son sein*
*Les hommes s'avanceront par troupes*
*pour rendre compte de leurs œuvres* [1].

Tout à coup, une anormale inscription m'attira et me retint stupéfaite. Sur la chaux encore éclatante s'inscrivait très lisible :

Louise
La Villette — Béchar

Et, plus bas, les graciles guirlandes de l'écriture arabe reproduisaient ces versets du Koran :

*Dieu a promis sa miséricorde à ceux qui ont embrassé la foi...*
*Il rectifiera l'intention des fidèles. Il les introduira*
*dans le jardin de délices* [2].

D'où venait cet étrange assemblage, ce nom de Française et cette évocation du Paris faubourien unis aux paroles du Prophète. Qui donc était cette morte étrangère que l'Islam gardait en rappelant, pour elle, les espoirs éternels ?...
Je voulus savoir.

*

L'histoire était brutale et tendre, grossière et naïve. Le vénéré marabout Si Hadj Tahar ben Amor me la narrait de son mieux, soucieux de peindre fidèlement les images mal saisies d'un monde très différent du sien. Et c'était chose déroutante et poignante de suivre, magnifiée par la splendeur des expressions orientales et exaltée par le prestige du décor, cette humble et tragique idylle de deux petits gueux, fils du pavé de Paris.

*

Jacques Landois avait douze ans lorsque son père mourut. Charretier, plus souvent ivre que ne le permet la profession, celui-ci roulait, un soir, sous la roue de son tombereau chargé de moellons. Au logis, la ménagère — une maîtresse fatiguée d'un collage plus fertile en querelles qu'en jours heureux — accueillit sans douleur exagérée l'événement qui la libérait. Deux jours après, la dépouille de l'ivrogne s'en allait au cimetière et la nouvelle veuve sans ressources, forcée de chercher un autre gagne-pain, s'empressait de mettre à la porte le petit Jacques,

---

1. Koran LXXVII, 8, 9, 10 - XCIX, 2, 6.

2. Koran XLVIII, 29 et XLVII, 2, 7.

né d'une liaison antérieure du défunt, dont elle ne se souciait point d'embarrasser son existence.

*

Une vague adresse pour tout viatique ; le nom approximatif d'un parent à qui on l'envoyait avec son baluchon de hardes, le garçon se trouva dans la rue. Docile, il chercha deux heures durant son cousin inconnu, puis se lassa. Son jugement enfantin formé dans un milieu brutal, acceptait son abandon comme une conséquence logique et légitime de la mort de son père. Seul, il fallait donc vivre par soi-même ! L'atmosphère des faubourgs prolétaires mûrit précocement les êtres... Il faisait beau. Le soleil chaud de Juillet enveloppait de son rayonnement vivifiant l'agitation de la foule. Un insouciant orgueil de sa jeune liberté monta au cœur de Jacques : L'enfant se sentit homme...

*

Les multiples menus métiers s'exerçant dans la rue lui permirent de subsister. L'automne venant, il put même s'offrir le luxe d'un domicile, sous les espèces d'une sorte de guérite-cabanon dans un campement de chiffonniers. Ses fréquentations furent panachées. Son adresse et son zèle se virent plus souvent rétribués par des messieurs d'une honorabilité spéciale ou des demoiselles sans préjugés que par des citoyens en règle avec la morale et la légalité.

Ce fut ainsi qu'un soir de novembre revenant de quelque course, il rencontra Louise, boulevard de la Villette. C'était une mioche chétive, d'âge incertain entre cinq et six ans. Vêtue d'une robe minable, d'un tablier déchiré et de souliers troués, elle restait immobile juchée sur un banc. Tête nue sous la pluie glaciale, ses misérables vêtements, tout trempés, collés au corps elle figurait un triste petit oiseau perché trop jeune sur une branche inhospitalière. Etonné, Jacques s'était approché d'elle et l'avait questionnée. Malgré son ingéniosité il n'en tirait aucune réponse utile. Seulement, comme de guerre lasse il s'éloignait, comptant que la mère ou, à défaut, quelque sergent de ville découvrirait bientôt l'enfant, celle-ci glissant de son banc lui saisit la main et se mit à trottiner près de lui sans vouloir le lâcher.

L'aventure était surprenante. Le gamin la jugea à travers sa mentalité particulière de petit faubourien ignorant et plein d'une expérience amère : "Une qu'on a mise à la porte comme moi, sans doute" pensa-t-il. Les commissariats sont là pour dénouer administrativement des épisodes de ce genre. Jacques en avait bien l'idée et, précisément, la lanterne rouge d'un poste projetait à l'angle de la rue sa lueur sanglante. Mais entrer là, affronter les questions posées... Comment l'oser lorsqu'on est le vagabond furtif et suspect d'avance, sans place marquée dans la vie sociale ?... Et pourtant, abandonner cette pauvrette transie et pleurante !... Il eût fallu, pour le pouvoir un autre cœur que celui d'un fils de Paris. Impulsif, obéissant à la sainte et droite logique des tout jeunes, Landois se baissa, enleva la fillette dans ses bras, et hâtant le pas, courut la réchauffer dans sa cabane.

Les jours passèrent. Jacques tenta de s'informer — sans trop s'aventurer, pourtant — sur les parents de celle qu'il avait recueillie. Ce fut en vain. Auprès de sa petite camarade il ne fut pas plus heureux. Elle paraissait engourdie, sans mémoire aucune. A part son nom : Louise, il n'en tira rien et lorsque, plusieurs années après, son intelligence se dégagea très vive de l'espèce de torpeur où elle était demeurée, il était trop tard, tout souvenir de sa première enfance avait irrémédiablement disparu.

Les amis du jeune garçon s'accoutumèrent vite à le voir remorquer "une petite sœur". Dans certain monde on a trop à faire pour s'occuper beaucoup des affaires d'autrui.

Louise grandit. Son protecteur avait réalisé le miracle de leur procurer, à peu près, du pain à tous deux. Des vieilles défroques glanées auprès de filles charitables et ajustées par une chiffonnière maternelle vêtirent la gamine. De bonne heure elle "travailla" aussi, vendant des journaux, des bouquets, faisant des courses pour une crémière...

Comment devinrent-ils amants ? — Ni l'un ni l'autre n'eût pu le dire. Le soir dans la hutte mal close, étroitement serrés sur leur couche faite de vieux chiffons, comment passèrent-ils, insensiblement, des curiosités puériles à des étreintes plus complètes ? — Ils n'en savaient rien et n'en avaient souci. Pour leur fraternelle tendresse et leur candeur enfantine, l'éveil de leurs sens n'était que prétexte à jeux, plus amusants, peut-être que les autres, mais sans plus d'importance et dont ils riaient sans trouble.

L'absolu délaissement dans lequel ils vivaient avait uni leurs cœurs par des liens complexes et forts les prenant tout, les donnant l'un à l'autre sans réserve. L'identité de leur existence, l'identité de leurs pensées leur avait modelé des visages semblables. Menus et frêles tous deux, de grands yeux profonds sous une chevelure d'or cendré, la même pâleur révélatrice des privations subies ils semblaient de fragiles et lamentables poupées perdues en un monde trop rude pour leur taille, qui devait, fatalement, les broyer quelque jour.

*

C'était l'hiver. Un rhume dégénérant en bronchite déchirait la chétive poitrine de Louise. La malchance s'en mêlant, les maigres gains de Jacques diminuèrent... Pourtant, sur les épaules de la fillette que chaque crise de toux laissait haletante, à demi évanouie, un vêtement chaud s'imposait et la poche de son ami restait vide chaque soir après avoir payé le pain de la journée...

Sous les stores abaissés de la boutique des pèlerines se balançaient. Peaux de lapins teintes en un brun roussâtre, elles accrochaient au passage, les regards convoiteurs des ménagères pauvres. Douze francs, disait l'étiquette. Où les trouver ?... Les trouver assez vite pour préserver Louise du mal terrible dont, à la consultation de l'hôpital, le médecin l'avait menacée... Au remous de la brise âpre, dans l'ombre crépusculaire, les pèlerines dansaient ironiques au bout de leur longue perche. Un souffle de raillerie méchante émanait d'elles incarnant l'hostilité latente des êtres envers le faible et dans le grincement aigre du crochet qui les suspendait passait le ricanement mauvais des plus forts contemplant les efforts misérables du vaincu, savourant son agonie... Parmi les ténèbres épaisses une vision passe : Louise grelottante dans sa robe élimée et toussant... toussant !...

Un bond agile, un coup de poing lancé en avant, une pèlerine tombait, aussitôt ramassée et Jacques s'enfuyait. De l'intérieur une employée l'avait entrevu. Ses cris ameutèrent les passants :

— Au voleur !...

Fanfare magique, " Taïaut " excitant. La meute humaine est lâchée. Les vieux instincts ancestraux se réveillent. On court l'homme !...

Au détour d'une rue, un dieu pitoyable place un camarade sur le chemin de Landois.

— Prends !... Pour ma gosse... Sauve-toi !...

Le complice improvisé avait juste le temps de se jeter derrière une porte, vingt bras appréhendaient Jacques.

L'affaire était mesquine. Un vague camelot... vol à l'étalage... Menue monnaie de correctionnelle... Peut-être, si le garçon avait voulu dramatiser son acte, conter son histoire, parler de Louise eût-il obtenu un acquittement et les honneurs de la publicité ; mais il ne dit rien, reconnut le vol sans l'expliquer. Ce fut trois mois de prison.

*

La détention n'aigrit pas le caractère de Landois. Ame peu compliquée, il acceptait sans révolte la cruauté sociale. La femme d'un camarade avait eu soin de Louise. Le mauvais rhume était passé, le printemps venait... tout était bien.

Pourtant cette condamnation laissait un souci grandissant chaque jour. L'heure du service militaire approchait. Pourvu d'un casier judiciaire c'était l'Afrique ! Louise l'ignorait et entretenait son ami de ses projets naïfs. Elle le suivrait certainement, se placerait chez quelque boutiquier dans la ville où on l'enverrait en garnison... Le jeune homme l'écoutait navré, n'osant la détromper. Ah ! l'horrible anxiété de la laisser seule, de songer qu'elle aussi, sans doute, battrait l'asphalte le soir, raccolant le passant. On pouvait s'en aller, passer la frontière. Mais au petit Parisien sans culture, à peine sorti de son quartier, l'Étranger semblait l'inconnu terrible, inabordable. Comment y entraîner Louise et pour toujours ?...

Le jour fatal arriva sans que Jacques eut pris de décision. Anéantie, la jeune fille ne comprit que vaguement le lieu où l'on envoyait son ami. C'était loin, par-delà cette eau, tant de fois plus large que la Seine, que l'on nomme la mer. Mais pourquoi n'aurait-elle pu s'y rendre à son tour ?... Elle parvint à apprendre le prix du voyage de Paris à Oran. Ce fut le désespoir !... Une pareille somme, comment la rassembler !...

*

Jusqu'au dernier moment ils étaient restés la main dans la main, se regardant sans pleurs et sans paroles. C'était par un triste matin. Le ciel bas, uniformément gris, semblait un couvercle pesant. Point de place pour l'espoir ; tout élan de jeunesse, tout bouillonnement de vie se diluait dans la brume terne, se brisait aux nues livides. La crânerie voulue des "joyeux" sombrait elle-même dans cette ambiance déprimante. Les fanfaronnades sonnaient faux. Et, lorsque pour fouetter les nerfs amollis, les chansons s'élevèrent brutales, hachées de cris cyniques, d'interjections obscènes, leur vacarme amorti par la ouate des brumes s'étouffa sans écho, lugubrement, comme si, autour des voyageurs s'efforçant à la vie, une invisible main étendait déjà le lourd linceul des silences éternels.

Dans la cohue des conscrits, Landois allait franchir le seuil de la gare. Un dernier regard en arrière lui montra son amie hissée sur le rebord d'une grille, cramponnée aux barreaux. Alors toute leur tendresse tumultueuse les jeta d'un brusque élan l'un vers l'autre et, malgré la distance, ils sentirent en leur cœur affolé l'étreinte passionnée qui les enserrait. Une foi inébranlable dans la force de sa volonté avait envahi la fillette, elle redressait sa tête blême et Jacques l'entendait, forçant sa voix d'enfant, lui jeter par-dessus le brouhaha de la foule :

— Je te rejoindrai mon homme !...

*

Le voyage s'est déroulé en une suite vertigineuse de visions mouvantes, une sorte de cinématographe monstre ayant happé son spectateur et le faisant défiler lui-même tout au long d'un film interminable. A peine consciente de la proximité, pourtant bruyante, des compagnons — un homme et une femme d'aspect minable — qu'on lui a donnés au départ, qu'a-t-elle saisi de ce chaos d'images neuves, la petite Louise de La Villette ? L'âme tendue vers l'unique but de l'aventureuse course, elle n'a pu détailler l'étrangeté des paysages traversés.

Des impressions demeurent seules en elle : Une terreur obscure rôdant par les plaines sans limites, tombant du ciel inexorablement désert ; d'occultes et hostiles présences embusquées au seuil des défilés tragiques dont les abruptes parois de rocher rouge sombre gardent des traces mystérieuses, comme si d'infernales fumées, sorties des entrailles du monde, en avaient léché les flancs.

Tout se réunit en une sensation plus précise : A l'un des petits fortins servant de gares qui, de loin en loin, marquent d'un nom spécial l'identité perpétuelle des hauts plateaux, le train portant Louise en a croisé un autre. Descendue sur la voie pendant l'arrêt, elle a vu partir la file des wagons chétifs et comme peureux parmi l'immensité. Cela s'éloigne, rampe un instant, tel un infime myriapode noirâtre, parmi les sables clairs puis, très vite s'efface, bu par l'espace et l'horizon une minute troublé redevient formidablement vide.

La jeune fille a saisi d'un coup l'abîme qui la sépare du monde connu, de la vie qu'elle a quittée ; elle se sent partie, vivante, pour un de ces mondes terrifiants où la fantaisie des légendes fait promener les morts. Où donc est-il son amant, son frère qu'elle va rejoindre ? Le retrouvera-t-elle jamais ?... Des hommes vivent-ils donc dans ces lointains infinis vers lesquels elle s'enfonce toujours plus, sans arriver jamais !...

La dernière étape est franchie cependant. La machine se traîne avec des mouvements d'animal lassé, puis s'immobilise dans la nuit. Les voyageurs ensommeillés descendent lourdement. Une lanterne fumeuse indique la sortie. Auprès d'elle un homme attend. De brèves paroles sont échangées entre lui et les compagnons de Louise. Le vent fait rage et tronque par lambeaux les phrases prononcées. L'homme pousse les arrivants vers la barrière. Devant eux, au-delà du pauvre rayonnement de la lampe, l'ombre s'ouvre comme un gouffre. Il semble pourtant qu'un groupe soit là, massé sur leur passage. Des cigares rougeoyants piquent les ténèbres de minuscules braises, des rires, des éclats de voix passent emportés parmi les sifflements de la rafale, de vagues silhouettes se dessinent penchées curieusement vers les deux femmes. Puis, l'abri protecteur de la gare dépassé, tout sombre, se dissout dans les tourbillons du sable cinglant. Agrippés les uns aux autres, la jeune fille et ses compagnons traversent une vaste plaine... Quelques lumières indiquent, maintenant, des habitations... Une porte est poussée. Etourdis, aveuglés, ils sont dans une salle de café.

— Un rhum, un vermouth ?... Qu'est-ce que vous voulez pour vous retaper, questionne l'homme de la gare : le patron.

Sans attendre la réponse il a rempli des verres, les a placés devant les nouveaux venus. Machinalement Louise a bu.

D'une petite pièce voisine sortent des officiers ; quelques autres, revenant de la gare, arrivent du dehors. Leurs regards excités inspectent les voyageuses. Mais, d'un coup d'œil, le maître les a jugées peu à leur avantage dans leurs vêtements frippés, avec leurs cheveux en broussailles

et leur visage noirci par la poussière. Il les presse du geste et de la voix :
— Allons, Mesdemoiselles, suivez le garçon, il vous montrera vos
chambres. Faites un brin de toilette et vous reviendrez... Un peu de
hâte, surtout !...

*

Les chambres sont des rectangles aux murs en pisé badigeonnés à
la chaux. Point de fenêtre ; le sol est de terre battue et le plafond en
chaume de palmier ; la bougie allumée met en fuite des légions de can-
crelats qui couvrent les murs et le misérable lit de fer.

Louise reste seule en face de son bagage.

Il faut se hâter, a dit l'homme. Se hâter de quoi ?...

De l'autre côté de la cloison, une voix de femme chantonne un refrain.

Alors, tout à coup, elle se souvient : Elle est chanteuse...

A Paris, après le départ de Landois, elle a passé un mois en un désespoir
fou, puis, une camarade lui a indiqué une vague agence envoyant en
Afrique des filles qui chantaient.

Elle avait plu par sa grâce mièvre, sa fraîche voix de fauvette et sa
grande jeunesse. En deux mois, un violoneux lui ayant seriné les
refrains en vogue elle possédait un " répertoire ". Par un hasard qu'elle
bénissait, on l'expédiait précisément à Colomb-Béchar où se trouvait
son ami. Elle se rappelait sa fièvre joyeuse au départ, toute à la pensée
de retrouver Jacques, ne voyant rien au-delà, s'imaginant que dès le
premier instant de l'arrivée elle tomberait dans ses bras.

Le voyage lointain, la dureté des sites traversés, ce premier contact
apeurant avec ce pays enseveli dans les ténèbres parmi les rugissements
de la tempête déconcertaient sa jeune confiance... Jacques n'était pas
là pour l'étreindre, il ignorait sa présence ; elle n'aurait point, ce soir,
le baiser dont elle rêvait... Quand le retrouverait-elle, son doux compagnon... Etait-il même possible de retrouver quelqu'un sur cette terre
invraisemblable, si loin des paysages familiers... Pourtant, elle était
là pour chanter et ce que le patron attendait d'elle, c'est qu'elle s'habillât,
se maquillât comme on le lui avait enseigné et, avec des sourires, répé-
tât la romance à la mode.

Brusquement elle frissonna. Un pressentiment obscur d'avoir tourné
la mauvaise page de sa destinée la saisit. L'image de l'enclos des chiffonniers, de la cabane misérable où elle dormait serrée contre son ami,
passa devant ses yeux et sur la robe de lainage rose qu'elle déployait,
tombèrent de grosses larmes d'enfant.

*

Huit jours s'étaient passés depuis l'arrivée de la "troupe artistique"
à Colomb-Béchar. Mlle Minette, la compagne de Louise avait déjà exaucé

plus d'un amoureux quémandeur. La sagesse de la jeune "romancière" commençait à causer du scandale et la patience du patron Salvador Murga se lassait. Qu'attendait la petite ?... Autour d'elle, excités encore davantage par sa conduite inusitée, tous les officiers montaient une garde attentive, se surveillant les uns les autres. A la table joyeuse des lieutenants, des paris s'étaient engagés sur les chances probables des concurrents. En attendant, le Café du Sahara s'emplissait chaque soir. Toutefois, en mercanti avisé, Murga jugeait que la résistance de sa pensionnaire avait assez duré. Piquante dans les premiers jours, propre à attirer la clientèle, à augmenter le produit de la quête, dont il prélevait la moitié, elle allait bientôt irriter les poursuivants, les éloigner. Que diable ! une fille de beuglant n'est pas un gibier si rare et messieurs les officiers le rendraient responsable des manières ridicules de celle-ci.

Louise sentait aussi que la situation ne pouvait se prolonger. Elle s'était jetée dans cette aventure sans réfléchir, mue par la seule pensée de se rapprocher de Jacques. Elle connaissait trop la vie pour ne pas savoir, maintenant, ce qui l'attendait. Continuer à se refuser, c'était le renvoi imminent et elle n'avait pas encore vu son ami, elle n'avait même point encore osé s'informer de lui à personne. Pourtant elle ne voulait pas, elle ne pouvait pas céder... Landois était son homme... elle lui appartenait !...

*

Le concert finissait sur un galop où le pianiste jetait en fusées discordantes arpèges et accords plaqués au hasard. Mlle Minette passait dans une petite pièce où quelques amis lui offraient à souper. Louise se retirait comme de coutume. Elle allait franchir le seuil du café lorsqu'une interpellation soudaine la fit se retourner :

— Attendez-moi dans votre chambre, je vais aller vous parler. Ça ne peut pas durer comme ça, ma petite !...

Le *sotto voce* imposé par la proximité des soupeurs masquait mal la brutalité de l'accent. La jeune fille rougit de honte. Une expression d'affreuse angoisse passa sur son visage. C'était la fin de son espérance. Murga voulait la renvoyer. Il faudrait quitter ce pays qu'un hasard miraculeux lui avait permis d'atteindre, le quitter sans avoir vu celui pour qui elle y était venue, ou bien elle devait consentir...

Inconsciente, elle demeurait appuyée contre la porte. Les domestiques arabes soufflaient les grosses lampes à pétrole, empilaient les chaises pour le balayage du lendemain. Comme en ce jour lointain de sa petite enfance dont Jacques lui avait parlé si souvent, elle était la triste épave prête à s'engloutir et, plus malheureuse que le soir de Novembre, sur le banc du Boulevard de la Villette, où le charitable gamin l'avait trouvée, elle comprenait, maintenant, son abandon et son sort.

— Mademoiselle...

La voix était douce et timide. Dans la salle obscurcie, Louise vit près d'elle un tout jeune sous-lieutenant déjà aperçu quelquefois au concert.

— Mademoiselle, pardonnez-moi... Il ne faut pas rester là... Ce ridicule Murga vient de vous dire quelque méchanceté, je l'ai vu... Ne vous faites point de peine... Voulez-vous que nous sortions ensemble quelques minutes... Si je puis vous être utile à quelque chose, j'en serai heureux...

Il lui avait pris le bras et l'entraînait doucement. La jeune fille le regarda. Elle vit une figure mélancolique et compatissante, un regard très franc. Un intense besoin de confier sa détresse, d'être plainte, secourue, s'empara d'elle. D'un mouvement instinctif elle se rapprocha du jeune homme et se laissa conduire hors de la maison.

Silencieux ils traversèrent le village français. La tête baissée, sans force, désemparée, Louise obéissait aux impulsions du bras qui la guidait. L'arrêt de son compagnon la tira de sa torpeur douloureuse.

Ils arrivaient à la lisière de l'oasis. A gauche, la masse sombre des palmeraies élevait vers le ciel très haut ses triomphales frondaisons. Devant elle, posté en sentinelle, face à l'espace, le vieux *ksar* érigeait en lignes brèves et sèches une agressive silhouette. Au pied des remparts un amas de formes indécises gisaient sur le sable. Par instant, un cri assourdi décelant la présence des dromadaires couchés, le scintillement subit du fusil des gardiens veillant, révélaient une caravane endormie. A droite, baigné d'une ombre bleuissante, le désert s'étendait vers l'infini des solitudes.

Un charme grave, dominateur, invinciblement attirant, singulièrement uni à une menace latente, émanait des lointaines profondeurs effleurées par la lune nouvelle : Double émoi qui dressait hautes et roides les murailles du vieux *ksar*, mettait autour de la caravane l'éclair des fusils menaçants, tandis que des jardins enfouis sous les palmes, les senteurs des jasmins s'envolaient alanguissantes dans la nuit tiède, provocatrice de rêves voluptueux.

Poète égaré sous un uniforme militaire, le jeune homme demeurait en extase devant le magnifique spectacle. Breton resté croyant, ses enthousiasmes s'achevaient tous en mystiques adorations. Dans le silence profond des choses endormies, des voix parlèrent en lui, conseilleuses de pitié secourable, de divine charité. Au-dessus de Louise frissonnante à son bras, la blancheur d'une aile d'ange gardien lui semble palpiter. Une invisible et auguste Présence s'imposait à son âme vibrante de ferveur.

Il sut répéter à sa compagne les paroles douces et consolatrices qui résonnaient en lui. Peu à peu leur influence apaisante calmait son angoisse. L'espoir, la confiance si faciles aux jeunes cœurs renaissaient en elle. Alors, devant le grand ciel constellé, voile ineffable des Dieux compatissants qu'évoquent les enfants et les faibles, à traits hâtifs, elle fit au lieutenant le récit de sa triste existence. Par un reste de défiance elle tut, cependant, le nom de son ami et, comprenant son silence, le jeune homme le respecta.

L'aveu était terminé ; anxieuse, Louise attendait. Allait-on l'aider ou la rejeter à sa situation désespérée !... Qu'inspireraient à cet homme tous ces mots si beaux, si doux dont il l'avait, tantôt, bercée et charmée ?...

Bravement le Breton nourri de légendes chevaleresques venait de prendre une résolution digne de cette lignée de mystiques artistes et lettrés dont il portait le nom :

— Murga ne vous laissera pas en paix, ma pauvre enfant, dit-il et vous ne pouvez pas partir... Ecoutez-moi : Je me nomme André de Kerhoël. Mon père, le comte de Kerhoël est mort comme un saint pour sauver des pêcheurs en perdition... En sa mémoire, je vous offre mon appui. Voulez-vous avoir confiance en moi ?...

— J'aurai confiance, répondit Louise impressionnée.

— Voici : J'habite une petite maison du village. Si étroite qu'elle soit, je puis vous y aménager une chambre. Vous y viendrez demain... Continuez à chanter chez Murga tant que vous le jugerez bon ou qu'il vous conservera ; mais que ces détails cessent de vous tourmenter. Dès maintenant vous avez, ici, un logis pour aussi longtemps qu'il vous plaira de le garder...

Il hésita, puis, plus bas :

— On me croira votre amant, je ne puis l'empêcher... Peut-être, même, cela vaut-il mieux pour votre tranquillité... Moi, je sais que vous êtes la femme d'un autre... vous pouvez vous fier à mon honneur...

\*

Ce fut l'événement de la semaine. Le mélancolique Kerhoël, celui que ses camarades, en raison de sa délicatesse, s'amusaient volontiers à appeler "mademoiselle" avait réussi auprès de cette singulière chanteuse, si lente à fixer son choix ! On le traita plaisamment de sournois, on lui offrit un champagne d'honneur. Les petits dépits que pouvait causer sa victoire s'effacèrent dans le sentiment de franche cordialité unissant les jeunes officiers. On convint que la frêle Louise et son poétique amant formaient un joli couple d'idylle, puis, l'on pensa à autre chose.

\*

André de Kerhoël était le fils du défunt comte de Kerhoël et d'une Anglaise. Par un premier mariage, sa mère avait porté un des noms illustres de l'armorial britannique. Veuve encore jeune, elle s'était éprise du père d'André et l'avait épousé malgré l'opposition de sa famille et quoiqu'elle eût trois enfants de sa première union. Caprice d'un instant ! Le doux Breton rêveur et artiste qu'était le comte de Kerhoël, convenait mal à l'altière grande dame mondaine et ambitieuse dont

la fantaisie l'avait élu. Six mois ne s'étaient point écoulés que la nouvelle comtesse regrettait son titre de duchesse anglaise et sa vie passée.

Sa grossesse l'exaspéra comme un lien de plus venant l'attacher à
l'homme qu'elle jugeait, maintenant, insignifiant et ridicule. André
fut haï avant de naître.

Trois ans après le comte de Kerhoël mourait tragiquement en mer
en tentant de secourir avec son petit yacht à voile, une barque de pêche
en détresse. Sa femme retourna alors se fixer en Angleterre auprès de
sa famille et renoua avec les parents de son premier mari à laquelle
la rattachaient ses enfants. Son second mariage ne fut plus qu'un épisode fâcheux, vite oublié, dont on s'efforça d'effacer toutes les traces.

Le jeune André, élevé en France, comprit de bonne heure qu'il était
étranger dans la maison de sa mère. Ses frères étaient Anglais, héri-
tiers d'un grand nom et d'une fortune énorme ; lui, gardait, sans indices
d'apports étrangers, les caractères physiques et moraux de son ascen-
dance paternelle et son patrimoine était des plus médiocres.

Depuis des siècles les Kerhoël se suivaient tous pareils : lettrés, rêveurs,
mystiques fournissant des marins et des prêtres, leurs petit-fils les continuait. La mer l'attirait.

Sèchement, sa mère lui remontra qu'il était trop pauvre pour soutenir dignement, dans la marine, l'honneur de la parenté qu'il lui devait.
Il se soumit par faiblesse, entra dans l'armée et, sitôt qu'il le put,
demanda un poste lointain pour fuir ses parents orgueilleux et durs
dont son cœur ingénu et tendre s'affligeait de ne point être aimé.

Il avait rêvé la mer ; le destin l'envoyait au désert, cette autre mer
enivrante et terrible…

                                    *

L'installation de Louise auprès de lui avait profondément modifié
la vie de Kerhoël. Si petite que se fît la jeune fille, l'étroite maison
du sous-lieutenant s'imprégnait de ce charme particulier qu'apporte
une présence féminine. Une intimité née des mille riens infimes que
crée la vie commune s'établissait entre eux insensiblement, tous deux
se prenaient à la douceur des causeries familières, rapprochés autour
de la lampe, à la volupté des promenades vespérales dans les solitudes
que le couchant irise de fantastiques reflets. L'amour s'insinuait dans
la tendresse charitable du jeune homme et, sans qu'il songeât à trans-
gresser l'engagement qu'il avait pris, une soudaine morsure lui pin-
çait le cœur lorsqu'il se rappelait qu'oiseau migrateur, un instant réchauffé
à son foyer solitaire, sa frêle protégée s'envolerait bientôt pour rejoindre celui qu'elle aimait.

Avec la finesse innée des femmes, elle n'avait point voulu, tout d'abord,
réclamer l'aide du sous-lieutenant pour rechercher son ami ; maintenant qu'il avait gagné sa confiance entière, c'était par délicatesse qu'elle

évitait de rappeler le motif de son séjour à Béchar.

Livrée à ses seules investigations, elle errait sans rien découvrir, autour des bandes de soldats allant au travail. Les semaines s'écoulaient en des jours identiques. L'immensité des sables roses à l'aurore ardait à midi avec une blancheur dévorante de fournaise puis s'éteignait dans la rapide fantasmagorie d'un bref crépuscule. Des caravanes passaient, graves, dans la nuit, rappelant, sous le ciel étoilé, le souvenir des rois mages. Une paix faite de détachement, d'anéantissement de la personnalité infime planait sur les heures lentes... Par-delà les abîmes silencieux du désert, l'œil ébloui, la chair frémissante sentaient passer la face terrible d'Allah.

*

Cependant, Salvador Murga songea à renouveler son programme. Mlle Ninette avait parcouru, à peu de chose près, le cadre complet des officiers ; quelques adjudants avaient même été honorés par elle. Le répertoire du comique-pianiste-accompagnateur était usé. Louise, fixée par Kerhoël cessait d'attirer les clients. Un changement s'imposait. La représentation d'adieu fut annoncée.

En souvenir des beaux soirs où il fréquentait les concerts plus brillants d'Alger et d'Oran, le capitaine Jourdan déclara qu'il convenait d'offrir des bouquets aux dames et se chargea de les fournir. Grand amateur de fleurs, le capitaine avait loué, dans l'Oasis, un coin de terre qu'il faisait cultiver en jardin. A défaut de plantes rares, il poussait là des buissons de roses, des pélargoniums variés, des jasmins, des hibiscus et, à l'écart, quelques légumes. Une main-d'œuvre exclusivement militaire entretenait le petit domaine fleuri dont l'officier tirait orgueil.

Pour éviter de voir les gerbes odorantes se flétrir avant l'heure, il fut convenu que le jardinier-soldat les remettrait à son chef au concert même.

La soirée battait son plein lorsque le porteur des bouquets arriva. Mlle Ninette terminait son morceau par un chahut où elle exhibait ce qu'elle pouvait de ses pauvres dessous de tarlatane rose. Les applaudissements chaleureux de ses nombreux amants saluèrent cette péroraison d'une chorégraphie simpliste. L'un des bouquets lui fut offert. C'était, maintenant, le tour de Louise. Elle parut en blanc, des touffes de coquelicots au corsage et dans les cheveux. Le pianiste attaquait la ritournelle lorsqu'un brouhaha soudain de chaises fit se retourner les spectateurs. Le soldat resté de garde près du second bouquet, se précipitait vers l'estrade. Des exclamations, des ordres brefs s'élevèrent :

— Après le morceau, les fleurs... Veux-tu rester tranquille...

— Quelle gourde !...

— Espèce d'abruti !...

Au bruit, Louise avait regardé dans la direction du jeune homme.

Un cri lui échappa, un subit vertige lui montra la salle tournoyant autour d'elle, elle se cramponna au piano.

Jacques Landois ! C'était lui, son ami, qui se trouvait là devant elle immobile à présent, comme pétrifié, la regardant avec stupeur...

Mettant l'émotion de la petite chanteuse sur le compte du saisissement éprouvé en voyant le soldat s'élancer brusquement vers l'estrade, le public, véhémentement, redoubla d'épithètes peu flatteuses à l'adresse de la maladroite ordonnance du capitaine.

Louise, cependant, s'était reprise. Elle s'attendait depuis trop de jours à l'événement quelconque qui la mettrait en présence de celui qu'elle était venu chercher et qu'elle savait proche, pour que sa surprise fût très profonde. D'un rapide regard elle commanda la discrétion à son ami resté sourd aux quolibets et aux injures de la salle, hypnotisé par son apparition soudaine. Puis, sur un signe, le pianiste préluda bruyamment, chacun reprit sa place tandis que Jacques, son bouquet toujours à la main se reculait jusqu'à la porte.

Cristalline et légère, la voix de la jeune chanteuse emplissait la salle. La banale romance transfigurée par l'accent qu'elle lui communiquait s'envolait comme un chant d'alouette enivrée de lumière, un vibrant *alleluia* à la jeunesse et à la vie.

Simplement gentille, d'ordinaire, timide, effacée, une vague mélancolie, la trace d'une préoccupation pénible voilant, ainsi que d'une poussière terne, la vivacité primesautière de ses seize ans, Louise rayonnait, maintenant, d'un éclat inusité. Le visage animé, les yeux brillants, dégagée de la contrainte qui pesait sur tous ses gestes, elle se livrait pour la première fois dans un enthousiasme sincère qui exaltait la pauvre musique et les paroles vulgaires. Etonnés, les spectateurs la regardaient sous le charme de cette révélation inattendue. Le souffle d'une émotion réelle passait, un peu d'art venait d'éclore, fait de sincérité et de joie.

La dernière phrase du refrain célébrant le printemps ''Salut au Printemps, salut à la vie !...'' fut saluée par une explosion d'applaudissements enthousiastes.

— Le bouquet !... Passe-moi le bouquet, commanda le capitaine Jourdan à Landois.

Celui-ci s'avance vers la première rangée de tables où son chef est assis. Lorsqu'elle le voit à quelques pas d'elle, la chanteuse, avec un aplomb inaccoutumé s'interpose :

— Laissez-le donc le donner lui-même, capitaine. Il accourait de si bon cœur pour me le présenter tout à l'heure.

Des éclats de rire accueillent ce que l'on prend pour une plaisanterie de l'artiste sur la scène burlesque dont le malavisé soldat a été le héros. Les officiers, en gaieté, le poussent, du geste et de la voix, vers l'estrade.

Landois ne perd pas la tête. Pendant la romance chantée par Louise il a eu le temps de réfléchir. Les paroles de son amie confirment ce qu'il a deviné. Elle est là pour lui. Avec un salut il lui tend la gerbe enrubannée et, souriant :

— Je suis le jardinier, Mademoiselle...

— Vraiment !... Vous avez un beau jardin si j'en juge par ces fleurs...

— Il est au bout de l'oasis, sur le bord de l'oued... Je l'arrose deux fois par jour, matin et soir...

Le capitaine intervint en riant :

— Il va vous faire un cours d'horticulture à sa façon, si vous l'écoutez... Il n'en sait pas long, mais il a le goût des plantes... Je le formerai...

Et, congédiant :

— C'est bien, mon garçon, tu peux t'en aller.

Louise, jouant l'indifférence, fait un petit salut amical à Jacques et se retourne vers le groupe des officiers qui la félicitent en exprimant l'espoir de l'entendre encore de temps en temps, puisque, ajoutent-ils malicieusement, elle n'abandonne pas Colomb Béchar.

Pour terminer dignement la soirée, il faut vider une coupe de champagne à la santé des chanteuses. Le patron guettant la commande derrière son comptoir, débouche les bouteilles avec promptitude.

Alors, prêts à lever leurs verres, les officiers regardant autour d'eux s'étonnent : Où donc est Kerhoël ?... Sa place est toute marquée auprès de sa jolie maîtresse et puisque l'on va boire à ses succès, ne doit-il pas être le premier à la complimenter ?...

On appelle :

— Kerhoël !... Kerhoël !...

A ce moment, le sous-lieutenant rentre dans la salle. Il semble singulièrement pâle, mais dans l'entrain général nul n'y prête attention. Seule, Louise devine : Eclairé par ses confidences le jeune homme a compris la signification de l'incident du bouquet. Il a entendu le rapide colloque entre elle et son ami retrouvé. Il sait que le lendemain, dès le matin elle courra à l'oasis... Il sent que c'en est fait de la frêle espérance qu'il gardait malgré tout... Il n'est plus rien pour sa petite protégée. Vienne le jour où elle s'en ira avec son amant, elle oubliera jusqu'à son nom...

Le verre de la chanteuse tremble en effleurant celui de Kerhoël. Sa joie est tombée, quelque chose, au plus profond d'elle-même, répond à l'angoisse du jeune homme : Malaise vague, indéfinissable regret de cet amour qui s'offre si près d'elle et qu'elle doit repousser...

Le reste de la nuit s'est rapidement écoulé. Pas un mot d'explication n'a été échangé entre Louise et le sous-lieutenant. Tous deux sentent l'inutilité des paroles. Ils ne peuvent dire celles qu'il faudrait et ne veulent point mentir.

Retirée dans sa chambre, la jeune fille a ouvert la porte qui donne sur l'immensité des sables. Elle s'est assise à même la marche du seuil, écrasée dans la poussière que le reflet du ciel bleuit. Les heures passent, les constellations tournent très haut, dans la voûte d'azur sombre. Au loin

s'élèvent, par instant, l'aboiement d'un chien de douar, le glapisse-
ment d'un chacal, faibles rumeurs de vie qu'écrase le silence dominateur du désert. Mais à l'Orient une clarté paraît, chassant devant elle
le troupeau des étoiles, les cimes lointaines jaillissent festonnées de lumière,
l'infini des plaines se vêt d'aurore. Au *ksar* un muezzin, appelant à
la prière, atteste la gloire d'Allah l'Unique... La nuit est passée. Finis
les songes !...

                                    *

Louise est rentrée. A travers la cloison elle entend Kerhoël marcher
dans sa chambre. Il ouvre la porte. Un moment s'écoule puis celle-ci
se referme avec un bruit sec. Le jeune homme est parti à son service.

Comme elle, il a veillé, rêvé et vu paraître l'aube claire, impitoya-
ble balayeuse des pauvres chimères étreintes dans l'ombre. Maintenant,
il s'en va vers la redoute, vers ses hommes, accomplir la tâche coutu-
mière. Il n'a point cherché à la revoir... A quoi bon !... La page vient
de tourner, au livre du Destin. Un instant troublée dans sa route par
le parfum d'une fleur inconnue elle reprend son chemin et sa vie.

                                    *

La douceur voluptueuse des sentiers serpentant sous les palmes, dans
le matin tôt brûlant, n'arrête plus Louise. Les vieux souvenirs chan-
tent en elle : Paris !... La rue tumultueuse, le grouillement de la foule
prolétaire, la gaieté bruyante des soirs de Dimanche... Les arbres malingres
des boulevards extérieurs qui ont abrité sa détresse d'enfant et ses joies
d'amoureuse fraternelle. Si la prudence ne lui conseillait de redouter
les surprises jusque dans cette solitude, elle profanerait la sérénité de
l'oasis par un refrain trivial de faubouriens en goguette...

Le jardin du capitaine est loin, près de l'endroit où l'oued s'élargit
bloqué par la dune envahissante d'où émergent, au gré des ondulations inégales du sable, les troncs ensevelis des dattiers.

La jeune fille s'avance selon la vague indication fournie par son ami,
mais d'un buisson de lauriers roses quelqu'un s'est élancé et elle se
sent broyée par l'étreinte de bras nerveux tandis que des baisers ardents
brûlent son visage.

Un orgueil triomphant transporte Jacques. Pour lui, son amie a pu
surmonter tant d'obstacles, pour le retrouver, tenir la parole qu'elle
lui avait jetée, ainsi qu'un viatique tutélaire, au jour misérable du départ.
Sa petite sœur, son amante enfantine n'oubliait pas, ne reniait pas les
heures pénibles et pourtant si douces de leur commune jeunesse. Avant
qu'elle eût rien expliqué il avait tout compris : sa volonté tenace, sa
tendresse fidèle et il s'en glorifiait dans un ravissement qui le jetait
hors de la réalité en un monde où disparaissaient les êtres et les choses

de l'ambiance, tout ce qui n'était pas eux, ce qui n'était pas leur amour.

L'hiératique décor qui les environne, les mystiques perspectives des palmiers dressés en roides colonnades, semblant d'une unanime aspiration fervente, porter, telles des offrandes, leurs têtes épanouies dans le ciel fulgurant... ils ne voient rien. Des parfums rôdent par les jardins, des parfums lourds et voluptueux de sultanes évoquant, dans cette cathédrale d'Allah, le souvenir des houris ; toute l'âme musulmane religieuse et sensuelle vibre et palpite éperdument... et c'est le Paris misérable des gueux qui hante les yeux et le cœur des amants.

Dans la hutte où le jeune homme rassemble ses outils de jardinage, c'est leur cabane d'autrefois qu'ils retrouvent. Ces vieux sacs étendus dans un coin, n'est-ce pas leur couche de hardes en lambeaux, berceau et lit nuptial, à la cité des chiffonniers...

Ah ! que vous êtes loin, langueur d'âme et trouble des sens que versaient la voix émue de Kerhoël et ses phrases de poète chantant dans les nuits bleues et vous douceur prenante des soirées passées ensemble, rapprochés sous la clarté étroite de la lampe !... Une joie alerte d'enfants emplit Louise et Jacques, leurs baisers sonnent gaiement ainsi que ceux des petits et c'est dans un rire clair que leurs lèvres s'unissent.

*

Pendant un mois les jeunes gens se sont retrouvés presque quotidiennement dans l'oasis. A part Kerhoël, nul ne soupçonne leur secret. Les officiers sont occupés par leur service toute la matinée, les promenades de Louise n'ont pour témoins que des Arabes indifférents. Cependant, après l'ivresse joyeuse des premiers jours, les deux amants ont vite senti l'insécurité de leur étrange situation. Malgré ce qu'elle lui a dit de sa générosité, Landois supporte mal la présence de son amie chez le sous-lieutenant ; cette hospitalité ne peut, d'ailleurs se prolonger indéfiniment. Quant au ''joyeux'' il a trois ans à passer à l'armée et l'on peut le déplacer, l'envoyer à quelque poste perdu du désert où, cette fois, Louise ne pourra le suivre.

Les heures s'écoulent, maintenant, en causeries attristées qu'un même thème désespérant inspire : Comment échapper à ce milieu hostile où le danger menace de toutes parts. Le jeune homme a pu, à Paris, enserré dans l'engrenage social obéir moutonnièrement, quitter sa compagne et se laisser emmener loin d'elle. Aujourd'hui, la solitude, ce monde nouveau et gigantesque au sein duquel il se meut lui créent peu à peu une âme nouvelle. Son cerveau étroit de petit faubourien s'élargit, puise dans l'ambiance une énergie sans cesse grandissante. Point de révolte tumultueuse, le désert raille les colères de l'atome humain, mais une implacable volonté naît de sa sérénité farouche.

Jacques veut vivre avec Louise. L'Etranger n'est plus, pour eux, le spectre apeurant de jadis, et, même, les images familières de la patrie commencent à perdre leur attirance. Ils évoquent encore les souvenirs de Paris, mais des rêves nouveaux, comme une vapeur légère, les estompent à chaque instant davantage.

Par les matins féeriques où l'immensité des plaines s'emplit de mirages, ils ont vu se dresser la blanche maison abritée sous les palmes, où il ferait bon d'oublier les cruautés des hommes. Ils sont déjà las de la lutte quoique jeunes et tout, autour d'eux, célèbre la joie du repos, la folie de l'effort...

Alors, les anges de l'Islam, voyant leur cœur désolé prêt à s'ouvrir à la foi qui leur porterait le salut, mirent sur leur route le sage marabout Si Hadj Tahar ben Amor.

\*

Si Hadj Tahar ben Amor appartenait à une ancienne famille dont le fondateur, un saint qui glorifia le nom du Prophète, est vénéré dans un Zaouia du désert abritant son tombeau. Son père l'avait envoyé à douze ans dans un collège d'Alger, avec son frère cadet. Il souhaitait que les jeunes garçons y apprissent les secrets de la science qui rendent les Infidèles redoutables et en fissent profiter les croyants. Son plan devait échouer en partie. Le plus jeune des deux frères, Ali, arrivé à l'âge d'homme, ne se souciait point de retourner aux solitudes natales. Très francisé, il s'engageait et ne tardait pas à porter l'épaulette. Tahar rentra seul auprès de son père qui survécut peu de temps à sa déception.

La défection de son cadet avait suscité en Si Tahar une âpre ardeur religieuse. Son renom de sainteté et les effets de son zèle pieux s'étendaient jusqu'aux villes lointaines du Maroc. Pour compenser la perte de son frère, musulman de nom seulement, buvant du vin à la table des roumis et époux d'une chrétienne, il s'efforçait par une incessante propagande d'amener des âmes à la foi. Il s'était spécialement consacré à cette œuvre sur le tombeau du Prophète dans un pèlerinage à la Mecque et espérait obtenir en échange le retour de l'enfant prodigue dont le souvenir ne le quittait point. Il s'était même persuadé, depuis quelques années, que ce retour approchait. On le voyait, certains jours, s'avancer à cheval sur la piste qui remonte le versant saharien vers les Hauts Plateaux et, par delà à des centaines de kilomètres, va rejoindre l'Oranais des colons et des cultures. Depuis que le chemin de fer atteignait Bechar, c'était vers la petite gare qu'il se dirigeait, parfois, les jours d'arrivée du train. Son histoire était connue, on eût volontiers plaisanté sa monomanie si l'aspect majestueux du vieillard, la beauté altière de son visage, ses inattaquables vertus et, mieux encore, son influence sur une immense région qu'il eût pu soulever d'un geste, en avaient fait un personnage digne de respect.

\*

Ce fut avec stupeur que Louise et Jacques virent, un matin, se dresser devant eux le burnous immaculé du vénéré marabout. Dans un français très pur et avec un accent empreint d'une persuasive bonté il leur apprit que, visitant un jardin voisin, il venait de surprendre leur conversation, leurs soucis, leur anxiété. Et, déjà, avant qu'ils eussent trouvé un mot, il répétait pour eux les paroles du Livre :

*Ignores-tu que la puissance du Très-Haut embrasse l'univers ?...*
*Ignores-tu que Dieu est le roi des cieux et que vous n'avez de secours*
*à attendre que de lui ?...*
*Dis : O Dieu ! roi suprême, le bien est dans tes mains. Tu es le*
*Tout Puissant. Tu changes la nuit en jour et le jour en nuit. Tu fais*
*sortir la vie du sein de la mort et la mort du sein de la vie. Tu verses*
*les trésors infinis sur ceux qu'il te plaît* [1]*...*

Ce n'était pas sans un dessein spécial, pensait Si Tahar, qu'Allah, le clément, le miséricordieux, avait ménagé leur rencontre. La charité naturelle du saint vieillard s'exaltait devant ces enfants tremblant à la pensée que leur secret était à sa merci, qu'il pourrait les trahir. Leurs regards anxieux et implorants émouvaient son cœur compatissant. Ne pourrait-il pas changer leur angoisse en joie... en joie éternelle, et, les sauvant sur la terre, leur ouvrir les portes du jardin des délices réservé aux Croyants ?...

*

Ce premier entretien fut suivi de plusieurs autres. Les jeunes gens avaient pris confiance ; dénués de toute protection ils accueillaient avidement celle qui semblait s'offrir. Le marabout s'asseyait auprès d'eux, sur un revers de talus, puis ouvrait le Livre.

Texte sacré ou pieux commentaires, de chaque page feuilletée surgissait l'image d'un prodige. Les miracles en longues théories, emplissaient l'espace d'un peuple de féerie. Graves, péremptoires, ils s'affirmaient, dédaigneux de la raison déroutée, abolie, souverains dans ce pays des prestiges, parmi les mirages des horizons.

Une subtile griserie envahissait les amants à cette première révélation des rêveries séculaires par quoi l'homme apeuré apaise ses alarmes et berce ses douleurs. Jadis, ils avaient bien frôlé au passage le seuil des églises, mais nul n'en était sorti pour s'inquiéter de leur détresse et leur cœur altéré de douceur, de justice, de paternelle tendresse s'élançait ardemment vers la bonté mystérieuse qui auprès d'Ismaël mourant fit surgir le puits Zemzem, parmi les sables torrides de la ''vallée stérile'' et protégea les enfants réfugiés dans la caverne d'Al-drakin pendant les trois cent neuf ans qu'ils y demeurèrent endormis.

---

1. Koran I 100, 101 - III 25, 26.

Près de quinze jours s'étaient écoulés depuis leur première rencontre. Louise et Jacques avaient confié toute leur histoire à Si Tahar. Celui-ci lisait en eux, il voyait l'angoisse de leur âme tendue vers la Puissance compatissante qu'il leur avait fait entrevoir attendant la main qui s'abaisserait sur eux, les recueillerait comme des oiseaux blessés que la tempête a laissés gisant sur le sol et les emporterait vers un monde plus clément aux petits. Alors, après une nuit passée en prières, le marabout décidé à leur poser la question décisive se leva et marcha vers l'oasis.

Du sommet de la dune où ils se hasardaient, parfois, à guetter son arrivée, les jeunes gens le virent poindre parmi les brumes mouvantes de l'horizon. Droit sur son cheval, il avançait la tête haute, coiffé du turban vert des Hadj, sous les pieds de sa monture, le sable s'étendait rose comme un nuage à l'aurore. Un instant, un mirage coupa le sol sous lui et, grandissant démesurément, le cavalier parut planer dans l'espace. Puis, dépassant la ligne de réfraction, soudain, il fut devant les amants.

Sans descendre de selle, messager de salut prêt à disparaître si ceux qu'il élisait ne répondaient point à son appel, il dit simplement :

— Le jour est venu. Acceptez-vous l'Islam avec la vie nouvelle qu'il vous apporte ?...

Reconnaissez-vous Allah l'Unique et celui par qui il nous a parlé, Mohammed son Prophète ?...

L'éréthisme mental qui tendait, à briser le cœur des jeunes gens s'exalta en un suprême paroxysme. Une sorte de spasme de l'âme les jeta prosternés sur le sable en un don absolu d'eux-mêmes et une identique parole s'échappa de leurs lèvres :

— Nous croyons au Dieu qui nous sauve !...

Le vieillard leur fit, alors, prononcer la formule consacrée qui de l'infidèle fait un musulman :

Il n'y a de Dieu que Dieu et Mohammed est son ''Prophète''.

Puis attachant son cheval à un dattier, il s'approcha de Landois et l'embrassa.

En silence ils allèrent s'asseoir à leur place accoutumée. A l'émotion intense du premier moment succédait une paix infiniment douce. Ni Louise, ni Jacques ne savaient encore comment allait s'opérer leur délivrance, mais leur inquiétude avait fui ; ils s'en reposaient sur le Maître des Mondes et s'abandonnaient à ses promesses. Dans leur jeune foi, ils n'imaginaient même pas qu'elles pussent être le leurre éternel dont les hommes ne peuvent se désenchanter et, tels les fleuves aux flots limpides et les ombrages verdoyants d'où les djius ironiques raillent la soif et la fatigue des caravanes, former le mirage sans cesse déçu et sans cesse renaissant dans le grand Sahara qu'est la vie.

Si Tahar ben Amor leur développa, alors, le plan qu'il avait conçu : dans peu de jours, une caravane devait s'arrêter à Béchar. Avant son arrivée il lui adjoindrait six méharis de bonne race et quatre hommes sûrs habitués à parcourir le désert.

Après avoir répondu à l'appel du soir, Landois, que son chef envoyait depuis quelque temps coucher à son jardin pour garder contre les maraudeurs quelques planches de légumes de choix, retournerait à son poste, ainsi que de coutume. De son côté, Louise gagnerait la palmeraie. Des vêtements arabes seraient préparés. Ils les revêtiraient et quitteraient Béchar mêlés aux marchands en voyage. Une fois hors de la zone dangereuse pour eux, les hommes du marabout emportant les fugitifs se sépareraient du groupe, les méharis prendraient leur course, à l'aube ils seraient loin. La frontière marocaine était proche, une fois franchie ils pourraient, avec l'aide que Si Tahar avait réclamée pour eux, gagner à l'aise la Zaouia où il les envoyait. Là, Jacques confessait solennellement sa nouvelle foi et, selon les rites prescrits serait admis parmi les fidèles. Il apprendrait l'arabe. Adroit et laborieux, il n'aurait point de peine à se créer une situation assurant l'aisance de son foyer, le bonheur de Louise et des enfants qu'elle lui donnerait.

Le plan était simple, ses détails, minutieusement réglés par le marabout, en garantissaient la réussite. Les jeunes gens ne pouvaient en douter et, d'avance, sans s'arrêter aux péripéties de cette évasion si aisée, songeaient avec transport à l'existence nouvelle où l'un et l'autre librement et pour toujours ils édifieraient leur fortune.

Landois ne concédait aucune crainte à ce sujet. Le bonheur, la certitude que rien ne le séparerait plus de son amie lui avaient rendu son âme joyeuse de petit Parisien. Il avait fait tant de métiers et si bravement résolu, à onze ans, le problème de sa subsistance que le souci du pain à gagner ne pouvait l'atteindre. Camelot, autrefois, il ferait du commerce. La richesse viendrait... La maison blanche serait vaste à l'ombre des palmiers ; alentour, des jardins de roses et d'orangers lui feraient une ceinture embaumée... Des fontaines chanteraient en des vasques de marbres et, pour les pieds mignons de sa femme chérie, des tapis de soie claire s'étendraient dans les hautes salles fraîches... La nuée bariolée des serviteurs emplirait les cours et le portique... Des chevaux à longue queue traînante, parés de selles brodées d'or, attendraient la sortie du Maître. Sur les terrasses, dans les nuits tièdes, brûleraient le benjoin, l'encens et le santal aux troublantes effluves ; des instruments étranges, en femme qui se pâme, avec des sanglots riraient dans les ténèbres et, tandis qu'à la voûte d'azur sombre la procession lente des étoiles marquerait la fuite des heures, aux bras l'un de l'autre, l'aimée et lui, dans un baiser s'endormiraient en paix...

*

Sans fièvre les jeunes gens avaient vu arriver le jour du départ. L'inébranlable certitude de la réussite les laissait calmes dans leur joie.

L'ultime minute approchait. Dans la petite chambre qui l'abritait depuis bien des semaines, déjà, Louise jetait un dernier regard autour d'elle. Elle n'emportait rien, ni hardes, ni bagage, ne possédant aucun objet auquel s'attachât la valeur d'un souvenir. Demain, Kerhoël trouverait toute chose à la place accoutumée... toutes choses, sauf celle qu'il ne reverrait jamais. Sur la table il prendrait la courte lettre qu'elle y laissait :

*Du fond de mon cœur je vous bénis. Vous avez été bon au-delà de ce que je pouvais imaginer. Souvent, j'ai voulu vous parler, vous avouer tout, mais je sentais que vous saviez et je n'osais plus... Je pars. Adieu... Ne croyez pas que je vous le dise sans tristesse, cet adieu...*

Et ce serait fini, jamais il ne saurait rien d'elle, jamais elle n'apprendrait rien de sa vie... jamais !...

Louise s'était revêtue du burnous que Si Tahar lui avait donné pour traverser le village. A cette heure tardive une rencontre était peu à craindre, toutefois, le capuchon pointu rabattu sur la tête, les plis du vêtement rasant la terre, elle présentait une silhouette classique et anonyme d'indigène, incapable d'attirer l'attention.

Et maintenant, il fallait partir. L'étroite véranda à traverser, un degré à descendre et la route s'ouvrait vers l'avenir. La jeune fille avança d'un pas et, soudain, un déchirement sourd se fit au plus profond d'elle-même. Le sentiment, si complètement oublié depuis le matin où elle avait rejoint son ami au jardin de l'oasis, renaissait avec une violence douloureuse.

Son vêtement frôlait la porte de Kerhoël. Derrière ces planches il dormait, inconscient de sa fuite, le doux protecteur qu'elle abandonnait. Oh ! qu'ils étaient froids ces quelques mots qu'elle lui laissait, qu'ils peignaient mal les battements de son cœur et l'élan qui l'eût précipitée vers lui si, tout à coup, il s'était trouvé là devant elle. Mais il dormait. Il fallait qu'il dormît... Alors, doucement, la fugitive s'agenouilla devant la chambre muette et, sur le bois impassible des persiennes closes, ses lèvres s'appuyèrent en un long baiser...

\*

Ce fut ensuite très bref, très rapide.

Un adjudant enfreignant la consigne, grâce à d'amicales complicités put s'attarder chez une juive hospitalière. La cervelle brumeuse : fumée d'alcool, fumée d'amour, il regagnait la redoute. A l'angle de la dernière maison du village il croisa Louise. Facétie d'ivrogne, d'un coup de poing il décoiffait la jeune fille.

Un morose rayon de lune à son dernier quartier traînait sur la plaine et l'homme, un instant arrêté pour rire de la grimace de celui qu'il croyait un gamin indigène, restait stupéfait en reconnaissant la chanteuse du café de Murga, la maîtresse en titre du lieutenant de Kerhoël. Elle courait donc ces aventures ?... Eh bien ! il en aurait sa part !... D'un bond il s'était élancé, la saisissant par la taille, l'embrassant brutalement.

Louise luttait de toute son énergie mais sans force contre les bras robustes qui l'étreignaient. Sur ses lèvres elle sentit le souffle chaud du soldat ; un instinctif cri d'appel vibra dans le silence...

Un bruit étouffé de course sur le sable, Landois aux aguets à la lisière des palmeraies tombait sur l'adjudant et lui plantait son couteau entre les épaules. Chancelant, celui-ci trouvait encore la force de saisir son revolver et de tirer sur son meurtrier mais l'arme, mal dirigée par sa main tremblante, déviait et Louise atteinte en pleine poitrine s'affaissait en vomissant un flot de sang.

Dans la nuit, le bruit de la détonation intensifiée par le calme absolu du désert avait retenti jusqu'au quartier militaire. On appelait aux armes, des gens sortaient de leurs demeures et, très loin, s'entendait le pas rythmé d'une patrouille accourant au pas de gymnastique.

Jacques étendu sur le corps de son amie venait de sentir se détendre en une dernière convulsion les doigts qui enserraient les siens. Fini le rêve de bonheur. La petite sœur-amante, l'unique joie, l'unique douceur de sa vie de paria était à jamais perdue... Pour lui, meurtrier d'un gradé, c'était le poteau d'exécution et, avant, quelques tortures, peut-être !... Fou d'horreur il se précipita sur le revolver tombé près du corps de l'adjudant, dirigea l'arme vers son cœur et pressa la détente.

Au même instant surgissaient les hommes du marabout se doutant que le sort de ceux dont ils devaient assurer la fuite était en jeu et voulant tenter de les défendre. Jacques tomba dans leurs bras.

La lune avait disparu ; l'espace n'était que ténèbres... Quand la patrouille arriva, elle ne trouva que les cadavres de la jeune fille et de l'adjudant.

Le lendemain les musulmans de Béchar conduisaient un de leurs frères à sa dernière demeure sous le tertre anonyme des fidèles.

Si Hadj Tahar ben Amor, d'accord avec Kerhoël, fit déposer Louise auprès de ce mort inconnu et le marabout commanda de rappeler sur son humble tombeau l'indulgence infinie d'Allah, le Clément, le Miséricordieux qui, par un bonheur éternel dédommagera le Croyant de toutes les larmes versées ici-bas.

*

Personne n'a compris ce drame étrange. L'enquête a révélé que l'adjudant venait de quitter sa maîtresse juive au moment où il tua Louise. Jacques a été inscrit comme déserteur mais les fugues de ''joyeux'' étant fréquentes nul n'a établi de rapprochement entre les deux incidents.

Ceux qui savaient se sont tus et les pauvres petits morts, à jamais réunis, dorment côte à côte le grand sommeil et, peut-être, rêvent ensemble les rêves éternels.

*Dieu a promis sa miséricorde à ceux qui ont embrassé la foi... Il rectifiera l'intention des fidèles. Il les introduira dans le jardin de délices !*

**Beni Ounif de Figuig et Colomb-Béchar**

# Alexandra David Neel
## face au Tibet

Les septs textes qui suivent ici sont consacrés au Tibet, terre inconnue que l'exploratrice sut découvrir en partageant vie et coutumes de ses habitants. En ces régions du Toit du Monde elle réalisa le sens de sa quête et découvrit le secret du mouvement qui nous meut. Parfaite ethnologue, elle savait parler la langue, disciple authentique, elle passa des années durant en un farouche ermitage non loin de celui du maître spirituel qu'elle jugea digne de l'enseigner, voyageuse téméraire elle brava les intempéries glacées, bivouaqua dans les solitudes enneigées des montagnes, affronta les brigands, se déguisa pour pénétrer dans Lhassa, la ville interdite, et passa quatorze années de sa fertile existence à parcourir ce lieu du monde qui la fascina plus que tout autre, à visiter les monastères, à rencontrer les grands lamas et à partager la vie du peuple. Et ses écrits témoignent d'une expérience irremplaçable.

# Poursuivie
## par d'imaginaires démons

La vie religieuse au Tibet ? Y a-t-il là quelque chose de religieux
j'entends de religieux au sens que nous attachons dans notre
esprit au terme religieux ?
Je crois devoir répondre non.
Et quoi ? me direz-vous, que signifient donc ces immenses
monastères dont certains abritent plus de dix mille moines ? Que
signifient ces ermites dont vous nous avez parlé dans vos livres,
ces ermites qui vivent dans des cavernes sur les hautes montagnes plongés dans de continuelles méditations ? Est-ce que
tout cela ne dénote pas de la religion ?
Je réponds non. Au Tibet cela ressort de la magie ou de la
recherche philosophique et psychologique.

Tous les rites des Tibétains sont à tendances magiques. Il en est
de très naïfs et il en est de très subtils.
Les Tibétains croient que notre monde, celui que nous voyons et
que nous touchons quotidiennement est contigu à d'autres mondes
peuplés d'êtres différents de nous mais dont la mentalité a pourtant
des points de ressemblance avec la nôtre. Ces mondes nous ne les per-
cevons généralement pas. Mais, en des occasions exceptionnelles, il peut
nous arriver d'en entrevoir quelque chose. Certains hommes, aussi, qui
ont évolué des sens spéciaux, discernent ces mondes et leurs habitants

d'une façon continue. Mais que nous soyons conscients de leur existence ou que nous ne le soyons pas, les êtres de ces mondes, soit volontairement soit automatiquement, exercent une influence sur nous comme, de notre côté, nous en exerçons une sur eux.

Il y a des dieux, des génies, des démons masculins, féminins ou sans sexe. Certains sont bienfaisants d'autres sont portés à nuire. Il en est qui ont le pouvoir de créer autour de nous des conditions heureuses, de nous maintenir en bonne santé, de faire prospérer nos affaires etc. Il y en a qui peuvent grandement nous aider et, aussi, grandement nous nuire si nous ne gagnons pas leur amitié ; mais les Tibétains sont plutôt enclins à douter de la bienveillance spontanée de ces personnages. Alors pour profiter des biens qu'il est en leur pouvoir de nous procurer il faut les forcer, les contraindre à employer leur pouvoir en notre faveur. Contraindre le Dieu ou le démon est un acte de magie. C'est se mesurer avec lui, essayer d'en faire son serviteur. Cela ne ressemble pas à la prière, cela n'a rien de religieux.

Au lieu de la contrainte l'on peut, aussi, user de procédés aimables, par exemple, plaire au dieu ou au démon en lui donnant des choses qui lui sont agréables, ou en lui procurant du plaisir d'une manière ou d'une autre.

Quand je dis démon ne vous imaginez pas des êtres pareils à ceux que les gens de nos pays croient exister en enfer. Point du tout. Le démon est un individu qui a des tendances à être méchant mais il peut avoir des moments de bonne humeur pendant lesquels il ne cherche pas à faire de mal. Et puis, il ne restera pas éternellement un démon. Il mourra comme nous tous nous mourrons après une vie plus ou moins longue. Et, après être mort, il renaîtra, comme nous tous nous renaîtrons aussi, pour recommencer une autre vie — C'est ce que croient les Tibétains — Alors, si le démon ne s'est pas trop laissé aller à sa tendance au mal, il pourra renaître dans un milieu où il ne sera plus un démon, il pourra devenir un homme ou un autre individu.

Une grande quantité de rites Tibétains ont donc pour but d'obtenir d'une manière ou d'une autre, pour notre bénéfice, le concours des personnalités extra-humaines. Tout au moins c'est ainsi que le commun des Tibétains comprend ces rites.

L'opinion des lamas savants est toute différente, mais ils ne l'expriment pas ouvertement. Pour ces lamas, tout ce monde fantastique composé de dieux et de démons n'est en réalité que le domaine de forces de différents genres. L'homme qui s'est initié à la connaissance de ces forces, qui en connaît la nature, qui a appris la façon de les manipuler peut parvenir à produire ces phénomènes que le commun des hommes considère comme des prodiges. Les lamas qui s'adonnent à ces recherches demeurent peu souvent dans les monastères. Ils se retirent dans des endroits isolés où rien ne les dérange dans leurs études et dans leurs expériences.

Quand on parle de monastères Tibétains il faut se garder de les imaginer comme ressemblant aux monastères catholiques de nos pays. On doit plutôt se les représenter comme des villes ou comme des villages s'ils sont peu importants. Un monastère qui ne compte que deux mille moines n'est pas considéré comme un grand monastère. Il existe, je viens de vous le dire, quelques monastères dont la population se monte à près de dix mille moines ou même à plus que ce nombre.

Le monastère est généralement entouré d'une muraille percée de portes qui sont closes le soir. Les moines ne vivent pas en communauté. Chacun d'eux a son logement particulier. Les Grands Lamas occupent de véritables palais, d'autres Lamas sont propriétaires d'une maison confortable, de moins riches louent un appartement ou une chambre chez des confrères. Les moines Tibétains ne font pas vœu de pauvreté. Les uns reçoivent une rente de leur famille. D'autres possèdent des terres ou du bétail, d'autres encore placent de l'argent dans le commerce. Il y en a qui vivent de leurs talents comme professeurs, comme secrétaires, comme peintres de tableaux religieux, certains confectionnent des vêtements monastiques. Tout au bas de l'échelle on trouve des domestiques travaillant chez des Lamas plus riches.

Tous les matins, les moines se réunissent dans la grande salle pour la récitation de livres sacrés. Cette récitation se fait en psalmodiant avec une voix très grave et avec des ondulations de sons d'un effet très impressionnant. Ceux qui sont savants en cette matière vous diront que cette psalmodie a été calculée pour produire certaines ondes sonores particulières destinées à produire des effets spéciaux. Des instruments de musique et des timbales se font entendre de temps en temps. Les moines agitent, aussi, par moments, des clochettes et une espèce particulière de tambourin ; tout cela a une signification et vise à obtenir des effets par la combinaison des vibrations des sons. C'est de la magie.

Les laïcs appellent parfois chez eux des Lamas pour y célébrer certains rites visant à amener la prospérité, la bonne santé ou d'autres avantages sur les hôtes de la maison. Mais les laïcs n'assistent pas aux offices célébrés dans les temples des monastères. Ce n'est pas que cela leur soit défendu, mais il n'ont rien à faire là et il n'y a pas de place réservée pour eux dans les endroits où les offices sont célébrés. Il y a aussi des rites secrets auxquels les initiés sont seuls admis comme participants ou comme témoins.

Un Lama est souvent aussi appelé auprès d'un malade qui va mourir. Son rôle consiste à enseigner au mourant ce qui l'attend dans le monde où il va entrer et à lui donner des conseils sur la manière dont il doit s'y conduire.

Vous savez que les Bouddhistes croient qu'avant de vivre notre vie actuelle nous en avons vécu beaucoup d'autres et que les circonstances foncières de notre vie actuelle sont les conséquences d'actes physiques et mentaux qui ont été effectués dans ces vies précédentes. De même, les circonstances fondamentales de la vie future découleront elles des actes accomplis dans la vie présente. Mais c'est là une direction d'un caractère général, elle n'est pas absolument stricte. La cause déterminante principale dévie plus ou moins sous l'action de causes secondaires qui s'y adjoignent. En somme il y a probabilité quant à ce que sera la vie future d'un individu mais il n'y a pas de certitude absolue.

Cette idée que l'on peut modifier les conséquences des actes, les Tibétains l'appliquent à l'au-delà de la mort. L'esprit désincarné et plongé dans un monde effarant pour lui doit conserver son sang-froid. Il ne faut pas qu'il se laisse rouler inerte jusqu'au but où le poids des actes commis dans ses vies antérieures l'entraîne. Il doit être alerte, prêt à discerner les voies et les moyens qui s'offrent à lui pour améliorer son sort futur. Tout cela est illustré sous la forme d'un voyage dans l'autre monde, de paysages que l'esprit voit le long de sa route et de personnages qu'il rencontre. Le Lama lit cette description au moribond et l'exhorte à tenir compte des renseignements qui lui sont fournis.

Cette pratique n'est pas véritablement Bouddhiste ; son origine peut-être trouvée dans la religion des Böns, une branche du Taoïsme qui prévalait au Tibet avant l'introduction du Bouddhisme dans le pays et dont les doctrines se sont mêlées avec celles du Bouddhisme.

Cette lecture n'a lieu que pour les laïcs et pour les moines du bas clergé qui sont très ignorants. Les Lamas lettrés et, surtout, les initiés aux doctrines secrètes sont jugés connaître mieux que ces symboles et n'avoir pas besoin de guides dans un au-delà dont ils ont déjà percé le mystère.

*

Quant aux masses populaires elles continuent à être dominées par la crainte des démons ; je dois dire une fois de plus que le Tibet est un pays étrange bien propre à engendrer la crainte par les phénomènes bizarres qui s'y produisent. Parmi les croyances les plus communes, relatives aux démons, est celle que des démons errants suivent les voyageurs. Ils épient leur fatigue, leur état de santé et, dès qu'ils les voient suffisamment affaiblis, ils en font leur proie. Mais, comprenez-moi, ils ne dévorent pas le corps du voyageur ; celui-ci meurt parce que le démon, profitant de son état de faiblesse, saisit le souffle vital du malade et le mange. Mange ce principe vital et non pas le corps matériel. A cause de cette croyance les Tibétains refusent souvent l'hospitalité à des voyageurs par crainte qu'un démon ne s'introduise dans la maison à leur suite et n'y fasse sa proie d'un être humain ou d'un animal.

Une aventure singulière m'est arrivée à ce sujet.

Tandis que je me trouvais chez des fermiers où je devais passer la nuit un orage survint et un pauvre idiot qui passait sur la route entra pour se mettre à l'abri dans la cuisine où j'étais. La fermière s'imagina que le garçon était un de mes domestiques. Moi je crus qu'il faisait partie de la famille des fermiers. Mais le garçon se conduisit de façon étrange ; il parut essayer de manger et ne pas pouvoir le faire, puis il jeta son bol par terre et s'en alla sans dire un seul mot. La fermière me questionna à son sujet, je répondis que je ne connaissais pas le garçon, elle non plus ne le connaissait pas. Il n'en fallait pas davantage, elle conclut que l'idiot était un démon qui m'avait suivi. Elle était terrifiée.

Au milieu de la nuit mon fils adoptif me réveilla et me dit que la fermière avait été prise d'une violente fièvre et criait que le démon mangeait son âme. Le mari vociférait contre nous en agitant un sabre ; il fallait nous sauver en hâte. Si le village s'ameutait nous courions le risque d'être écharpés.

Nous réussîmes à partir sans encombre et nous marchâmes bon train à travers la forêt. Vers la fin de la matinée, comme personne ne nous poursuivait, nous nous arrêtâmes pour faire un thé et déjeuner.

Tandis que nous étions là, un homme passa à cheval en se hâtant :

"Où allez vous ?" lui cria un de mes hommes. C'est l'usage de poser cette question à tous ceux que l'on rencontre.

"Je vais chercher un Lama pour le service funèbre de la fermière chez qui vous avez logé hier ; elle est morte un peu après votre départ" répondit le passant.

Les hommes qui m'accompagnaient étaient devenus pâles.

"Elle est morte de peur" leur dis-je, "sans doute elle avait déjà le cœur malade. N'importe, partons tout de suite." Je craignais que les paysans ne nous poursuivent.

Ils ne nous poursuivirent pas mais comme nous continuions notre route des bûcherons qui travaillaient au loin dans la forêt se mirent à se héler. Cela faisait des Ohohohohoh, des ahahahahah que l'écho répercutait de façon assez lugubre. Mes hommes, l'esprit tout occupé de leur superstition perdirent la tête. Ils s'imaginèrent que des démons hurlaient.

" Les démons !... Les démons nous poursuivent, ils vont nous dévorer ! " criaient-ils.

Ce fut une course éperdue. Les chevaux que l'on fouettait trébuchaient dans les racines qui émergeaient du sentier, les caisses de bagages s'entrechoquaient, tout ce que je pouvais dire ne servait à rien, mes hommes criaient toujours "les démons ! les démons !..." A cette allure folle, nous franchîmes un col, nous dégringolâmes en avalanche jusque dans une vallée et, là hommes et bêtes s'arrêtèrent enfin pantelants et abrutis...

Evidemment tout cela ressort des superstitions populaires, il en existe dans tous les pays, il ne faudrait pas s'imaginer qu'il n'y a rien que superstitions au Tibet. Il y existe une sorte de magie scientifique bien curieuse à étudier. Il y existe, aussi, des doctrines philosophiques profondes.

# Phénomènes psychiques
# et médiums au Tibet

Depuis mon retour en Europe, il ne se passe presque pas de jour où, soit directement soit par lettre, des questions ne me soient posées concernant les phénomènes psychiques qui peuvent être observés au Thibet.

Toutefois, j'ai le regret de constater que ce qui intéresse la plupart de ceux qui m'interrogent, ce sont les manifestations du genre de celles avec lesquelles les fakirs professionnels de l'Inde amusent le public. Parce que je ne leur apporte pas la description de "tours" de ce genre, certains se hâtent de proclamer qu'il n'existe "rien" au Thibet.

Il est bon de s'expliquer à ce sujet.

D'une façon générale, les phénomènes que l'on observe au Thibet peuvent être classés en trois groupes distincts :

1) les phénomènes qui dépendent de la sorcellerie ou, à un degré plus élevé, dépendent de la magie ;

2) les phénomènes psychiques proprement dits ;

3) les phénomènes causés par un développement supranormal des sens et de l'intellect, qui sont cultivés en vue d'obtenir une connaissance plus profonde de la nature des choses.

Avant la prédication du Bouddhisme au Thibet, la religion des Thibétains était une sorte de Chamanisme dénommé Bön qui nous apparaît, à travers les anciennes traditions comme ayant été basé sur la magie. Nous sommes, d'ailleurs, très mal renseignés à ce sujet car tous les livres actuellement en usage parmi les Bönpos (sectateurs du Bön) ont été écrits à une époque relativement récente (postérieure au VIIIᵉ siècle) alors que les doctrines et les pratiques des Bonpos avaient déjà été profondément modifiées sous l'influence du Bouddhisme qui, dans sa forme hétérodoxe tantrique, était devenu la religion de l'Etat.

Avant l'introduction du Bouddhisme dans leur pays, les Thibétains n'avaient point d'écriture et le but du roi Stronglsten Gampo en faisant adapter l'alphabet devânagari du sanscrit à la langue thibétaine était de se procurer un instrument permettant de traduire les Ecritures sacrées du Bouddhisme.

De cette absence d'écriture thibétaine avant le VIIIᵉ siècle, il serait téméraire de conclure qu'auparavant aucun genre d'écriture n'était connu du Thibet. Une petite minorité de ses habitants était probablement initiée à l'écriture chinoise ou à certaines écritures symboliques dont nous n'avons pas trouvé de traces. Peut-être de patientes recherches aboutiront-elles à nous faire découvrir des documents sérieux sur les théories et les pratiques des Bönpos primitifs. Quoiqu'il puisse advenir, nous devons nous contenter, pour le moment, de savoir qu'une élite de Bönpos se transmet une tradition orale tenue très secrète, concernant la connaissance et le maniement de forces naturelles occultes.

Très peu nombreux et dissimulant leur pouvoir pour ne pas être inquiétés par les magiciens officiels des collèges monastics, ces magiciens böns sont redoutés et paraissent, en effet, aptes à produire des phénomènes singuliers. J'en ai vu un qui faisait tomber comme des pierres, les oiseaux qui volaient dans le ciel. Il disait pouvoir les tuer de cette manière, mais dans l'expérience qu'il consentit à faire devant moi, par égard pour mes sentiments bouddhiques, il laissa les oiseaux reprendre leurs sens et s'envoler de nouveau après quelques minutes de torpeur. Le même Bön pouvait ouvrir des portes ou soulever les rideaux des tentes sans les toucher et, parfois, en se tenant à une distance de vingt à trente mètres. Cela, sans aucune préparation ni geste spécial, se trouvant dans un état normal et tout en poursuivant une conversation.

L'on raconte aussi que ces magiciens Böns peuvent causer, même de très loin, des contradictions douloureuses du cœur, aux hommes et aux animaux qu'ils choisissent pour victimes et même les tuer de cette manière. Ceux qui en ont ressenti les effets déclarent avoir eu l'impression que leur cœur était "écrasé entre deux planches".

\*

En dehors des phénomènes de ce genre dont l'on entend beaucoup parler mais qui s'offrent bien rarement à l'observation, il est possible de se faire une idée des pratiques populaires des Bönpos en étudiant celles-ci dans l'Himalaya et dans les régions avoisinant la frontière sino-thibétaine.

Dans la partie de l'Himalaya que je connais particulièrement pour y avoir séjourné longtemps, les Lepchas aborigènes bien que nominalement bouddhistes, ont conservé leurs sorciers et leur médiums bönpos. D'autre part, à la frontière sino-tibétaine se rencontrent des Böns de la secte noire qui se distinguent des Böns de la secte blanche en ce qu'ils sont demeurés plus fidèles à la doctrine primitive, tandis que la secte blanche adoptait, en fait, les croyances et les coutumes des Bouddhistes, se bornant à leur donner des noms de la terminologie bönpo.

Deux personnages occupent une place importante parmi ces Böns : les médiums et les sorciers.

Le médium est appelé *pawo* quand c'est un homme et *pamo* quand c'est une femme. Chez eux la médiumnité n'est pas le produit d'un entraînement, elle provient de facultés spéciales inhérentes à certains individus. Cependant avant de pouvoir faire volontairement usage de ces facultés il est jugé presque indispensable que le médium ait reçu d'un autre médium pleinement développé, une transmission de pouvoir qui rend actives les facultés innées qu'il possède.

Les Bönpos croient également que le *powo* ou la *pamo* qui veut se libérer de l'état psychique particulier qui constitue la médiumnité peut le transmettre à une autre personne qui devient médium à sa place. Ce dernier cas est rare et ne se produit que lorsque le médium désire échapper à la domination du pouvoir occulte qui le contraint d'accomplir consciemment ou inconsciemment des actes qui lui déplaisent.

D'autre part, il existe des lignées de médiums dans lesquelles la faculté de médiumnité se transmet des parents aux enfants.

Les médiums dont il s'agit sont fort différents de ceux qui existent dans nos pays. Ainsi, ces derniers n'entrent ordinairement pas en transe soudainement et involontairement. Il y a avec eux, une certaine préparation à cette transe. Généralement ils se sont volontairement prêtés à l'expérience à laquelle ils doivent servir, ils se sont rendus au lieu où elle doit avoir lieu et se sont assis à l'endroit préparé pour eux. Ils exigent aussi l'obscurité ou une lumière atténuée, un cabinet dans lequel ils s'enferment etc. Au contraire, les médiums de Bonpos que j'ai pu observer, sont parfois, subitement et sans aucune préparation, saisis par une personnalité étrangère (dieu, génie bienveillant ou malfaisant, esprit d'un mort récemment décédé etc.) qui parle ou agit par leur intermédiaire.

Il arrive que ces gens étant soudainement ''possédés'' alors qu'ils sont occupés chez eux ou en marche sur une route, perdent tout contrôle sur leurs actes, abandonnent ce qu'ils faisaient pour faire tout autre chose ou bien pour s'en aller à de grandes distances, accomplir un acte ou délivrer un message qui leurs sont suggérés par la personnalité qui les domine.

La plupart demeurent en état de transe et agissent mécaniquement pendant tout le cours de l'action qui leur est commandée, mais d'autres sont partiellement ou même complètement conscients du fait qu'ils sont devenus les instruments d'une volonté étrangère. Cependant malgré cette connaissance ils ne peuvent pas s'empêcher de prononcer les paroles ou de faire les actes que cette volonté étrangère leur impose et la lutte qu'ils soutiennent parfois pour lui résister est, disent-ils, extrêmement pénible.

Ce sont ces derniers surtout qui tentent de se délivrer de ce joug en transmettant leur servage à autrui.

Pourquoi se trouve-t-il des gens qui acceptent cet esclavage ? Les raisons qu'ils donnent sont obscures. Il semble qu'ils subissent déjà l'influence d'une mystérieuse suggestion, mais l'on peut aussi croire qu'il s'y mêle des raisons d'ordre matériel. *Pawos* et *pamos* donnent aussi de véritables "séances" et celles-ci leur rapportent un bénéfice.

Ces séances ont lieu indifféremment à la clarté du jour ou le soir à la lumière des lampes. Elles peuvent également avoir lieu à l'intérieur d'une maison ou en plein air.

Les assistants sont en général nombreux et n'observent le silence que lorsque le médium parle, ou plutôt lorsque la personnalité qui le possède est supposée parler par sa bouche.

Comme il ne s'agit pas, dans ce cas, d'une transe spontanée, le médium la provoque par un chant rythmé et une sorte de danse. Au bout d'un certain temps, il se met à trembler violemment et, à ce signe, les assistants reconnaissent qu'un être invisible a pris possession de son corps. En questionnant le médium l'on peut apprendre l'identité de l'être qui manifeste et continuer la conversation avec lui. Différent du *pawo*, le sorcier bön n'est pas un médium. Il se dit clairvoyant et prétend aussi avoir le pouvoir de se dédoubler, de voyager, avec son corps subtil et d'accomplir à l'aide de ce dernier diverses actions dans les lieux où il se rend.

Beaucoup de faits difficiles à vérifier sont mis au compte du "double" voyageur de ces sorciers. On parle d'objets apportés ou dérobés par lui, certains affirment l'avoir entrevu. Mais, je le répète, il faudrait pouvoir vérifier de près les phénomènes et en rechercher les causes véritables.

Il ne vient jamais à l'idée des Thibétains de s'assembler pour essayer d'obtenir des manifestations supra-normales dans le seul but de les étudier ou bien pour communiquer avec les esprits des morts.

Les croyances des Thibétains concernant *cela* qui survit à la mort du corps, ne justifieraient pas une continuation de relations avec les esprits des humains désincarnés.

Les Thibétains considèrent comme multiples les éléments de la personnalité qui persistent après que le corps est devenu un cadavre. Certains de ces éléments périssent à leur tour, puis vient la renaissance qui, forcément, exclut l'idée de communications du genre de celles dont on parle dans nos pays. Ce n'est que pendant une période d'environ quarante jours après le décès que la communication avec un défunt est jugée possible. Pendant ce temps *cela* que, faute d'un terme plus exact dans notre langue, j'appellerai " l'esprit " erre dans le bardo[1] cherchant le chemin qui le conduira à une nouvelle renaissance.

D'après les croyances populaires le mort qui se rappelle au souvenir des vivants le fait soit par l'intermédiaire d'un *pawo* médium ou d'un clairvoyant qui peut être un bön ou un lama. Parfois aussi il produit directement des phénomènes insolites pour attirer l'attention sur lui. Ceci dénote que des mésaventures sont arrivées à "l'esprit" dans un autre monde et qu'il désire qu'on le secoure. En des circonstances exceptionnelles la durée des pérégrinations de "l'esprit" dans le *bardo* peut être prolongée ou écourtée.

\*

Parmi les phénomènes psychiques proprement dits, l'on observe au Thibet des cas assez fréquents de télépathie et certains maîtres exercent des disciples à la pratique à volonté.

L'accroissement de la chaleur du corps par le procédé de *tumo* est l'un des faits étranges les mieux vérifiés et les plus intéressants qui se rencontrent au Thibet. Je l'ai décrit en détail dans "Mystiques et Magiciens du Thibet". Un double exercice de visualisation et de respiration répété dans des conditions prescrites pendant un certain nombre d'années, donne à celui qui a pratiqué cet entraînement, la faculté de se réchauffer automatiquement dès que la température s'abaisse et de pouvoir vivre nu parmi les neiges et le vent glacé des hautes cimes.

Le but de cet entraînement est purement utilitaire. Il vise à permettre aux ermites de résister aux grands froids de l'hiver dans les cavernes qu'ils élisent pour demeures.

Une espèce de phénomène dont il est souvent parlé au Thibet est la création d'un fantôme ayant toutes les apparences d'un être véritable. Mais bien que les contes circulant sur ce sujet soient innombrables, les faits dignes d'attention sont certainement rares. J'entends les faits qui ont eu plusieurs témoins non préparés à les voir et sur lesquels l'autosuggestion n'a pas pu agir.

Les quelques phénomènes de cet ordre que j'ai pu constater ont eu lieu en plein jour et presque toujours au-dehors.

Les avis sont partagés quant à la cause de ces matérialisations. L'opinion la plus courante est qu'il y a réellement création d'une forme par la force de la pensée et que le fantôme se dirige et agit suivant l'impulsion qu'il reçoit de son créateur.

---

1. Au sujet du *bardo* consulter la traduction en anglais du Bardo todtol un ouvrage thibétain et le chapitre "la mort et son au-delà" dans mon livre "Mystiques et magiciens du Thibet".

Il est dit par ceux qui professent cette opinion, que ces formes peuvent arriver à se constituer une personnalité propre et à se rendre indépendantes de celui qui leur a donné l'existence voire même à devenir ses ennemis et ses meurtriers. Mais il faut bien se garder d'accepter tout ce que l'imagination peut ajouter à un sujet déjà très fantastique par lui-même. Nulle étude n'exige plus de circonspection et de réserve de la part de ceux qui s'y livrent que celle des manifestations anormales.

D'autres voient la cause de ce phénomène dans une puissante "émission" télépathique qui peut être consciente ou inconsciente et dans certains cas, opérer à distance. D'après eux, il s'agit d'une illusion qui fait voir et sentir à autrui ce qui n'existe qu'en pensée dans l'esprit de l'auteur du phénomène.

*

L'élite mystique du Thibet considère de haut tous les phénomènes qui ravissent les masses par leur bizarrerie et leur caractère anormal. Sans dénier que certains d'entre eux puissent être véritablement produits sans qu'il y ait de fraude de la part du magicien, elle y attache très peu d'importance.

Pour les penseurs Thibétains, rien ne compte que le développement supra-normal des sens et de l'intellect. Il importe peu, pensent-ils de produire des prodiges dont nous ignorons ou dont nous ne connaissons que très superficiellement le mécanisme. La majorité de ceux qui le font n'ont pas pénétré la nature profonde des êtres et des forces dont ils contemplent les manifestations. C'est à connaître la véritable essence de ces êtres et de ces forces qu'il faut s'appliquer et c'est à quoi tendent les minutieux et ardus systèmes d'entraînement psychique que ces maîtres imposent à leurs disciples.

Comme suite de cet entraînement persévérant, disent ces derniers, le monde leur apparaît graduellement sous un aspect totalement différent de celui qui nous est familier. Ils arrivent, me confiait l'un d'eux, à voir tous les êtres et tous les objets, non plus comme des masses solides ainsi que nous les voyons, mais comme un tourbillon gigantesque composé de myriades de petits tourbillons qui se forment puis se désagrègent, s'unissent et se séparent et dont les particules — elles-mêmes aussi des tourbillons d'autres particules — jaillissent et s'élancent dans l'espace comme des étincelles d'un vertigineux feu d'artifice cosmique.

*

# Une Occidentale
## face aux femmes tibétaines

Quelle que soit leur race : Blancs, Jaunes ou Noirs, tous les hommes sont foncièrement semblables. Tous aiment, haïssent, se laissent guider par leurs intérêts. Ce qui les différencie ce sont les éléments non essentiels que les conditions particulières de leur habitat, les formes de leur civilisation, leurs croyances religieuses, leur situation sociale, etc. superposent sur le fond des instincts et des besoins communs à tous les êtres humains. Aussi, quand on me demande de décrire le caractère des femmes tibétaines et leur genre de vie, je me sens portée à répondre que les femmes du Tibet sont pareilles aux femmes de tous les autres pays.

En fait, à part le costume et les traits du visage, rien ne ressemble tant à une bourgeoise, à une boutiquière ou à une grande dame tibétaines qu'une bourgeoise, une boutiquière ou une femme de la haute société française.

A cette constatation souvent répétée pendant mes longs séjours au Tibet, il m'en faut pourtant joindre une autre. Si, d'une façon générale, le comportement des femmes tibétaines se rapproche de celui des femmes de nos pays, par contre il diffère grandement de celui de leurs voisines : les femmes de l'Inde et de la Chine. Du moins, il en a été ainsi pendant longtemps.

Jusqu'à ces dernières années Chinoises et Indiennes ont été tenues complètement à l'écart de la vie publique.

A part celles du bas peuple, les femmes, en Chine et, plus encore, dans l'Inde, vivaient en recluses, d'abord chez leurs parents, puis dans la famille de leur mari, leurs relations se bornant à un cercle étroit de parents.

Ces mœurs changent rapidement dans l'Inde, et en Chine elles ont presque complètement disparu. En ce qui concerne le Tibet, des réformes quant au statut des femmes n'ont guère été nécessaires. Aussi loin qu'il nous est possible de remonter dans l'histoire du pays, les femmes y apparaissent telles que nous les voyons aujourd'hui : de franches luronnes sachant tenir leur place dans leur milieu, quel qu'il soit : celui de la paysannerie, du commerce ou des plus hautes classes sociales. La façon dont leur hardiesse native se manifeste diffère, évidemment, suivant leur condition et le genre d'éducation qu'elles ont reçu, mais ce fond subsiste et ne manque guère de se faire jour lorsque l'occasion le demande.

A vrai dire, en théorie, la femme est tenue au Tibet, pour être, par nature inférieure à l'homme. Le mot femme, en langue tibétaine, se dit *kié men* (skye dmen) ce qui signifie : ''née inférieure'' ou ''naissance inférieure'' et il est vrai également, que les femmes tibétaines considèrent leur sexe comme inférieur au sexe masculin. Un souhait fréquemment formulé par elles atteste leur opinion à cet égard. *''Puissé-je acquérir un corps masculin ; puissé-je rejeter le corps féminin ''*. L'on comprend que ce changement ne peut s'opérer que dans une vie future : les Tibétains croient d'une manière plus ou moins éclairée — selon leur développement mental — aux vies successives, aux réincarnations. Il s'agit donc, ici, de renaître comme un enfant mâle.

Cependant, la répétition de ce souhait s'effectue le plus souvent d'une façon machinale, routinière sans être accompagnée d'aucun ardent désir. Il en est de la reconnaissance de leur infériorité, par les femmes tibétaines, à peu près comme de celle de leur sujétion acceptée par les femmes de chez nous au cours de la cérémonie du mariage, alors qu'elles promettent obéissance à leur mari avec l'intention bien arrêtée de n'en faire qu'à leur tête.

*

En fait, les femmes du Tibet ont toujours joui d'une large mesure d'indépendance. Dans les classes aisées de la population elles possèdent, personnellement, des biens qu'elles administrent elles-mêmes. Celles qui sont pauvres peuvent compter sur leur force physique — égale au Tibet à celle des hommes — pour pouvoir entreprendre sans aide masculine les travaux agricoles ou autres qu'elles doivent effectuer pour assurer leur subsistance. A ce sujet, un fait qui étonne les voyageurs occidentaux qui en sont témoins est de voir des femmes tibétaines prendre à tâche le portage de lourds fardeaux dont beaucoup d'hommes de nos pays hésiteraient à se charger et d'accomplir ainsi de longs trajets.

D'autre part, les femmes tibétaines sont aussi sensibles que leurs compatriotes masculins à l'attrait des voyages. Le but — au moins apparent — de leurs longues pérégrinations, est généralement un pèlerinage à des lieux sanctifiés par la présence de saints ermites contemplatifs ou par les hauts faits accomplis par les lamas thaumaturges. Toute la riche collection des légendes tibétaines a été pourvue de sites réputés comme lieux où s'est exercée l'activité religieuse ou martiale de ses divers héros. Et les pèlerines se mettent en marche pleines de foi, mais sans recueillement exagéré car les Tibétains, et plus encore les Tibétaines, sont d'humeur joviale et très prompts à donner à tout ce qu'ils entreprennent l'allure d'une partie de plaisir.

La femme riche allant en pèlerinage ou effectuant un voyage quelconque, est généralement accompagnée de son mari, ou d'un de ses parents mâles. Plusieurs femmes de chambres l'escortent et la domesticité : cuisinier, palefreniers, etc. est nombreuse. Tout au long de la route, soit que l'on s'abrite dans une maison particulière, soit que l'on campe sous la tente, la chère est plantureuse, les hommes l'arrosent libéralement avec des bolées d'alcool ; les femmes se montrent plus sobres mais ne dédaignent pas complètement la boisson forte. Toute la troupe est gaie. La dévotion, au Tibet, ne revêt pas un aspect morose.

\*

Comme partout ailleurs, le genre de vie des riches diffère, au Tibet, de celui des pauvres, mais les désirs des uns et des autres se portent souvent vers le même objet. Chez les jeunes paysannes l'amour du vagabondage se colore, aussi, du prétexte de pieux pèlerinages. Et les voilà parties à deux, à trois, parfois seules, aussi, pour des pérégrinations qui les retiendront peut-être pendant plusieurs années loin de leur village natal. Un petit baluchon sur le dos, un bâton à la main, elles marchent, marchent, franchissant des rivières à gué ou suspendues par un crochet sur un câble tendu au-dessus de torrents rugissant dans la profondeur des gorges profondes ; elles escaladent les pentes raides qui conduisent à des cols perdus dans les nuages. Elles mendient leur subsistance dans les hameaux ou les campements, jeûnant souvent lorsqu'il leur faut traverser d'immenses espaces déserts. En cours de route, elles couchent au pied des arbres ou dans des cavernes. Vie rude, s'il en est, mais vie forte tout imprégnée de cette joie physique que procure une pleine activité de tous les organes chez les êtres robustes. J'en parle par expérience car j'ai connu ces longues marches à travers les montagnes du Tibet, j'y ai connu le froid, la fatigue, les jours de jeûne et, aussi, la joie qui accompagne les intrépides pèlerines tibétaines.

Mais si la majorité des Tibétaines rêve de longs voyages, en effectuer est cependant la part d'une minorité. Nombreuses sont les paysannes qui n'ont jamais quitté leur village natal ou qui, en dehors de lui, ne connaissent que celui de leur mari où elles ont été conduites après leur mariage.

Ce mari, il est rare que la jeune fille l'ait choisi elle-même ; ses parents s'en sont chargés et ils comptent sur son indifférence pour accepter le prétendant qui leur convient. Celui-là ou un autre, il semble, à part de rares exceptions, que la jeune tibétaine s'en soucie médiocrement. A moins que l'individu en question n'ait une personnalité trop marquante en bien ou en mal : des vices ou des vertus exceptionnellement développés, l'intérêt de la fille ne s'attarde pas beaucoup sur lui, d'autres considérations le sollicitent. La situation plus ou moins prospère de la famille dans laquelle elle entrera, sa condition sociale pèsent de plus de poids dans l'esprit réaliste de la plupart des jeunes tibétaines que les avantages physiques du futur époux.

On peut encore ajouter aux considérations qui entrent en jeu, la location et l'aspect des lieux où la future épouse devra résider. Une ferme isolée dans les montagnes ne tente guère une jeune fille. Au contraire, habiter un village, ou, mieux encore, une ville où elle pourra jouir de la compagnie d'autres femmes et bavarder à cœur joie avec des voisines est une perspective attrayante.

Toutefois, en dernier ressort, les préférences des parents prévaudront presque toujours. Ceux-ci n'ont point manqué d'accorder leur attention aux considérations qui ont retenu l'attention de leur fille. Les Tibétains sont de bons parents et souhaitent le bonheur de leurs enfants.

Cependant le motif majeur qui dictera leur décision sera presque toujours, le montant du prix qui leur sera offert à titre de compensation pour les dépenses faites par eux pour élever la fille qui va les quitter.

La valeur du travail que la bru effectuera au profit de sa nouvelle famille ne peut, évidemment être envisagée que dans les classes laborieuses. Ailleurs, c'est l'honneur d'une alliance qui est évaluée. Obtenir en mariage la fille d'un haut fonctionnaire peut assurer, par la protection d'un beau-père, une carrière lucrative au gendre élu. Cet avantage mérite d'être reconnu. Il peut en être de même dans le monde du commerce. Le gendre d'un marchand riche peut espérer être placé par lui à la tête d'un comptoir prospère, ou être appelé à gérer d'autres importantes affaires qui lui laisseront d'appréciables profits.

On le voit, il ne s'agit pas d'une *vente* de la jeune fille mais de la reconnaissance de sa valeur et elle est très fière si celle-ci est évaluée à un haut prix. Le système occidental de la dot paraît ridicule et honteux aux Tibétaines. Je me suis souvent entendu dire par elles dans leur langage un peu cru : ''Les filles de chez vous sont-elles donc si laides qu'il faille payer les hommes qui les épousent comme s'ils avaient à accomplir une besogne désagréable ?''

En passant, j'indiquerai que le système d'achat est en vigueur dans certaines parties de l'Inde, notamment au Bengale. Là, c'est un mari que les familles aisées achètent pour leurs filles. La valeur du jeune homme est évaluée selon les avantages que présentent sa situation présente ou celle à laquelle il pourra vraisemblablement accéder, et ceux que par sa parenté, il est capable d'assurer à la famille de sa femme. Un garçon pourvu de grades universitaires se paie plus cher que celui qui en est dépourvu. Nous approchons là de notre système de la dot, objet des propos égrillards des Tibétaines.

*

La condition de la femme mariée est généralement bonne au Tibet. Paysanne pauvre ou peu aisée elle s'occupe du ménage et de certains travaux agricoles. Le mari se charge des besognes les plus dures. Riche, elle dirige sa maison dont la domesticité est nombreuse ; ses enfants sont commis aux soins de servantes et de précepteurs. Elle gère sa fortune personnelle héritée de sa mère, augmentée des cadeaux souvent considérables qui lui ont été faits par ses parents lors de son mariage et elle accroît ce premier fonds en le faisant fructifier — généralement en commanditant des marchands ou bien en louant des terres ou des maisons qui lui appartiennent en propre.

La coutume qui, à défaut de code légal règle le régime financier du mariage stipule la séparation de biens, il en résulte qu'économiquement indépendante la femme n'a pas à craindre que sa condition théorique d'infériorité influe de façon défavorable sur sa vie sociale. D'autre part, la constitution extrêmement robuste des femmes tibétaines, leur force, leur endurance égalant celle des hommes constituent pour les femmes sans fortune un élément de réelle indépendance et les exemptent dans une large mesure de la dépendance masculine.

Ajoutons qu'en général les familles sont peu nombreuses au Tibet. Beaucoup de couples n'ont que deux ou trois enfants. Cinq enfants est déjà un cas peu fréquent. Les grossesses ne paraissent pas contrarier beaucoup le cours de la vie quotidienne des femmes et la majorité des accouchements s'effectuent tranquillement. Il n'est pas rare, dans les campagnes, de voir une femme ayant accouché le matin, retourner l'après-midi travailler dans les champs, son nouveau-né ficelé dans un morceau de couverture et attaché sur son dos. Il arrive à d'autres d'accoucher tandis qu'elles sarclent ou qu'elles lient le foin en gerbe et de rentrer chez elles portant leur enfant dans un pan de leur robe.

Cet enfant elles l'allaiteront pendant longtemps : deux ans ou davantage ; mais le petit ogre qu'est un bébé tibétain ne se contente pas longtemps du seul lait maternel. Très tôt, il réclame des aliments plus consistants. Il mange de la *tsampa* (farine faite avec de l'orge préalablement grillée) pétrie avec du beurre, du yaourt. Chez les gens riches, il goûte de bonne heure à des plats contenant de la viande, mais il reste gourmand du lait maternel qu'il continue à quémander avec insistance, pendant plusieurs années.

\*

Une question qui m'a été souvent posée est : Les femmes tibétaines sont-elles dévotes ? — Avant de répondre il faudrait s'entendre sur l'acception que l'on donne au terme *dévot*. S'il s'agit d'une relation affectueuse, sentimentale, avec une personnalité vénérée comme c'est le cas chez les fidèles de l'Eglise Catholique ou de diverses sectes hindoues, on doit répondre *non*. Ce genre de mysticisme est étranger aux races jaunes dont les Tibétains font partie. Si par *dévot* l'on désigne l'individu qui se livre à des pratiques visant à plaire à une personnalité estimée capable de dispenser des avantages matériels à ceux qui lui sont agréables ou, d'autre part, de se concilier des êtres aux dispositions malveillantes possédant le pouvoir de nuire, alors, selon cette dernière acception tous les Tibétains sont bigots, à l'exception d'une minorité d'intellectuels comprenant quelques rares spécimens féminins.

Dans nos pays on entend parfois dire, par dénigrement que la religion est affaire de femmes. Il serait impossible de tenir ce propos en Asie. De toute évidence les idées religieuses, la vie spirituelle y sont spécialement le domaine des hommes. Le Tibet ne fait point exception. Ses femmes peuvent bien s'être fait une place importante dans la vie sociale laïque, elles n'en restent pas moins à l'écart du monde religieux ou n'y occupent qu'une situation effacée.

Comparativement au nombre de moines (certains monastères comptent de huit à dix mille membres) celui des religieuses est minime et l'on trouve rarement parmi elles, l'érudition philosophique que possèdent les lamas gradués des grands collèges monastiques.

\*

Aucune restriction ne barre pourtant aux Tibétaines l'accès de la vie religieuse, mais elles n'y sont guère portées. Quelques-unes : érudites, philosophes ou mystiques ont pourtant toujours fait exception, mais de nos jours comme dans les siècles passés, on les rencontre plutôt en dehors des couvents, parmi ces étranges dames-spirites vivant seules au désert dans des huttes ou des caravanes autour desquelles les neiges hivernales dressent, pendant des mois, un rempart impénétrable. Une atmosphère de mystère entoure ces " *Naldjormas* " rarement entrevues. A la vénération qu'elles inspirent s'ajoute une crainte superstitieuse. Les bonnes gens des villages et les pasteurs des solitudes hésitent à les reconnaître pour véritables femmes, semblables à leurs épouses et à leurs sœurs. Ne sont-elles pas plutôt de la race des *Khadomas*, ces mères-fées, à la fois bienveillantes et redoutables, dont les yeux lancent des éclairs qui réduisent en cendres ceux qui les offensent.

Elles passent pour être versées dans les plus secrètes des doctrines philosophiques et magiques et, attirés par cette réputation, des hommes et des femmes avides d'un savoir que ne dispensent point les professeurs en titre des collèges officiels, gravissent parfois les sentiers vertigineux qui montent vers leurs ascétiques ermitages, perdus dans les nues.

L'on raconte que des prodiges surgissent devant ces aspirants-disciples. Certains s'égarent en marchant vers l'ermitage qui fuit devant eux à mesure qu'ils avancent. D'autres rapportent qu'ils ont atteint un palais enchanté où la dame anachorète est servie par les génies des montagnes. Quelques-uns reviennent les yeux étrangement éclairés par une flamme intérieure et muets sur ce qu'ils ont appris... Et d'autres ne reviennent pas. Surpris par la nuit près de quelque haut col, ils demeurent raidis par le gel, sur le bord du chemin, tragiques statues de pèlerins en marche vers leur rêve.

Des légendes se créent ainsi et s'enchevêtrent autour de la "*naldjorma*" impassible plongée dans la contemplation de choses qu'elle seule discernera.

Saintes dames-ermites, humbles pèlerines cheminant seules par les abrupts sentiers des forêts vierges et des hauts plateaux désertiques, discrètes Egéries, habiles commerçantes, de maintes façons les femmes tibétaines fournissent des preuves évidentes d'une énergie peu commune. S'il est vrai, comme certains l'affirment, que l'avenir d'une race dépend des qualités de ses femmes, le peuple Tibétain devenu aujourd'hui insignifiant, peut espérer le réveil de sa vigueur assoupie et des jours plus glorieux.

# La mort du XIIIᵉ Dalaï Lama

Ngawang Lobzang Toubden Gyatso, treizième Dalaï Lama et souverain du Thibet est mort à l'âge de 58 ans après une existence
passablement mouvementée. Sa disparition, déplorée par ceux
qu'il protégeait, aura réjoui les victimes de son pouvoir autocra-
tique et l'on ne peut douter que de nombreuses intrigues agitent le petit monde politique du Thibet. Le défunt était peu connu
hors de son pays. Rares sont les étrangers qui l'ont approché et
plus rares encore, ceux qui ont compris le véritable caractère de
sa personnalité religieuse en tant que Dalaï Lama[1].

En Occident, des notions complètement erronées circulent toujours
au sujet des Dalaï Lamas que l'on continue à dénommer ''papes du
bouddhisme'' ou bien ''incarnations du Bouddha'' entendant par là,
du Bouddha historique, le prince Siddhartha Gautama. Certains, entraînés
par une imagination trop vive ont été jusqu'à prétendre que le Ngawang Lobzang qui fut en relations suivies avec plusieurs agents diplo-
matiques britanniques n'était qu'une sorte de doublure masquant le
véritable seigneur du Potala. Quant à ce dernier — toujours d'après
les mêmes gens — c'est un être suprahumain qui n'apparaît qu'à l'étage
supérieur du palais rouge, au sommet du Potala et, seulement, lorsque s'y trouvent assemblés les membres de son conseil privé.

1. Ce texte a été écrit par Alexandra David Neel en 1933.

L'idée que de graves diplomates auraient pu être joués de cette façon et que ma plus humble personne avait partagé leur illusion toutes les fois que j'ai été admise auprès du Dalaï Lama ou l'ai vu circuler à travers Lhassa m'a souvent amusée. Tout considéré, l'on peut croire — et en tirer vanité, si l'on veut — que la puissance d'imagination des gens de notre race surpasse celle, pourtant déjà très forte, de nos frères orientaux.

Toutes fables à part, la suite d'événements d'où la dynastie spirituelle des Dalaï Lamas tire son origine est strictement historique et débute à la fin du XIVᵉ siècle. A cette époque, un savant religieux nommé Lobzang Tagpa — mieux connu sous son surnom : Tsong Khapa (natif de la vallée des oignons) — prêcha avec succès, au Thibet, une réforme des mœurs monastiques qui s'étaient fortement relâchées. Les points les plus saillants de sa réforme sont l'obligation, pour tous les membres du clergé, de garder le célibat et de s'abstenir de boissons fermentées [1]. Les disciples du réformateur constituèrent une nouvelle secte et prirent le nom de Gelougspas (ceux qui ont des coutumes vertueuses). Pour distinguer ses adhérents des autres moines qui portaient des chapeaux rouges, Tsong Khapa leur enjoignit de porter des coiffures jaunes d'où leur vint la désignation familière de ''bonnets jaunes''.

Tsong Khapa bâtit le monastère de Gahlden où j'ai vu son magnifique tombeau en argent et en or massif. Une biographie du réformateur, dont l'auteur est le gelong Lobzang Tsoultim nous le montre assemblant ses disciples dans le temple des ''Rayons lumineux'' et instituant Darma Rinchén son successeur. Suivant l'usage, comme signe de son investiture Tsong Khapa donna, à Darma Rinchén, son manteau et son chapeau monastiques. Le biographe appelle le successeur choisi : ''le plus grand des fils spirituels du Maître''. De fait, le titre honorifique de Gyaltsab Djé (''le victorieux seigneur représentant'' sousentendant représentant Tsong Khapa, tenant sa place) lui a été décerné et c'est ainsi qu'il est couramment désigné de nos jours. Avec un autre des disciples de Tsong Khapa : Késdoub Djé, il est représenté au côté de son maître, ce groupe fréquemment pris pour sujet par les peintres thibétains est appelé : '' le père et ses fils ''.

Cependant, malgré la volonté du réformateur, ce n'était pas à Darma Rinchén qu'allait revenir l'honneur de fonder la lignée des Grands Lamas, chefs de la secte des ''bonnets jaunes'' qui, par la suite, deviendraient les Dalaï Lamas. Celui-ci était réservé à une personnalité plus marquante et si j'ai mentionné l'investiture, sans grandes suites, de Darma Rinchén c'est pour montrer que, dès l'origine, l'habileté, l'énergie et le succès dans les affaires temporelles ont été particulièrement prisés parmi

---

1. Cette dernière défense s'applique à tous les bouddhistes, laïques comme religieux, mais elle n'est guère observée au Thibet.

les membres de la secte qui compose aujourd'hui le clergé d'État sous le patronage des Dalaï Lamas.

Le fondateur de la lignée de ces derniers se nommait Gedun Doub. Ses parents étaient de pauvres pasteurs vivant sous la tente qui, peut-être, s'étaient ensuite élevés à la condition de petits fermiers. Ceux-ci étaient natifs du nord ou de l'est du Thibet, mais à la naissance de Gedun Doub ils étaient établis au sud du pays non loin de Jégatzé. L'inévitable miracle qui, dans les biographies thibétaines accompagne la naissance de toutes les personnalités religieuses, se présente comme suit pour le futur ancêtre spirituel des Dalaï Lamas. La nuit où il naquit — dans les dernières années du XIVᵉ siècle, des brigands attaquèrent la maison de ses parents ; sa mère cacha le nouveau-né entre des pierres et s'enfuit. Les malfaiteurs partis elle revint au logis et trouva son enfant toujours vivant et entouré par des corbeaux qui montaient la garde autour de lui écartant les animaux qui auraient pu le dévorer ou lui faire du mal.

Gedun Doub débuta par être domestique au monastère de Nar-tang. Il se montrait plein de piété et d'intelligence, un lama le remar-qua et le fit admettre comme novice. Par la suite, il reçut l'ordination majeure comme gelong et étudia sous un nombre considérable de maîtres, toujours en quête de plus de savoir. Il jouissait déjà d'une grande répu-tation comme érudit, lorsqu'il entra en relations avec Tsong Khapa, ajoutant les enseignements que celui-ci lui donna, à ceux qu'il avait reçus de ses autres maîtres.

La forte personnalité de Gedun Doub ne pouvait s'accommoder d'un rôle plus ou moins passif de disciple et, d'ailleurs, Tsong Khapa n'avait été, pour lui, qu'un maître parmi ses autres maîtres et même pas le principal de ceux-ci.

*

Déjà florissante du vivant de son fondateur, la secte des Gelougs-pas, prit, après sa mort, une extension considérable à laquelle Gedun Doub contribua pour une large part. Ce dernier fit construire à quel-ques kilomètres au sud de Lhassa, le monastère de Dépung, le plus grand du Thibet qui abrite plus de dix mille moines et celui de Tachil-humpo, moins vaste, mais magnifique et dont la population cléricale se chiffre aussi par milliers.

Il semble qu'il y ait eu flottement dans l'opinion des "bonnets jaunes" avant que s'établisse de façon définitive la croyance aux "réincarna-tions" de Gedun Doub. D'après certains documents, son successeur immédiat aurait simplement été élu. Quoi qu'il en soit le successeur de ce dernier fut considéré comme Gedun Doub lui-même qui renais-sait dans notre monde pour y poursuivre son œuvre. Cependant ce n'est qu'au XVIᵉ siècle que le titre de Dalaï Lama fut conféré au troisième successeur de Gedun Doub par le chef mongol Altan Khagan. Dalaï signifie ''océan'' en langue mongole, c'est l'équivalent du mot thibétain ''gyatso'' qui se rencontre fréquemment dans les noms des religieux thibétains. Il faut le comprendre comme exprimant un haut degré de grandeur ou de majesté.

La puissance des Gelougspas continuait à s'accroître, ses chefs convoitèrent bientôt le pouvoir temporel. Leur ambition s'appuyait sur des précédents : d'autres chefs de sectes avaient exercé ce pouvoir, notamment, au XVIII⁰ siècle, celui des Sakyapas. Des luttes s'engagèrent entre les ''bonnets jaunes'' soutenus par des protecteurs mongols et leurs prédécesseurs les ''bonnets rouges'' de différentes anciennes sectes. Massacres, pillages, destruction de monastères rivaux, ces soi-disant bouddhistes, à qui leur doctrine enjoint la bienveillance et la mansuétude, ne reculèrent devant aucun forfait, se comportant absolument de la même façon que les armées des soi-disant chrétiens à qui la pratique des mêmes vertus est tout aussi fortement prescrite.

La manière forte réussit aux ''bonnets jaunes''. Au XVII⁰ siècle, le cinquième Dalaï Lama, Lobzang Gyatso, fut définitivement installé comme souverain, à Lhassa, par un prince mongol. Pour célébrer sa victoire, il fit construire, à l'endroit où le plus célèbre des anciens rois du Thibet : Srongtsén Gampo (VII⁰ siècle) avait bâti sa citadelle, le gigantesque palais que l'on voit, aujourd'hui, fièrement assis sur la colline du Potala.

Tout éclatant que fut son succès, il ne suffisait pas à Lobzang Gyatso. Etre roi est bien, être plus qu'un dieu est mieux lorsque l'on a les superstitieux Thibétains pour sujets. Depuis très longtemps ceux-ci, non seulement admettaient le fait des réincarnations successives, mais croyaient que les déités et, très supérieurs à elles, les bodhisatvas et les bouddhas mythiques du panthéon mahâyâniste pouvaient créer des *tulkous*, c'est à dire des êtres émanant d'eux, dans lesquels ils n'étaient point, à proprement parler, ''incarnés'' mais qui participaient de leur essence. Ces êtres semblables aux avatars des dieux de l'Inde, devenaient les instruments visibles de leur créateur pour accomplir son œuvre dans notre monde.

Le cinquième Dalaï Lama se proclama le *tulkou* de Tchénrézigs, le Seigneur infiniment compatissant à la ''vision pénétrante'' qui est le patron du Thibet. Ceci ne l'obligeait pas à renier sa qualité de réincarnation de Gedun Doub car il est admis que plusieurs personnalités, humaines ou divines, peuvent s'incarner à la fois dans une unique personne [1]. Cependant la majesté de Tchénrézigs relégua Gedun Doub dans l'ombre et, de nos jours, seuls les érudits lamas pensent encore

---

1. Le cadre de cet article ne me permet pas d'entrer dans des explications à ce sujet. Cette opinion est la forme populaire de théories concernant le caractère multiple de la personnalité et des causes qui lui ont donné naissance.

à lui comme présent en son " incarnation " dans le palais du Potala[1].

Lobzang Gyatso, le plus célèbre des Dalaï Lamas, que les Thibétains dénomment le ''Grand Cinquième'' termina sa vie de façon mystérieuse. Il confia le gouvernement de ses États à un régent et s'enferma comme un reclus, pour se livrer à la méditation. Cette circonstance permit au régent de continuer à gouverner, au nom du Dalaï Lama, pendant plusieurs années après la mort de ce dernier, en laissant croire aux Thibétains que leur invisible souverain était toujours vivant.

*

La figure du sixième Dalaï Lama tranche singulièrement dans le milieu clérical où elle est placée. L'enfant que son mauvais destin avait fait désigner comme réincarnant Lobzang Gyatso aurait probablement fait un roi brillant doublé d'un gracieux poète si les Dalaï Lamas, tout autocrates qu'ils fussent devenus n'avaient pas été tenus à l'observance d'une discipline monastique dont le premier article enjoint le célibat. L'écueil se trouvait là, pour Tsong Yang Gyatso.

Il est l'auteur de poésies d'inspiration amoureuse, qui sont demeurées très populaires au Thibet. J'en traduis librement quelques fragments :

> Comme l'on regarde la pêche appétissante
> Pendant à la cime du pêcher, hors d'atteinte,
> J'ai regardé la fille de noble famille
> Charmante et pleine de vigueur juvénile

> Sur la route, m'étant échappé,
> J'ai rencontré mon aimée au joli corps parfumé
> Turquoise d'azur que j'ai trouvée
> Pour devoir la rejeter

> Je suis allé vers le plus excellent des lamas
> Le prier de guider mon esprit
> Et je n'ai pu, même en sa présence, le fixer sur lui,
> Il s'était évadé allant vers mon amour

> A l'est, sur la cime de la montagne
> La blanche clarté de la lune luit.
> Le visage de mon aimée
> Passe et repasse dans mon esprit.

---

1. Les déités coexistent avec leurs *tulkous*. D'après les Thibétains, Tchénrézigs habite une île nommée Nankaï Potala (en chinois Po-to chan) située près de la côte chinoise, non loin de Shanghaï. C'est pour souligner sa qualité de *tulkou* de Tchénrézigs que Lobzang Gyatso donna le nom de Potala à la colline sur laquelle est bâti son palais. Avant lui, celle-ci s'appelait la Montagne Rouge.

L'esprit emporté au loin
Mes nuits sont sans sommeil
Les jours ne m'apportent pas l'objet de mon désir
Et mon cœur est très las.

Et encore ces deux vers, connus de tous les Thibétains, par lesquels
le sixième Dalaï Lama s'est dépeint :

Au Potala, je suis le noble Tsang Yang Gyatso
Mais dans la ville, un libertin et un paillard [1] de marque.

Déposé par les Chinois, alors suzerains du pays, et emmené pri-
sonnier par eux, Tsang Yang Gyatso fut tué ou mourut d'une maladie
contractée pendant le voyage à travers les solitudes du Thibet septentrional.
En dépit de sa conduite trop libre, le sixième Dalaï Lama a laissé
une mémoire sympathique. Certaines maisons où la tradition veut qu'il
ait rencontré ses amies, sont, parfois, furtivement saluées, au passage,
par les bonnes gens de Lhassa, rendant hommage à celui dont ils expliquent
la vie déréglée en considérant ses maîtresses comme des déesses incar-
nées poursuivant, avec lui, des buts cachés ou vulgaires.
Le règne du septième Dalaï Lama fut marqué par de nouveaux combats
contre les Chinois avec des alternatives de succès et de revers. Dès que
la secte des "bonnets jaunes" reprenait le dessus, avec l'aide de chefs
mongols et de leurs troupes, les monastères des "bonnets rouges" étaient
pillés. De part et d'autre, on torturait, on massacrait ses adversaires.
Sous le règne du huitième Dalaï Lama les Népalais envahissent une
partie du sud du Thibet et pillent le riche monastère de Tachilhumpo,
mais ils sont ensuite défaits et repoussés loin au-delà de leur frontière.
Le neuvième Dalaï Lama mourut enfant, le dixième vers sa vingtième
année, le onzième à dix-sept ans et le douzième plus jeune encore.
Le poison aurait, dit-on, abrégé la vie des quatre derniers et bien
que leur successeur, le Dalaï Lama qui est mort récemment ait atteint
l'âge de 58 ans, certaines rumeurs ont couru, attribuant sa fin à la même
cause.

*

Le défunt Lama-roi, Ngawang Lobzang Teundoub Gyatso naquit
au village de Perchén dans la province de Takpo. Ses parents étaient
de pauvres paysans, comme ceux de la majorité des Grands lamas *tulkous*. En évitant de choisir les Dalaï Lamas dans des familles distinguées et influentes, les gouvernants, à qui ce soin incombe, cherchent
à éviter la création d'une coterie politique susceptible de devenir gênante.
D'ignorants paysans de la basse classe sont beaucoup moins aptes à se
rendre dangereux par leurs intrigues.

1. Le terme thibétain est infiniment plus expressif et la bienséance ne permet pas de le
traduire littéralement.

Les lamas appartenant à une lignée de "réincarnations" indiquent, parfois, avant de mourir la région où ils renaîtront ou d'autres détails propres à faire reconnaître l'enfant dans lequel ils se seront réincarnés. Faute d'indications de ce genre, des lamas réputés comme étant clairvoyants ou, dans le cas des Dalaï Lamas, les Oracles d'Etat fournissent les informations nécessaires.

Le douzième Dalaï Lama n'avait pas fait connaître les circonstances et le lieu de sa future réincarnation. Les Oracles de Netchoung et de Samyé furent consultés et, en style imagé donnèrent quelques indications sur le paysage entourant la demeure des parents de l'enfant réincarnant le défunt, ou plutôt, l'ancêtre Gedun Doub et étant imprégné de l'esprit de Tchénrézigs. Mais bien mieux, une image précise de cette demeure pouvait être vue dans le lac Tcheukor Gyalki Nam. Un certain nombre de savants lamas se rendirent sur ses bords. C'était l'hiver, le lac se trouvait gelé mais, tout à coup, sa surface glacée se souleva, se dressa droite en l'air reposant sur un de ses bords, pareil à un gigantesque miroir et, dans celui-ci apparut un paysage et une maison conformes aux descriptions des Oracles.

D'autres prodiges et des rêves prophétiques sont aussi relatés comme ayant guidé les recherches. Bref, l'enfant fut découvert. Il avait, à cette époque, environ trois ans. Comme d'habitude, il désigna parmi d'autres objets semblable à ceux qui lui avaient appartenu durant ses existences précédentes. Cette épreuve est obligatoire pour tous les *tulkous*. Il raconta aussi divers faits qui s'étaient passés durant la vie de ses prédécesseurs. Il révéla que l'un de ceux-ci (donc lui-même dans une vie antérieure) avait donné une statuette du Bouddha à un chef de la région de Litang, au pays de Kham. Ce chef l'avait placée dans un reliquaire et avait, ensuite, enfoncé celui-ci dans une solive d'un plafond, l'y dissimulant complètement. Le chef était mort et nul ne se souvenait du caveau fait par le Dalaï Lama, mort aussi depuis longtemps. Cependant le jeune Ngawang se rappela toutes ces circonstances et la statuette fut découverte d'après ses indications.

Des prodiges de ce genre se répètent dans la plupart des histoires relatives aux *tulkous*. Un jeune lama "incarné" mon voisin, quand j'habitais le monastère de Koum Boum fit découvrir une tasse, d'une manière analogue [1].

Ngawang Lobzang n'avait pas encore vingt ans lorsqu'il fut acteur dans un drame horrible dû à la superstition. Durant sa minorité, la régence avait été exercée par un Grand Lama *tulkou* passant pour être une "réincarnation" de l'un des anciens rois du Thibet : le chef du monastère royal de Tengyeling à Lhassa. Celui-ci, sur le point de perdre les avantages attachés à sa haute situation, le jeune Dalaï Lama

---

1. J'ai raconté le fait, en détail, dans le chapitre concernant les *tulkous*, de mon livre : "Parmi les Mystiques et les Magiciens du Thibet".

allant atteindre sa majorité, aurait, dit-on, tenté de le tuer par un procédé de sorcellerie. Un cordonnier révéla qu'il lui avait été commandé
d'insérer dans les semelles d'une paire de bottes destinées au Dalaï Lama,
des feuilles de papier sur lesquelles étaient tracées des figures maléfi-
ques qui devaient amener la mort de celui qui porterait ces chaussu-
res. Lorsque cette révélation lui fut communiquée, Ngawang Lobzang
se souvint que chaque fois qu'il avait eu ces bottes aux pieds il s'était
senti malade et les gens de son entourage certifièrent avoir remarqué le
fait. Les feuilles de papier furent dûment découvertes entre les semelles.

Le régent, soutenu par un fort parti de moines qui le vénéraient,
eut beau protester de son innocence, les ministres se déclarèrent contre lui et l'Oracle officiel affirma sa culpabilité.

Comme le Grand Lama de Téngyéling était un personnage religieux trop considérable pour qu'on osât l'exécuter, il fut emprisonné
et laissé mourir de faim. Les moines de son entourage immédiat furent
torturés jusqu'à ce que la mort survienne.

Je tiens d'un Thibétain les détails suivants : Chaque jour l'on enfonçait
un certain nombre de clous dans la chair des malheureux et leur agonie dura longtemps. Mon informateur affirmait que le Dalaï Lama assistait,
en personne, à leur supplice. Est-ce exact ? — Il est difficile de le savoir ;
dans tous les cas il est probable que le jeune souverain n'ignorait pas
ce qui se passait. Ce qui est certain, c'est que, comme le rapporte un
ex-agent commercial britannique au Thibet ils furent torturés quotidiennement jusqu'à ce que la mort s'ensuive.

D'après le même Thibétain, le Grand Lama de Téngyéling, de par
les pouvoirs supernormaux qu'il devait à sa connaissance de lois occultes et à sa sainteté, pouvait braver le jeûne et subsister sans aliments.
Toutefois, comprenant que le Dalaï Lama désirait sa mort et ayant,
quant à lui, surmonté tout attachement à la vie, il quitta volontairement ce monde. A ce moment, un arc en ciel surgit de sa prison
et, s'étendant à travers le ciel alla toucher le palais du Potala. En le
voyant, le Dalaï Lama comprit que sa victime venait d'expirer.

Les moines de Téngyéling n'oublièrent point la manière cruelle dont
leur chef et plusieurs de leurs hauts dignitaires avaient été traités. Durant
la révolte des Thibétains contre les Chinois, en 1910, ils se joignirent
aux troupes chinoises combattant celles du Dalaï Lama. La victoire de
ces dernières attira de nouveau le malheur sur eux. Le monastère de
Téngyéling fut détruit et ses moines dispersés.

*

Ngawang Lobzang Toubden Gyatso a fui deux fois à l'étranger. En
1904, il se réfugia en Chine quand les troupes britanniques envahi-
rent le Thibet ; en 1910, il demanda asile aux Anglais, dans l'Inde,
tandis que ses sujets luttaient contre les Chinois.

L'expédition britannique fut provoquée par la crainte qu'éprouvait l'Angleterre, de voir la Russie acquérir une influence prépondérante au Thibet, ou même, en devenir la suzeraine avec le consentement de la Chine, ce qui pouvait constituer un danger pour la domination anglaise dans l'Inde. Ceci est clairement expliqué par Sir Charles Bell ex-agent diplomatique au Tibet dans son très intéressant ouvrage : " Tibet past and present ".

L'instrument des desseins russes était un érudit lama bouriate qui avait été l'un des maîtres du Dalaï Lama depuis l'enfance de ce dernier et, plus tard, était devenu son conseiller intime. Déjà des relations amicales paraissaient s'établir entre le Dalaï Lama et le Tzar, lorsque les troupes britanniques entrèrent à Lhassa. Ngawang Lobzang ne les avait pas attendues. Un traité fut signé qui établissait — de fait si pas de nom — la suzeraineté de l'Angleterre sur toutes les parties du Thibet soumises au Gouvernement de Lhassa. Dorjieff avait perdu la partie. Avant de quitter Lhassa il fit des dons généreux aux grands monastères où il laissait un bon nombre d'amis qui avaient apprécié son érudition tandis qu'il était, d'abord étudiant au monastère de Dépung, puis ensuite y occupait la chaire de philosophie. Bien qu'âgé, à présent, Dorjieff, d'après mes dernières informations semble toujours actif. Il est le chef d'un monastère important situé en Sibérie au sud du lac Baïkal, près de la frontière mongole, sur le territoire de la République des Bouriates et paraît être hautement considéré par les autorités soviétiques.

Pendant ses voyages et son séjour en Chine, comme réfugié, le Dalaï Lama s'attira peu de sympathie. Il s'était fait accompagner par une suite d'environ 500 hommes. Un nombre à peu près égal de chameaux portaient les bagages et une cavalerie considérable fournissait des montures aux fonctionnaires et aux gardes du corps. Le Dalaï Lama entendait que nourriture et logement pour gens et bêtes composant sa caravane soient fournis gratuitement tout le long de sa route et dans tous les endroits où il lui plaisait de séjourner. On m'a raconté qu'il réclamait aussi des témoignages excessifs de respect. L'étiquette voulait, paraît-il, qu'un Dalaï Lama en voyage ne passât jamais sous une arche, une voûte ou n'importe quoi dominant sa tête. Or les villes chinoises, à peu d'exceptions près, sont entourées de remparts et, pour y pénétrer, il faut, nécessairement, passer sous la voûte qui supporte la tour de garde placée au-dessus de chaque porte. Lorsque les villes qu'il rencontrait se trouvaient être situées en plaine, la caravane du Dalaï Lama pouvait en contourner, extérieurement les fortifications ; mais quand celles-ci occupaient toute la largeur d'une vallée étroite, leurs murs touchant la montagne et la seule voie praticable passant sous la voûte d'entrée, le Dalaï Lama demandait qu'une brèche fût pratiquée à cet endroit. L'on satisfit quelquefois à sa fantaisie mais il advint aussi qu'on lui opposa un refus catégorique. Fatigués par ses exigences, les Chinois ne lui rendirent plus, lorsqu'il quitta la Chine, les honneurs qu'il avait reçus à son arrivée. Ses propres coreligionnaires, les Thibétains d'Amdo et du Koukou Nor étaient las de le servir. Au monastère de Koum Boum où il résida, il se querella avec le Grand Lama *tulkou* Aghia Tsang, chef du monastère et ce dernier lui tenant résolument tête, le Dalaï Lama partit précipitamment après l'avoir maudit.

L'on peut croire que de son séjour en Chine, le Dalaï Lama rapporta une bonne dose de rancune contre les Chinois qui ne lui avaient pas témoigné autant de vénération qu'il le souhaitait. Il allait le prouver en devenant ouvertement leur ennemi.

*

Le Dalaï Lama rentra dans sa capitale en Décembre 1909 après un exil de cinq années, ce fut pour s'y trouver, presque aussitôt, en présence d'une invasion chinoise. Moins de deux mois après son retour, il fuyait de nouveau allant demander protection aux Anglais, dans l'Himalaya.

En usant d'adresse, les Chinois auraient sans doute réussi à consolider leur suzeraineté d'ancienne date sur le Thibet. Ils ne surent pas le comprendre. Leurs fonctionnaires se montrèrent arrogants et leurs soldats commirent des excès. Je tiens d'un témoin oculaire que l'on vit certains de ces derniers circuler dans Lhassa portant embrochés à la pointe de leur sabre les cœurs de Thibétains tués dans les combats. Ces cœurs, ils les mangeaient suivant un rite barbare qui, du reste, constitue presque un hommage au mort. Commune à divers peuples primitifs, l'idée sur laquelle cette coutume repose est qu'en mangeant le cœur d'un ennemi valeureux on s'assimile sa force et sa bravoure. Plus que ce cannibalisme, dont eux-mêmes auraient été capables, le pillage, la profanation et l'incendie des monastères excita la fureur des Thibétains.

La lutte dura pendant environ deux années. L'insubordination, la débandade des troupes, puis finalement, la révolution chinoise et la chute de l'Empire privant les Chinois de l'avantage que leur procurait le prestige religieux de leur souverain considéré, par les Thibétains, comme un avatar de Manjousri, causa leur défaite.

Il s'en fallait, cependant, que tous les Thibétains eussent embrassé le parti du Dalaï Lama contre la Chine. Les moines de Tengyéling, ceux de Dépung et leurs adhérents laïques combattirent avec les troupes chinoises et le Tachi Lama, l'égal du Dalaï Lama dans la hiérarchie religieuse, et, à ce moment gouverneur de la province de Tsang refusa de lever des troupes sur son territoire, pour le service de son collègue de Lhassa.

J'eus l'occasion de m'entretenir avec le Dalaï Lama quelques heures avant sa rentrée dans ses Etats. Il semblait extrêmement nerveux et préoccupé et l'expression de son visage ne dénotait pas qu'il fût spécialement enclin à la pitié et à la mansuétude. Dure fut la répression qui suivit son retour.

Parmi les premiers à en souffrir fut un ministre coupable d'avoir soutenu les Chinois : le Chapé Tsarong appartenant à la noblesse thibétaine. Il fut mandé au Potala, dépouillé de ses vêtements et cruellement bâtonné puis précipité du haut des longs escaliers qui s'accrochent à la colline au sommet de laquelle est bâti le palais du Dalaï Lama. Lorsque son corps sanglant parvint au bas de ceux-ci, il respirait encore et on l'acheva. Son fils ayant été informé de ce qui s'était passé prit la fuite. Des soldats furent envoyés à sa poursuite : l'un d'eux le tua d'un coup de fusil. Les biens et le titre du défunt Chapé Tsarong furent donnés à un favori du Dalaï Lama qui avait couvert sa fuite lors de l'invasion chinoise, en demeurant avec quelques soldats sur le bord du Yésrou Tsangpo pour arrêter les poursuivants chinois et permettre au Dalaï Lama et à sa suite de traverser le fleuve et de prendre de l'avance.

Plusieurs dignitaires du monastère de Dépung avaient été exécutés avant l'arrivée du Dalaï Lama ; j'ai dit, plus haut, que Tengyéling fut détruit et ses moines dispersés. D'autres pro-chinois furent emprisonnés. Pendant mon séjour à Lhassa, dix ans après ces événements, j'appris qu'un de ces prisonniers, un Grand Lama de l'est du Thibet : un Gyarongpa était détenu chez un fonctionnaire dont la demeure se trouvait dans le voisinage de mon logis. Il lui était permis de circuler dans la maison de son geôlier, mais il portait la cangue depuis des années et seules la mort ou la révolution pouvaient l'en délivrer.

*

Le pouvoir du Dalaï Lama soutenu par la protection britannique, s'est beaucoup affermi et passablement étendu après sa victoire sur les Chinois, ses troupes ont conquis, sur ces derniers, de larges parties de territoire à l'est du Thibet. D'autre part le défunt Dalaï Lama s'est créé une petite armée équipée et exercée à la manière européenne et il a travaillé avec persévérance à centraliser le pouvoir dans ses mains, affaiblissant l'autorité des chefs de tribus et surtout celle des grands monastères.

Son collègue le Tachi Lama ne fut pas épargné. Il dut payer de fortes amendes et se prêter au recrutement de soldats dans sa province de Tsang. Son autorité temporelle sur celle-ci fut aussi beaucoup diminuée. Des personnalités distinguées de Tsang furent arrêtées et emprisonnées, les choses, peu à peu, en vinrent au point que le Tachi Lama redouta sa propre arrestation et un sort peut-être pareil à celui subi, autrefois, par le Régent, abbé de Téngyéling. Il prit la fuite et se réfugia en Chine où il a séjourné depuis une dizaine d'années, voyageant aussi en Mongolie.

Bien que diminué, le parti pro-chinois existe toujours au Thibet, plusieurs tentatives de révolte ou de désobéissance au Dalaï Lama ont pu être remarquées. L'une entre autres fut suscitée par l'ordre donné aux moines de Depung de livrer toutes les armes qu'ils possédaient, ce à quoi ils se refusèrent. Des troupes furent envoyées contre eux et, d'autre part, un de leurs chef, ayant, dit-on, été acheté, conseilla la soumission. Deux ou trois dignitaires de Dépung furent exposés publiquement, le cou pris dans la cangue, mais l'esprit de rébellion ne fut pas anéanti dans ce puissant centre clérical.

*

Il serait vain de pronostiquer quoi que ce soit quant aux résultats politiques que la mort de Ngawang Lobzang est susceptible d'amener. Vingt ans doivent s'écouler avant que le futur Dalaï Lama — s'il vit jusque-là — soit d'âge à exercer le pouvoir et durant ce laps de temps l'Assemblée Générale à peu près supprimée par Ngawang Lobzang va probablement vouloir reprendre ses droits ; un régent sera nommé, ses ministres intrigueront. Toutes les rancunes des victimes du défunt et du clergé dont il s'efforçait de détruire la puissance vont se faire jour. La population de la province de Tsang, sacrifiée, par le dernier Dalaï Lama, au profit de celle de U (dont la capitale est Lhassa) dans toutes les nominations de fonctionnaires, accablée d'impôts et ressentant les persécutions dont son Grand Lama et chef a été l'objet déclanchera-t-elle le mouvement séparatiste dont elle rêve depuis longtemps ? Les Thibétains de l'Est comme ceux du pays de Po éprouvent peu de sympathie pour le Gouvernement central de Lhassa. Ils ont été ''conquis'' par ses troupes et sont loin de considérer cette conquête comme une heureuse délivrance de la vague et presque purement nominale suzeraineté chinoise : ''nous payons plus d'impôts aux gens de Lhassa que nous n'en payions aux Chinois'' me disaient les paysans quand je voyageais dans cette région. Il n'est pas nécessaire de commenter cette déclaration, les sentiments qu'elle éveille chez un paysan se devinent aisément.

# Comment les Tibétains
# envisagent la mort

*Par le Lama A. YONGDEN* 1

**Autant que j'en puis juger, les Occidentaux attribuent à la mort, une importance beaucoup plus grande que celle que lui accordent les Tibétains. Ce fait tient probablement aux croyances chrétiennes dont ils ont subi l'influence, alors même qu'ils ne professent pas véritablement le christianisme.**

Les dogmes chrétiens représentent, en effet, la mort comme un événement qui ne se produit qu'une seule fois pour chacun de nous et qui fixe irrévocablement notre sort — béatitude ou tourments — pour l'éternité. Il est bien certain qu'envisagée de cette matière la mort revêt un caractère d'une gravité tout exceptionnelle.

Il en est autrement au Tibet. Là, tous croient à la perpétuité de la vie poursuivant sous des formes diverses, des transformations sans cesse renouvelées. Aussi les Tibétains considèrent-ils la mort comme un incident se reproduisant fréquemment et auquel les Bouddhas et les Arhans peuvent seuls mettre un terme. Il n'est pas un villageois qui ne soit convaincu qu'il est mort et né à nouveau des millions de fois et qu'il continuera ainsi à mourir et à renaître pendant des siècles innombrables, tant qu'il ne sera pas devenu capable de s'évader de la "ronde", ayant atteint l'illumination spirituelle.

---

1. Ce texte a évidemment été écrit par Alexandra David Neel même s'il a été inspiré par son fils adoptif.

Un événement qui se répète aussi souvent perd évidemment de son importance. On.pourrait presque dire que l'on en prend l'habitude.

Il n'est pas rare, dans mon pays, de rencontrer des vieillards qui désirent la mort, non parce qu'ils sont accablés d'infirmités ou particulièrement malheureux d'une autre manière, mais uniquement parce qu'ils se sentent vieux et que le temps leur paraît venu de terminer leur existence présente.

J'ai aussi connu des gens qui, spontanément, avaient vu quelquefois en rêve, quelquefois dans une de ces visions fréquentes chez les Tibétains, un certain lieu qui leur était, autrement, inconnu. Son image se représentait, ensuite, souvent à eux sans aucun effort de leur part pour l'évoquer. Ils en concluaient que cet endroit était celui où ils se rendaient après leur mort.

Il arrive aussi, au Tibet, que des hommes ou des femmes demeurent pendant quelques jours, ou pendant une période de temps beaucoup plus longue, tout à fait insensibles et pareils à des cadavres. Lorsqu'ils reprennent l'usage de leurs sens ils relatent des voyages singuliers qu'ils ont effectués. Parfois, ils disent s'être rendus dans des pays éloignés et, parfois, dans des régions généralement tenues pour être inaccessibles aux hommes vivants, tels que les différents paradis, les différents purgatoires, les demeures de certains dieux etc... Nous nommons ces gens *deslog* (écrit en tibétain *hdes log*) ce qui signifie : "revenu de l'au-delà" ou "revenu après être parti (décédé)".

Un cas de ce genre se produisit dans un village peu éloigné de la résidence d'un de mes parents, alors que j'étais encore enfant.

Un homme parut mourir subitement, mais comme une certaine chaleur persistait dans la partie de son corps avoisinant le cœur, sa famille n'osa pas procéder à la crémation. Pendant plus de deux mois, il demeura immobile, privé de sensation, sur la couche où on l'avait étendu. Seule la chaleur presque imperceptible dans la région du cœur et le fait que le corps n'entrait pas en décomposition témoignaient qu'il n'était pas réellement mort.

Un jour, l'homme revint à lui et raconta alors, les pérégrinations qu'il avait accomplies. Je ne dirai, ici, qu'un mot touchant les sensations qu'il dit avoir ressenties.

Il commença par perdre l'usage des sens, ne voyant plus, n'entendant plus. Puis il éprouva une sorte de choc peu douloureux et *cela* était la mort.

Il se trouva hors de son corps, parfaitement heureux, léger et juvénile. Il pouvait, maintenant, faire une foule de choses qui lui étaient impossibles de son vivant. Quel que fût l'endroit où il désirait se rendre, il s'y transportait immédiatement avec le corps extrêmement subtil qui était devenu le sien.

Une seule chose lui causait de l'ennui, et même une certaine gêne. C'était un fil blanchâtre, attaché à son corps, dans lequel il s'empêtrait ou qui, parfois, le retenait. Il aurait voulu s'en débarrasser en le coupant, mais il ne pouvait pas y parvenir, c'était le seul acte qui lui était impossible.

Il se croyait véritablement mort et réfléchissait à sa nouvelle condition, se disant : "Alors, voici en quoi consiste l'au-delà de la mort." Et son état lui semblait plutôt agréable.

Le plus souvent, les *deslog* tombent involontairement dans cette transe, mais il en est qui peuvent s'évader, ainsi, à volonté.

\*

Il existe des procédés connus des magiciens, par lesquels ceux-ci, en quittant leur corps, peuvent entrer dans un autre ou créer une sorte de fantôme dans lequel ils se transportent. Certains sont capables, disent-ils, de se subtiliser et de recomposer ailleurs leur forme solide.

Il arrive parfois, que des gens qui affirment se rendre en certains lieux lointains ou inaccessibles aux voyageurs ordinaires, en rapportent des objets introuvables dans la région où ils habitent et, cela, bien que leur "absence" de celle-ci n'ait duré que quelques heures, c'est-à-dire trop peu de temps pour effectuer un long parcours en employant des moyens normaux.

Je dirai enfin, que certaines personnalités tibétaines passent pour n'être point mortes mais pour être entrées vivantes dans un autre monde. De ce nombre sont Padmasambhava (VIIIᵉ siècle), le roi Guésar de Ling (vers la même époque), le Lama Marpa (XIᵉ siècle), le disciple favori de Milarespa : Réstchoungpa (XIIᵉ siècle) et d'autres, dont un contemporain, un saint Lama de Jigatsé.

Les Tibétains qui croient très fermement à la réalisation de tous ces faits curieux, ne sentent pas les morts aussi distants, aussi perdus pour eux qu'ils apparaissent aux Occidentaux, même aux plus religieux d'entre eux. Les paradis et les purgatoires, ainsi que je l'ai déjà indiqué, ne sont pas considérés, par les lamaïstes, nécessairement, être situés hors de notre terre. Seulement, pensent-ils, celui qui n'a pas acquis et exercé "l'œil spirituel" ou la "vision plus complète" ne les aperçoit point.

\*

De ce que les Tibétains redoutent généralement moins la mort que les Occidentaux ou, pour mieux définir le fait exact, y attachent moins d'importance, il ne s'ensuit pas qu'ils la recherchent ni que la majorité d'entre eux l'accueille avec plaisir.

Un souhait courant, au Tibet, est : "Puissiez-vous vivre longtemps" et, en vérité, une longue vie y paraît, à tous, grandement désirable. Après tout, les *croyances* quelles qu'elles soient, ne produisent jamais une certitude égalant celle qui résulte de *faits démontrés*. Ceux qui les professent peuvent faire les déclarations les plus absolues et les plus passionnées quant à leur entière conviction ; leurs sentiments intimes, manifestés par leurs actes, les démentent toujours plus ou moins.

L'on ne croit réellement que ce que l'on a approché et contemplé soi-même. Nos Lamas contemplatifs n'enseignent aucune doctrine à leurs disciples. Ils leur font connaître les méthodes par lesquelles on développe, d'abord, la sensibilité de ses organes de perception et l'on en acquiert, ensuite, de nouveaux permettant des investigations encore plus étendues.

La mort apparaît, alors, sous un nouveau jour. Ce qui nous semble être un vivant réduit à l'état de cadavre inerte n'est point vu de cette manière par les maîtres mystiques tibétains. De même, aussi, le ''vivant'' que nous tenons pour être une personne, une unité, leur offre plutôt le spectacle d'un tourbillon d'atomes, chacun de ces derniers étant lui-même un tourbillon semblable.

Les Occidentaux n'ont notion que d'une seule " conscience ", celle d'un ''moi'' qu'ils croient indivisible. Les contemplatifs du Tibet se sentent être un *groupe* de ''consciences'' et chacune de celles-ci, bien qu'apparentée aux autres ''consciences'' momentanément réunies dans le *groupe*, a néanmoins une vie propre et la mémoire de sa filiation particulière.

Si l'une de ces ''consciences'' se sépare des autres, si elle *meurt*, dirai-je — bien que le terme *mort* soit dépourvu de signification pour nos sages — sa disparition n'entraîne pas, nécessairement, la mort des ''consciences'' avec lesquelles elle s'est trouvée unie.

Il faut me borner, cet article est assez long. D'ailleurs, je n'ai pas la présomption de me croire capable d'expliquer complètement et d'une manière parfaitement claire les sentiments que le phénomène dénommé ''la mort'', éveillent dans l'esprit de l'élite spirituelle tibétaine.

Eux-mêmes, ces grands penseurs, ont coutume de citer à propos de sujets de ce genre cette phrase de la Prajnâparamita :

*Je veux parler mais les mots font défaut.*

# Réflexions sur la discipline
# spirituelle bouddhique

L' objet pour lequel vous avez été invités à vous réunir ici est tout
à fait inusité. Il s'agit d'entendre une causerie posthume : celle
qui aurait pu vous être faite par mon fils adoptif, le Lama Yongden, s'il n'avait quitté notre monde voici un an [1].

Je dis qu'elle aurait pu vous être faite par lui, mais il est douteux
qu'il vous aurait communiqué lui-même le résultat de ses méditations.
Comme tous les penseurs de son pays, il était secret et silencieux et,
comme eux, il mettait sur l'activité de sa vie spirituelle, le masque d'occupations banales qui l'isolaient des curiosités qui auraient pu se manifester autour de lui quant à ses croyances ou au but qu'il poursuivait.
Il cultivait des rosiers dans notre propriété des Alpes, lisait les ouvrages philosophiques tibétains que nous avions amassés et, surtout il réfléchissait. Aussi, souvent, notait-il ses réflexions pour comparer celles
qui avaient surgi en lui en différentes circonstances, ou à des époques
différentes de sa vie. Ainsi pratiquait-il ce principe essentiel de la discipline bouddhique : l'attention vigilante, cette continuelle présence
d'esprit, cette lucidité dont il est dit, dans le *Dhammapada* :

1. Cette causerie fut prononcée aux "Amis du Bouddhisme", à Paris, à l'occasion du premier
anniversaire de la mort du Lama Yongden, en 1956.

*L'attention est le chemin qui conduit à l'affranchissement de la mort ; l'inattention, l'irréflexion est le chemin qui mène à la mort. Ceux qui sont attentifs ne meurent pas, les inattentifs sont déjà comme des morts.*

Commentant cette déclaration du *Dhammapada*, le Lama Yongden remarquait :

La *Vue Juste* qui figure comme le premier article du programme de la discipline bouddhique est inséparable de l'*Attention Parfaite*. Elle en est, en fait, un produit. L'attention pénétrante et soutenue aurait très bien pu être placée en tête du programme puisqu'elle est la condition indispensable de l'acquisition de connaissances correctes, c'est-à-dire de *Vues Justes*.

A quoi cette attention doit-elle s'appliquer ? — Elle doit s'appliquer à toutes choses : elle doit s'appliquer aux faits matériels que nous découvrons autour de nous par le moyen de nos sens. Elle doit s'appliquer aux mouvements mentaux que nous pouvons déceler chez autrui : idées, passions sous toutes leurs formes et dans toutes leurs manifestations. Mais l'attention continuelle doit *surtout*, — oh, oui, *surtout* — être dirigée sur nous-mêmes.

Il nous faut épier nos réactions aux divers contacts de nos sens physiques et de notre esprit avec notre environnement. Nous devons surprendre, au passage, les différentes manifestations de notre activité physique et mentale, les arrêter pour les interroger : d'où viens-tu ? Qu'est-ce qui t'a engendré ? Qui sont tes pères et tes mères ? Et, par delà ceux-ci que peut-on discerner dans la cohue de tes ancêtres ?

Un problème posé à leurs disciples par les Maîtres de la Secte de Méditation (celle que les Occidentaux connaissent sous le Nom Zen, en chinois Ts'an) s'énonce comme suit : ''Quel visage avais-tu avant que ton père et ta mère fussent nés ?''

Des adeptes de Ts'an disent que ce problème peut viser la succession des existences, ce qu'en langage populaire on appelle les ''réincarnations'', ou bien qu'il peut se rapporter aux origines de la mise en mouvement des phénomènes qui constituent le monde.

Sans nous perdre dans la construction d'hypothèses, fruits de notre imagination, un vain travail contre lequel le Bouddhisme nous met en garde, nous devons apprendre à démêler l'enchevêtrement des causes multiples qui se sont provisoirement rencontrées pour amener les effets que nous constatons en nous et autour de nous.

Ces causes ne se sont point rencontrées et unies par hasard. Elles-mêmes ont subi l'influence d'autres causes qui les ont dirigées. Ces causes directrices ne sont, du reste, pas uniquement extérieures ; elles peuvent tenir à la nature propre des éléments en jeu dans l'agrégat lui-même.

L'on entend souvent des bouddhistes parler de la mémoire qu'un individu conserve de ses anciennes incarnations.

De nombreux ouvrages du genre des *Jatakas* décrivent, en détail, des épisodes de vies successives de personnages humains, divins, ou même animaux, qui sont dits avoir été le Bouddha se préparant, au cours de ces diverses existences, à atteindre le degré de perfection morale et mentale et l'acuité de perception indispensables à la production de l'illumination spirituelle.

Beaucoup de personnalités bouddhistes éminentes sont gratifiées de généalogies de ce genre. Au Tibet, les Lamas dénommés *Tulkous*, ceux que les étrangers appellent, très improprement, des "Bouddhas Vivants", sont tenus pour être un chaînon d'une suite d'incarnations d'une même personnalité. Du reste, d'après cette croyance, chacun de nous, avant de naître dans ce monde, a accompli un long voyage en transmigrant de corps en corps et, parfois, de monde en monde. Cette croyance, à laquelle adhèrent la majorité des bouddhistes ignorants, est pourtant en contradiction complète avec les principes fondamentaux du Bouddhisme. Elle est calquée sur la théorie hindoue concernant le *jiva*, principe individuel transmigrant de corps en corps.

Le célèbre ouvrage hindou, la *Bhagavad Gîta*, donne une illustration très claire de celle-ci :

*De même qu'un homme quitte ses vêtements usés pour en prendre de nouveaux, ainsi "cela qui est incarné" (dehi) rejette ses corps usés pour en prendre de nouveaux.*

Comment une telle conception pourrait-elle trouver place dans un enseignement qui proclame le caractère transitoire de tous les groupements d'éléments et qui dénie en eux l'existence d'un principe permanent quelconque : *jiva, dehi,* âme, esprit, moi, ou quel que soit le nom qu'on veuille lui donner ?

*Anicca-Anatta* : Impermanence. Absence d'*ego* partout, en tout. Tel est le *Credo* bouddhique.

Ce *Credo*, le Bouddhisme ne le présente pas comme émanant d'une révélation. Il est le fruit d'une découverte, d'une connaissance acquise par le moyen de l'attention, de l'investigation soutenue. C'est par l'examen, par la réflexion-méditation que le Bouddha est parvenu à l'Illumination spirituelle et il est possible à chacun de nous de l'atteindre en nous servant du même moyen.

*

Qu'est donc la "renaissance", telle qu'elle est comprise par les bouddhistes éclairés ? Elle consiste en l'activité persistante d'une énergie qui se manifeste sous différentes formes, en vertu d'une combinaison de causes et d'effets.

Ce que je considère comme un *"moi"*, comme *"mon moi"* comme une *unité*, une personne, est en réalité un agrégat instable d'éléments, un agrégat de "vies" peut-on dire, procédant de sources différentes, qui se trouvent momentanément réunies et actives.

L'activité des divers éléments entrant dans la composition de l'agrégat ne s'exerce pas toujours en coopération, ni toujours dans le même temps. Tandis que les uns paraissent être engourdis, la vitalité de certains autres se manifeste violemment, les uns tendent vers tel but, les autres vers un but différent ou même vers un but complètement opposé. De là résultent ces conflits mentaux, ces écartèlements de nous-mêmes, alors que nous nous sentons incités à l'action par des instincts, des désirs contradictoires.

Une attention soutenue, des investigations perspicaces, nous montrent que nous ne sommes pas une unité mais une pluralité, que nous abritons temporairement des hôtes d'origines différentes, venus de toutes les directions de l'univers, en longues suites de causes et d'effets entremêlés sans qu'il nous soit possible de leur découvrir un point initial de départ.

Il est dit dans le *Samyutta Nikâya* :

*Inconnaissable est le commencement de ce long pèlerinage des êtres enveloppés dans l'ignorance, qui, mus par le désir, poursuivent la ronde des renaissances et des vies sans cesse renouvelées.*

Le Bouddhisme ne se propose pas de nous fournir une explication concernant l'origine du monde et des êtres animés. Il s'adresse à des hommes qui repoussent les contes mythologiques et les spéculations creuses sur l'origine de l'univers. Du reste, il semble que sur cette question des causes premières qui ont donné naissance à l'univers et, dans un domaine plus restreint, qui ont présidé à l'apparition de la vie sur notre planète, les savants de l'Occident rejoignent les penseurs indiens : ceux qui se sont exprimés dans le *Samyutta Nikâya*, et ceux qui, longtemps avant eux, chantaient dans les hymnes du *Rig Véda* :

*Qui sait d'où est venue cette création... Celui qui siège au plus haut des Cieux, peut-être le sait-il ou peut-être ne le sait-il pas.*

*

Si le Bouddhisme écarte le problème d'une Cause Première, d'autre part, il exhorte ses adeptes à s'efforcer de discerner la nature des éléments qui constituent ce qu'ils appellent leur "moi". Il les encourage à remonter, aussi loin que possible, ce courant des causes et des effets qui ont contribué à la constitution de ces éléments et ont amené leur réunion momentanée. Les bouddhistes sont invités à surveiller avec une attention soutenue, le comportement de ces divers éléments, leurs relations amicales ou inimicales les uns avec les autres, l'appui qu'ils se donnent mutuellement et les combats qu'ils se livrent entre eux.

La vue claire de ces diverses activités expliquera à l'observateur ses changements d'humeur, ses revirements d'opinions et la diversité des actes qui s'ensuivent.

En vérité, chaque soi-disant *ego* est un carrefour où se heurte une foule qui y arrive, continuellement, par de multiples routes et d'où s'échappent, aussi continuellement, des membres de cette foule qui, par de multiples chemins, s'en vont joindre d'autres foules à d'autres carrefours de la Vie universelle.

Il est bon d'atteindre cette vision de l'union dans la diversité, de sentir vivre *d'autres* en soi et de se percevoir vivant en *d'autres*.

Ainsi, moi et autrui avons-nous vécu dans une interdépendance sans commencements perceptibles. Ainsi, continuerons-nous à exister sans terme concevable. C'est l'équivalent, à l'échelle humaine, de la Vie Eternelle faite de continuelles morts et de constantes renaissances.

Devons-nous nous arrêter à cette conception, si justifiée qu'elle puisse paraître, et la tenir pour l'expression de la Vérité avec un V majuscule ?

La réponse à cette question nous conduit dans cette section du Bouddhisme dont les membres se réclament de Nâgârjuna et des autres penseurs de son Ecole, qui affirment qu'ils représentent les interprètes les plus fidèles de l'Enseignement du Bouddha.

Il faut distinguer, disent-ils, deux sortes de vérité : la vérité relative et la Vérité absolue. Seule la première nous est accessible. Elle est à la mesure des êtres tels que nous, pourvus de moyens de perception que nous possédons, c'est-à-dire de nos cinq sens s'appliquant aux objets matériels et de notre esprit s'appliquant aux idées abstraites.

S'il n'existe pas de Vérité absolue, ou si elle nous est inaccessible, ce qui revient au même pour nous, pouvons-nous parler d'une Réalité absolue ?

*Comme des images vues en rêve, ainsi faut-il regarder toutes choses.*

C'est par cette déclaration que se termine le *Shésrab kyi pharol tout-chinpa,* le Livre de la ''Sagesse transcendante'' ou Livre du ''Passage par delà la Sagesse'', la *Prâjna Pâramitâ.*

L'école philosophique bouddhique qui se réclame de Nâgârjuna et de la *Prâjna Pâramitâ* dont il est dit être l'auteur, enseigne que notre monde et le mobilier d'objets matériels et de concepts mentaux avec lequel nous le garnissons, est fait des constructions mentales auxquelles notre esprit ne cesse de se livrer. On les appelle en sanscrit les *samskâras*, et en tibétain, *du tchéd.*

Signifiant ''assemblage'' ou ''confection'', les *samskâras* sont dénoncés, dans les plus anciens textes bouddhiques, comme étant alimentés par l'ignorance et comme producteurs de souffrance.

L'un des principes majeurs que les Maîtres spirituels tibétains s'efforcent d'inculquer à leurs disciples est : ''N'imaginez pas'', ''Ne vous livrez pas au jeu des constructions mentales, édifices bâtis parmi les nuages, avec des nuages : théories et dogmes basés sur le vide''.

Avant le Bouddhisme, les Indiens disaient déjà d'une manière figurative :

> *Le monde est le rêve de Brahmâ (il s'agit du Brahmâ masculin, le Créateur). Quand Brahmâ cesse de rêver, le monde disparaît.*

Pour les Bouddhistes intellectuels appartenant au Mahâyâna, le monde est, non pas le rêve d'un hypothétique dieu Brahmâ, mais notre rêve à nous, à chacun de nous.

Chacun de nous confectionne continuellement, dans son esprit, les images du monde aux aspects multiples qui lui paraît l'environner et dans lequel il se voit jouant un rôle comme il lui arrive de le faire en rêve. Le monde n'est pas *hors* de nous, il est *en* nous.

Dès lors, le problème d'une Cause Première de l'univers — le commencement de celui-ci ayant eu lieu dans le temps — ne se pose plus. Notre univers commence à chaque instant avec nos pensées qui en tissent les formes illusoires "pareilles à des images vues en rêve", comme le dit Nâgârjuna.

S'abstenir de cette création imaginative est difficile.

D'après un texte canonique bouddhique, le Bouddha réfléchissant, après son Illumination, et examinant les faits qui lui étaient apparus, déclara :

> *Ce sera chose extrêmement difficile pour les hommes de comprendre l'extinction des samskâras, la quiétude,* le nirvâna.

Aucun terme du vocabulaire bouddhique n'a été plus mal compris, par les non-bouddhistes, que celui de *nirvâna*.

On a dit en effet qu'il signifiait l'anéantissement de l'individu, l'anéantissement du " moi ". Or comment le Bouddhisme pourrait-il parler de l'anéantissement d'un *ego* dont il dénie formellement l'existence ?

La destruction dont il s'agit est celle des constructions fantaisistes, irréelles, échafaudées par l'imagination alimentée par des vues erronées. " Alimentée par l'ignorance, dépendant de l'ignorance, s'appuyant sur elle ", comme disent les textes canoniques.

L'attention vigilante démasque, précisément, l'inanité des ces constructions, les élimine et empêche que d'autres constructions analogues les remplacent.

Ainsi sera atteint l'au-delà de ce qui constitue le monde, la Suppression du rêve, l'éveil, le *nirvâna*.

*

Celui qui, tout en gardant les apparences de jouer un rôle dans ce monde de l'illusion, le considère avec la sérénité que donne la connaissance de sa véritable nature d'images "vues en rêve", dont il est lui-même, le créateur ; celui qui a dissous, par le moyen d'investigations profondes, les fausses notions qu'il entretenait concernant un "moi" permanent, n'a pas besoin de mourir pour arriver au *nirvâna*. Il l'a atteint, comme l'a atteint le Bouddha, comme l'ont atteint nombre de ses disciples.

La mort n'est point, pour eux, ce qu'elle paraît être au commun des hommes, prisonniers de leurs constructions mentales. Elle a cessé d'exister pour eux parce qu'ils ont cessé de lui créer une réalité, tout comme nous en créons une aux événements que nous vivons en rêve.

Car il est dit dans le *Dhammapadâ* :

*Celui qui regarde le monde du même œil qu'on regarde une bulle d'air, celui-là est capable de ne plus voir le royaume de la mort.*

# Notes sur l'Asie

Ces notes ont été écrites par Alexandra David Neel au début des années cinquante. Marie Madeleine Peyronnet les a retrouvées dans un classeur jauni et nous vous en livrons de larges extraits. Trente ans plus tard, ces réflexions sur le désert de Gobi, le Tibet, l'Inde, le Népal, la Corée, l'Indochine, le Sikkim et le Japon, prennent en effet un relief saisissant.

# Du désert de Gobi
# au Tibet

L'Asie est-elle, comme certains le pensent, le berceau de l'humanité ?
Les savants spécialistes qui recherchent de par le monde, les traces de nos premiers ancêtres sont loin de pouvoir nous éclairer
quant à savoir si les individus qui, les premiers, ont manifesté
des tendances à devenir l'*homo sapiens* ont tous surgi d'une même
région du globe ou bien si, au contraire, leur apparition s'est faite
en divers points de celui-ci. Dans l'ignorance où nous sommes
à ce sujet rien ne nous autorise à faire bénéficier l'Asie d'un pré-
jugé favorable à son titre de mère de l'humanité.

Quoi qu'il en soit, les hommes se résignent difficilement à l'ignorance et ils couvrent volontiers la leur par des contes. Ceux qui se rapportent à l'origine de nos premiers ancêtres sont nombreux ; beaucoup
d'entre eux sont connus, en voici pourtant un, qui ne l'est guère. Il
appartient au folklore coréen ; sa naïveté charmante le rend digne d'être
rapporté :

*Au centre de l'île de Quelpaert (au sud de la Corée) s'élève le mont
Halla qui existait à l'origine du monde, alors que celle-ci n'était pas
encore peuplée.*
*De cette montagne, trois personnages descendirent. Ils s'appelaient
respectivement : Ko, Young, et Pou. Ils cheminaient gravement, en*

*tenant entre eux, des discours transcendants.*

*Lorsqu'ils eurent atteint le bord de la mer, un grand coffre, poussé par les vagues, vint s'échouer à leurs pieds. Ils l'ouvrirent et il en sortit trois jeunes filles. Chacun d'eux en choisit une et, sans plus tarder, il l'épousa. De ces trois couples, les hommes naquirent.*

*A ces hommes il fallait des plantes et des animaux pour se nourrir et pour se confectionner des vêtements.*

*Des nuages qui les contenaient s'abaissèrent sur Halla san [1] et l'enveloppèrent y déposant tout ce qui allait être nécessaire à l'humanité. Du mont Halla, toutes ces choses se répandirent, ensuite, dans le monde.*

*

Ecartant les mythes, nous avons appris que la très vieille Asie n'a pas toujours eu l'aspect que nous lui voyons aujourd'hui. Elle a connu des périodes chaudes dont font preuve les découvertes, en Sibérie, de fossiles de plantes et d'animaux qui n'existent, de nos jours, que dans les régions tempérées ou sous les tropiques. Elle a aussi connu des périodes glaciaires et les glaces s'y sont étendues jusque vers le centre de l'Inde.

Des faits bizarres ont été rapportés : dans la bouche de certains animaux ensevelis dans des terrains ayant été recouverts par les glaces, on aurait trouvé de l'herbe fraîche comme si ces animaux avaient été tués, alors qu'ils broutaient, par une catastrophe soudaine.

Pouvons-nous imaginer qu'au cours d'une période chaude, ayant précédé l'envahissement de l'Asie par les glaces, des hommes ont vécu dans ses régions septentrionales ?... Profane dans ces doctes matières, il m'est seulement permis d'y rêver.

Cependant, témoins d'un passé moins lointain, des vestiges de centres de civilisation de l'âge de pierre ont été découverts en maints endroits de la Mongolie, de la Chine, de la Sibérie et de l'Inde. Faut-il aussi rappeler la découverte d'un homme primitif dans les environs de Pékin.

L'âge de pierre, croient certains spécialistes de ces recherches, s'est prolongé très tard en quelques régions de l'Asie. Pour mon grand amusement j'ai découvert que nos ancêtres tailleurs de silex y ont des continuateurs contemporains, ceux-ci ayant, d'ailleurs, grandement perfectionné l'art d'œuvrer la pierre pour de menus usages.

Ce n'est point que ces artisans manquent d'ustensiles en fer, en cuivre, en bois ou en poterie et en confectionner d'autres en pierre pourrait paraître bizarre de leur part n'était que ces produits de leur travail donnent lieu à un commerce profitable.

A l'ouest de la province chinoise de Kansou, la ville de Soutchéou [2]

---

1. *San* = montagne.

2. *Souchond* sur les cartes anglaises et *Sidon* dans la prononciation locale.

jouit d'une réputation étendue pour sa fabrication de vaisselle en pierre. Elle exporte ses produits : assiettes, bols, gobelets, cuillères etc. dans un large rayon de pays. La pierre employée provient de carrières voisines, sa couleur est d'un gris pâle rosé, très agréable à l'œil.

C'est en me trouvant à Soutchéou et en considérant la vaisselle dans laquelle j'allais prendre mon repas que me vint la baroque idée suivante : En supposant, me disais-je, que dans mille ou dans deux mille ans d'ici, Soutchéou ait été ensevelie sous les sables, comme l'ont été de nombreuses cités de cette région et supposant qu'un savant procédant à des fouilles découvre ce gobelet dans lequel je viens de boire, ce bol qui a contenu la soupe aux nouilles de mon dîner... Peut-être rédigera-t-il à l'intention de quelque académie une érudite communication concernant la persistance de l'âge de la pierre jusqu'au XX⁰ siècle de l'ère chrétienne.

Plaisanterie passagère pour égayer l'atmosphère tragique qui enveloppe cette lisière du Grand Gobi [1].

Tragique, en vérité, est le paysage qui entoure le voyageur parcourant le pays. Jour après jour il peut contempler, au long des routes poussiéreuses, les progrès de cette lente agonie millénaire que Grousset a qualifiée de ''Saharification'' de l'Asie Centrale.

*

D'après Teilhard de Chardin et d'autres éminents spécialistes, ce pays était, bien avant l'apparition des premiers hommes, aux époques secondaire et tertiaire, couvert de nappes d'eau consistant en des lagunes et des marais. Peu à peu, les eaux diminuèrent de volume laissant à sec de plus en plus grands espaces de terrains salins. Des dunes destinées à devenir des chaînes de montagnes se formèrent graduellement dans les vastes étendues arides. L'érosion et d'autres phénomènes fabriquèrent du sable dont la masse ne cessa de s'accroître. Ce sont ces sables, toujours en mouvement, qui ont progressé pendant des siècles et qui continuent encore à progresser.

Cependant, inconscients du sort que leur réservait cette invasion sournoise et persistante, des hommes ont créé des civilisations successives en Dzoungarie et dans les bassin du Tarim.

Ce furent d'abord, des civilisations barbares du genre de celle des Huns, mais au IV⁰ siècle de notre ère le pèlerin bouddhiste chinois Fa-Hien y trouva établis des royaumes florissants.

Quatre siècles plus tard, les récits d'un autre célèbre pèlerin, Huien Tsang, nous dépeignent le pays sous le même aspect comme siège d'une civilisation raffinée, artistique et intensément religieuse.

Le Bouddhisme importé de l'Inde par voie de la région qui forme

1. Les Chinois de l'Ouest dénomment tous les espaces désertiques *gobi*.

aujourd'hui l'Afghanistan, y comptait de nombreux monastères abritant des milliers de moines. Fa-Hien nous avait déjà montré ceux-ci comme très fortement déchus de l'idéal primitif du religieux bouddhiste, philosophe et ascète ; Huien Tsang confirme ce tableau y ajoutant que les moines enrichis encouragent les souverains à les combler de dons et que ces derniers s'y prêtent aisément.

Des témoignages de ces temps de splendeur nous ont été rapportés par les découvertes des archéologues et les superbes fresques de Tunhouang et de Wangfoui Shia en donnent de saisissantes illustrations.

La foule des nobles dames et des seigneurs décorant les murs de centaines de grottes artificielles excavées aux flancs de falaises de terre jaune m'a retenue pendant bien des jours, à rêver à l'époque où leurs activités : amours, haines, convoitises et intrigues emplissaient le pays. Maints lieux du monde peuvent inciter à des méditations de ce genre, elles y trouvent pour supports les théâtres sur lesquels les acteurs disparus ont joué leurs rôles : vieux palais du Moyen Age, ruines de temples en Grèce et en Egypte ; mais dans ce bassin desséché du Tarim, dont les territoires du Kansou et du Sinkiang confinent au Grand Gobi, il ne reste rien… rien. Les acteurs et les théâtres sur lesquels ils se sont mus ont également disparu sous les sables. Cependant, l'acharnement de l'homme perpétue le drame, en rétrécissant de plus en plus les dimensions.

*

Au long de ma route, j'aperçois, de ci, de là, des groupes d'habitations qui furent des hameaux… Sous ce climat d'extrême sécheresse, les murs en pisé subsistent longtemps, ils se dressent comme des squelettes décharnés, dépouillés de toute boiserie : poutres, portes et fenêtres, que les paysans ont emportées en s'en allant, chassés par la marée montante des sables qui recouvrait leurs champs.

Les gens du pays m'indiquent du geste : "Là-bas, cette ferme était encore habitée il y a deux ans. Cette autre a été abandonnée l'année dernière. " J'en vois quelques-unes encore occupées, autour desquelles le sable commence à s'amonceler formant des dunes minuscules, préambule insidieux de l'invasion prochaine et, le soir, dans une auberge où je fais halte, le patron me dit : "Je m'en irai dans six mois, le puits est presque à sec. "

Pour compléter ce tableau, il convient d'y ajouter les tempêtes qui balaient les terres désertées, la chaleur torride des étés et le froid des hivers quand le thermomètre descend à 20 et 25 degrés sous zéro.

Parmi les souvenirs que je conserve de mes randonnées dans cette région, figure celui d'une nuit glaciale passée dans une charrette auprès d'une source tarie. Le muletier connaissait la situation de celle-ci et s'y était rendu de confiance, mais il avait oublié de se rappeler que son dernier passage à cet endroit datait de trois ans. Ce temps avait suffi pour dessécher la source dont l'emplacement demeurait marqué par des dépôts de sels blanchâtres. De l'abri qui accueillait les voyageurs et leurs bêtes il ne restait que la moitié d'un pan de mur. Sans eau pour ravitailler ceux qui s'y arrêteraient, l'abri n'offrait plus de raison d'être, on l'avait dépouillé de son toit et de sa porte ; le vent, en se jouant avait complété sa ruine. Nos mules fatiguées ne pouvaient pas aller plus loin, il fallait s'arrêter et attendre le lever du jour… Les voyages en Asie Centrale sont fertiles en aventures analogues.

Il semblerait que le spectacle offert par ce pays inexorablement absorbé par la mort aurait dû inciter les hommes à se rendre compte de leur insignifiance [1] et, par conséquent, de la futilité de leurs ambitions. Il n'en a rien été et cette partie de l'Asie a été le théâtre d'effroyables combats.

Dès avant notre ère, les Chinois s'y heurtèrent aux occupants de la Haute Asie. Tour à tour ils eurent affaire avec les Huns qui s'avancèrent jusqu'au cœur de la Chine, au Chensi ; avec les Yue Tché et avec bien d'autres.

Sous le règne de l'empereur Wou Ti, au 1er siècle avant J.C. les Chinois conquirent tout l'Ouest du Kansou actuel ; y compris Tounhuang, à cette époque un centre important situé sur la route des caravanes allant trafiquer en Occident. Conquête précaire ; les combats continuèrent, tout au long des siècles contre différents adversaires parmi lesquels les Tibétains et les Tureomans tiennent une large place.

*

Pendant que je résidais au Kansou j'ai pu assister (vers 1920) à des épisodes très atténués de ces longues luttes, alors que les Musulmans, oublieux des carnages qui avaient suivi leurs défaites successives, vers 1875, fomentaient de nouveaux troubles.

Il était courant, autrefois, de tenir les Chinois pour un peuple pacifique ; pourtant l'histoire de la Chine, comme celle de tous les pays, présente une longue suite de guerres. En ce qui concerne la Chine, a pu donner l'illusion de son pacifisme le fait que la masse du peuple ne jouait aucun rôle dans les guerres — sauf celui d'en pâtir. Les combattants étaient des chefs militaires commandant à des troupes mercenaires et, si l'on a dit que les Chinois méprisaient les soldats, c'est de ces mercenaires qu'il s'agissait.

En fait, la Chine a été en état de guerre depuis les débuts de son existence historique, plus de dix siècles avant J.C. A cette époque eurent lieu des changements de dynastie qui ne s'effectuèrent point sans luttes. Vint la période féodale, les guerres soutenues par les seigneurs des

---

1. Qu'est-ce que l'homme qui passe comme l'herbe des champs ? (Ecclésiaste)

divers territoires, époque dénommée celle des Royaumes Combattants, marquée par d'épouvantables massacres des populations civiles.

Une ère plus paisible s'ouvrit avec le règne de Che Houang-ti fondateur de la dynastie des Tsin qui conquit les Etats féodaux et les supprima.

La vie aux frontières du Nord-Ouest fut toujours tumultueuse. Huns, Mongols, Tibétains et d'autres y harassèrent continuellement les Chinois, et en 1276, un descendant de Genghis Khan régnait sur la Chine. Mais il ne s'agit là que des grandes lignes de l'histoire. En marge de celles-ci les guerres civiles se poursuivirent presque sans arrêt suscitées par les rivalités des seigneurs régnant sur les différentes provinces de la Chine. En fait, jusqu'à l'avènement du régime actuel, l'unité de l'Empire Chinois ne fut guère qu'un mythe, la situation véritable demeurant à peu près semblable à celle du temps des Royaumes Combattants.

Il est douteux que l'on s'en rendît bien compte à l'étranger. Mais qui a, comme je l'ai fait, résidé pendant longtemps dans les provinces de l'intérieur, a pu constater que celles-ci constituaient autant de pays séparés, chacune d'elles étant gouvernées par un despote ayant son armée personnelle presque constamment sur le pied de guerre.

De temps en temps, le soi-disant Gouvernement central de Pékin se donnait l'air de destituer un Gouverneur et d'en nommer un autre à sa place. C'était, là, un jeu dont il ne devait pas s'aviser ; les intéressés ne tardaient pas à le lui démontrer.

Pendant un de mes séjours prolongés au Kansou, le Gouverneur qui, notoirement, s'enrichissait avec une rapidité dépassant les limites habituelles, reçut de Pékin l'ordre d'abandonner son poste qu'un nouveau titulaire occuperait. Le général promu s'avançait vers Lantchéou la capitale du Kansou pour prendre possession de son siège, et comme il était d'usage, il marchait à la tête de ses troupes personnelles.

Grande fut la frayeur des habitants du pays. Certes, ils ressentaient les rapines des gens du Gouverneur et de sa soldatesque, mais ils ne savaient que trop bien ce que leur promettait l'arrivée d'un nouveau chef et de ses troupes non encore assouvies et avides de l'être. C'était le pillage certain effectué par les partants et un supplément d'extorsions opérées par les nouveaux venus.

Leur message, suppliant de ne pas donner suite à la révocation du Gouverneur en exercice, n'eut pas le temps d'arriver à destination, le Gouverneur destitué avait déjà pourvu à la circonstance. Il envoya un mot bref à son remplaçant désigné : "Tu as tes soldats ; moi j'ai les miens."

La population attendait dans la crainte. L'interpellé ne jugea probablement pas ses forces suffisantes pour affronter son adversaire ; il se retira sans franchir les limites du Kansou.

L'extrémité de la province ainsi que les territoires tibétains limitrophes étaient régis par un général musulman, membre de la famille des Ma qui se considérait comme héréditairement souveraine de la région. Le général vivait en paix avec le Gouverneur mais ne lui permettait pas de s'ingérer dans les affaires de son fief. "Le Gouverneur et moi, nous sommes bons amis," disait-il. "Il exerce l'autorité à Lantchéou, moi à Sining." Et il ajoutait le refrain habituel "Il a ses soldats, moi j'ai les miens."

De même en était-il de par toute la Chine. Cet état de chose prit plus d'ampleur au moment de la guerre entre les Nordistes et les Sudistes : les partisans de Sun Yat-sen et ceux des généraux soutenant l'ancien régime, c'est-à-dire le régime de leurs fiefs respectifs.

Toutefois, ces derniers ne formaient pas une armée unie et, maintes fois, en voyageant à cette époque je me suis entendu dire : "Je vous donnerais volontiers un sauf-conduit jusqu'à tel endroit, mais mon autorité ne s'étend pas plus loin, vous devrez prendre contact avec le représentant de…" Il nommait l'un ou l'autre général. Il y en avait tant, j'ai oublié leurs noms.

Parcourir la Chine à cette époque ne manquait pas de pittoresque et offrait, parfois, des spectacles inattendus. Arrivant vers le soir dans une bourgade du Szetchouan, j'apprends qu'il y existe une mission catholique. Il était d'usage, alors, surtout en période troublée, que le voyageur de passage soit accueilli par les missionnaires étrangers quelles que soient leur nationalité ou leur confession. La solidarité de race jouait entre blancs.

Je me fis donc conduire à la mission catholique. Elle était désertée. Un gardien chinois demeuré seul, m'apprit que le missionnaire et son personnel étaient partis depuis plusieurs jours pour se réfugier dans les montagnes. La ville avait été prise quelques heures avant mon arrivée et les soldats emplissaient les rues. Je décidai de m'établir pour la nuit dans une des chambres de la mission. Les Chrétiens du lieu l'avaient totalement vidée de mobilier et bien entendu, le missionnaire avait emporté pour les mettre à l'abri tous les objets du culte de la chapelle. Le gardien me donna ces détails, tandis que l'on dépliait mon lit de camp dans une pièce vide.

Je soupai et comme je ne me sentais pas encore disposée à dormir, il me vint la curiosité de faire le tour de la maison. J'arrivai ainsi à la chapelle.

Là, au pied de l'autel, sur le tapis des marches qu'il avait roulé pour s'en faire une couche, le gardien, complètement nu (nous étions en été) grillait tranquillement la boulette d'opium de sa pipe à la petite lampe allumée près de lui. Il devait déjà être arrivé à un stade de demi-torpeur bienheureuse. Je crois qu'il m'entendit entrer, mais il ne bougea point. Une statuette de la Vierge posée haut sur une console et oubliée dans la précipitation du déménagement, abaissait sur lui un regard indulgent.

*

Des années passèrent, la Chine n'avait pas cessé d'être en guerre, ici ou là. Petites escarmouches, ou véritables batailles avaient mis en présence les éternellement identiques adversaires : chefs ambitieux et cupides et soldatesques en guenilles irrégulièrement payées et toujours prêtes à recourir au brigandage.

Cependant, au Chansi, j'allai rencontrer d'autres troupes, celles destinées à tenir une grande place dans l'histoire de l'Asie : les volontaires de la ''Longue Marche''.

Xénophon nous a narré la ''Retraite des Dix mille'' et nous avons été amenés à nous émerveiller de cet exploit. Combien il apparaît pâle comparé à la ''Longue Marche'' !

Elle débuta le 16 octobre 1934. Les armées communistes ayant été défaites dans le sud de la Chine, leurs chefs conçurent le projet d'aller les regrouper dans le Nord-Ouest en effectuant un mouvement contournant toute la Chine. Le trajet devait être de plus de cinq mille kilomètres effectués en guerroyant presque sans répit. Ce ne furent pas seulement les soldats qui parcoururent, en marches forcées, cette longue distance à travers les montagnes ; des populations entières s'accrochaient à eux, fuyant les bandes désorganisées des troupes de Chiang Kai Shek abandonnées à elles-mêmes et transformées en brigands. Dans cet exode soixante mille de ceux qui partirent périrent, dit-on, au cours du périple qui dura un an. — La ''Longue Marche'' commencée en octobre 1934 atteignit son but le 20 juin 1935.

Les hommes que je rencontrai au Chansi et au Chensi s'étaient reposés depuis leur arrivée, l'année précédente, rééquipés, proprement vêtus ils faisaient une impression favorable. La discipline était stricte parmi eux, brigandage et même menues extorsions chez les boutiquiers ou les autres habitants civils étaient sévèrement punis. Il paraissait à leur comportement que des relations fraternelles existaient entre les officiers et les soldats. Manifestement les épreuves de la ''Longue Marche'' avaient ancré en eux une foi robuste. Tiendra-t-elle longtemps contre l'assaut des désillusions qui accompagnent toujours la matérialisation des buts rêvés ?

*

Contraste surprenant, au sud et limitrophe à cette région de la Chine que les sables continuent à envahir, s'étend un vaste territoire couvert de hautes herbes et parsemé de lacs. De cette partie septentrionale du Tibet, les Chinois ont fait leur province de *Chinghai*, c'est-à-dire de ''la mer verte''. Pour les Tibétains, c'est le *Tsonyeunpo* et pour les Mongols : le *Koukou nor*. Ces trois appellations s'appliquent, en fait, non à un territoire, mais à un immense lac dénommé le Lac Bleu (en tibétain : *Tso nyeunpo* ; en Mongol : *Koukou nor*). Les Chinois y voient une ''mer verte'' et toute la région environnante a pris son nom.

Dans ce pays de mystère qu'est le Tibet, c'est au Chinghai que la sensation d'être enveloppé de mystère se ressent le plus fortement. Le nouveau venu ne peut guère s'y défendre d'un sentiment de stupeur en face de l'extraordinaire *vide* du pays.

Vide y est la terre où ne se rencontrent que très peu d'animaux sauvages, et vide, aussi, y est le ciel, sauf en certaines saisons où des oiseaux migrateurs mettent de l'animation au bord de quelques lacs. Par contre, les lacs et les rivières abondent en poissons, mais les Tibétains n'en mangent pas. Ils donnent pour raison de leur dégoût que l'on jette des morts dans les rivières et que les poissons se nourrissent de leur chair.

La population de ces hautes terres dont l'altitude varie entre trois mille et quatre mille cinq cents mètres d'altitude, est très peu nombreuse ; elle consiste uniquement en pasteurs (en tibétain *dokpas* = gens des solitudes) vivant sous la tente parmi leurs troupeaux de moutons, de chevaux et surtout de *yaks*. Le *yak*, indigène, dans la région, est un bœuf à longues cornes et à longs poils qui grogne au lieu de meugler. Depuis des siècles il a été domestiqué et n'existe plus qu'en très petit nombre à l'état sauvage. Le *yak* est l'animal le plus utile aux Tibétains, il sert de bête de somme pour les transports, et de monture, son poil est tissé, sa chair est mangée, le lait des femelles donne du beurre et du fromage et la bouse du *yak* est presque l'unique combustible dont dispose la majorité des Tibétains.

La plupart des auteurs qui ont mentionné les pasteurs du Koukou nor les ont appelés des nomades. Cette qualification est incorrecte. Si l'on s'en rapporte à la définition donnée par les dictionnaires, le nomade est un individu qui n'a pas de domicile fixe. Tel n'est pas le cas des *dokpas* tibétains. Ceux-ci sont établis, par tribus, sur des espaces parfaitement délimités des alpages qu'ils occupent depuis très longtemps. Leur prétendu nomadisme est simplement une transhumance : ils ont des camps d'hiver et des camps d'été et se transportent des uns aux autres suivant le besoin qu'ont les troupeaux d'être abrités dans les vallées pendant la saison froide et d'aller paître dans les hautes herbes lorsque la chaleur est venue. Il n'existe pas de vrai nomadisme au Tibet. Le sentiment de la propriété du sol est très puissant chez les pasteurs du Koukou nor et j'y ai été témoin de luttes violentes à l'occasion de troupeaux que leur propriétaire avait laissés paître sur des terres qui n'appartenaient pas à sa tribu.

La notion de la propriété du pâturage est très ancienne au Tibet, nous la voyons figurer dans l'épopée nationale du Guésar de Ling où le héros se voit réclamer ''le prix de l'herbe et de l'eau'' par un chef sur le territoire de qui il avait fait camper ses troupes.

\*

La température du Tibet septentrional est froide en hiver, mais sans être excessive et ne descend jamais aussi bas que celle qu'on subit en Mongolie.

On est très mal renseigné concernant le climat du Tibet. Je lisais l'autre jour que "l'Ouest du Tibet consiste en un immense plateau grand comme la France et l'Espagne réunies où la température est presque constamment inférieure à zéro degré". Rien de semblable n'existe au Tibet. On y compte des nuits de gel sévère, mais à part les sommets des très hautes chaînes de montagnes qui, naturellement, ne sont pas habités, le thermomètre ne descend jamais aussi bas qu'il le fait en Mongolie. Les journées sont, d'ailleurs, presque toujours ensoleillées et le grand soleil de l'Asie Centrale entretient une température agréable, même chaude, en été. On ignore généralement qu'il existe un Tibet chaud où le gel est inconnu, où poussent des grenadiers et du maïs, un Tibet de grande végétation dans les forêts duquel j'ai trouvé des orchidées en fleur au mois de Janvier.

On se méprend généralement, aussi, sur l'aspect du sol au Tibet. On a tant parlé du plateau aride du Tibet que beaucoup en sont venus à se représenter le pays comme une immense étendue uniformément plate et désertique. C'est une erreur. Il n'y a pas d'endroits complètement arides au Tibet et les "plateaux" coupés par des chaînes montagneuses sont, en bien des cas, plutôt d'immenses vallées.

Un point sur lequel on s'est fortement mépris jusqu'à présent c'est le caractère des Tibétains. Certains les ont tenus pour de grossiers barbares dénués de toute civilisation, tandis que d'autres ont peuplé le Tibet de mystiques et d'anachorètes magiciens.

Tout cela est faux. Les Tibétains sont en grande majorité des gens intelligents, très aptes à s'instruire, doués d'une bonne dose de sens pratique, âpres au gain et chez qui l'esprit mercantile domine.

Un peuple de marchands, voilà ce qu'est, en réalité, le peuple tibétain. Tout le monde trafique au Tibet ou tente de trafiquer. Aux professionnels du négoce s'ajoute le grand nombre de ceux qui, dans les hautes sphères sociales ou le haut clergé, commanditent des agents privés, ou des firmes commerciales qui trafiquent pour leur compte. Le dernier des mendiants trouvera toujours quelques hardes, quelques chiffons ou de vieux os qu'il essaiera de troquer, avantageusement, contre d'autres guenilles qu'il ira colporter ailleurs.

Cette activité particulière des Tibétains est propre à les rapprocher des Chinois, rentrés en maîtres dans le pays, si, toutefois, ces derniers ne leur imposent pas des impôts trop lourds. Ils leur seront reconnaissants pour l'ouverture de communications faciles avec la Chine et l'Inde où ils trouveront de nouveaux marchés. Ils pourront, surtout, leur être reconnaissants d'avoir, en très grande partie, assuré la sécurité dans les régions reculées du Tibet où sévissait le brigandage.

*

Chez les Tibétains à l'humeur aventureuse et belliqueuse, le brigandage a, jusqu'à nos jours, représenté une vocation noble, exercée, selon l'expression tibétaine par "les braves au cœur puissant".

Parmi les indigènes du Koukou nor, la tribu des Gologs s'est acquis un renom spécial pour ses exploits allant jusqu'à piller la caravane commerciale du Dalaï Lama. Le général musulman Ma organisa, il y a quelques années, une véritable expédition punitive contre eux. Celle-ci rappela, sur une échelle réduite, celles de Genghis Khan. Les soldats massacrèrent sans distinction tous ceux qu'ils aperçurent ; hommes, femmes, enfants et jusqu'aux chiens, me dit un de ceux qui avaient participé à l'expédition, puis les tentes des camps furent brûlées et le bétail emmené comme butin.

Les Kampas du Tibet oriental cèdent aussi volontiers à la tentation de se livrer au brigandage. Ces Kampas constituent une race particulière parmi la population du Tibet. On les dit être les ancêtres des Indiens de l'Amérique où certaines de leurs tribus seraient passées à l'époque où l'Amérique touchait encore à l'Asie, la cassure formant le détroit de Béring ne s'étant pas encore ouverte. En fait, ces Kampas ressemblent étonnamment aux Indiens peaux-rouges.

Mais, éclipsant Gologs et Kampas, les Popas des régions forestières du sud-est occupent une place éminente dans le monde des brigands. Ils organisent, de temps en temps, de véritables expéditions comprenant de nombreux cavaliers, pour opérer des razzias sur les territoires voisins, celles-ci donnant lieu à des combats sanglants.

Tandis que je traversais le pays de Po, au cours de mon voyage pédestre vers Lhassa, j'ai entendu maints récits, concernant ces batailles, qui m'étaient faits par des témoins oculaires, les uns victimes des pillards, les autres qui s'enorgueillissaient de leurs exploits accomplis parmi " les braves au cœur puissant". Ils avaient grand air, ma foi, ces paladins !

Avec moins de panache, le brigandage sévissait de même en Chine. J'y ai vu pas mal de grappes de têtes coupées suspendues aux arbres et aux portes des villes et, un matin, j'ai eu la surprise d'en trouver deux accrochées à l'entrée de l'auberge où j'avais passé la nuit. Ces menus incidents ne changeaient rien au cours des choses. Les soldats chinois de l'ancien régime, cultivaient en ce qui concerne les principes moraux régissant la caste guerrière, des idées analogues à celles des malandrins du Tibet. De pareils individus pouvaient bien donner la chasse aux brigands et les exécuter mais c'était pour se substituer à eux. Paysans et citadins n'échappaient aux uns que pour tomber dans les griffes des autres. J'ai vu tout cela de près.

Il n'y a pas que des marchands et des brigands au Tibet, il y a comme en tout pays des agriculteurs, des artisans et des fonctionnaires, il y a aussi les Lamas sur le compte de qui tant de fables ont été répandues. Voici la sobre vérité.

\*

Il existe au Tibet une intelligentsia composée de différentes sortes d'individus. Les plus nombreux sont des érudits du genre de ceux de notre Moyen Age, leur savoir purement livresque et limité à la philosophie, est souvent considérable. Certains d'entre eux ont emmagasiné dans leur mémoire le contenu de centaines de gros volumes. Plus rares sont ceux qui prennent intérêt à la discussion des anciennes doctrines et qui en élaborent de nouvelles, fruits de leurs propres investigations, de leurs propres réflexions. Parmi ces derniers sont des intelligences de premier ordre, mais on ne les rencontre qu'exceptionnellement dans les monastères. En général, ils s'isolent, soit en des demeures qui peuvent être très confortables ou très simples, situées dans des endroits écartés, soit en adoptant la vie d'anachorète contemplatif et s'établissant dans une hutte ou dans une caverne sur les hautes montagnes solitaires. De patientes recherches effectuées dans leur direction, si l'enquêteur possède déjà une connaissance suffisante de la pensée tibétaine, pourront lui faire découvrir quelques vrais sages ou, même, l'un ou l'autre de ces hommes qui, de longue date, en Asie se sont efforcés d'acquérir la maîtrise de forces naturelles secrètes.

Quant à la masse très nombreuse du bas clergé lamaïque, elle se compose de braves gens d'un niveau intellectuel peu élevé, ni meilleurs, ni pire que leurs compatriotes laïques et que rien ne différencie d'eux si ce n'est l'habit.

*

Les monastères tibétains ressemblent, selon leur importance, à de petits villages ou à des villes et comprennent des avenues et des rues le long desquelles s'alignent des édifices, des palais et de modestes maisons. Un grand monastère tel que celui de Dépung, près de Lhassa, abrite parfois, plus de dix mille moines.

Chaque moine a son domicile particulier consistant, suivant le rang hiérarchique du moine ou ses revenus personnels, en un palais, une grande et confortable habitation avec dépendances, une simple maisonnette, un appartement ou une unique chambre dans la demeure d'un collègue riche.

Le moine tibétain ne fait pas vœu de pauvreté. Il n'attend pas non plus que la profession religieuse assure sa subsistance comme c'est le cas pour les moines (bhikkhous) des pays bouddhistes du sud asiatique : Ceylan, Birmanie, etc. Faute d'être entretenu par sa famille ou de posséder des biens à titre personnel, il doit trouver un emploi ou exercer un métier dans le cadre du monastère. Cet emploi, ou ce métier diffère d'après les capacités intellectuelles ou l'habileté artisanale du moine. Un lettré pourra être professeur de grammaire ou de rituel, être employé comme commis aux écritures, comptable, etc. dans les bureaux de l'administration temporelle du monastère, s'il s'agit d'un monastère important, grand propriétaire terrien. Certains rempliront la fonction, très lucrative, d'intendant d'un Grand Lama. D'autres qui ont une belle écriture copieront des textes sur commandes faites par des lamas ou des laïques lettrés désireux d'inclure ceux-ci dans leur bibliothèque. Des artistes peignent des tableaux représentant des sujets religieux ou décorent les murs des temples et des palais des dignitaires lamaïques.

Les artisans sont tailleurs, cordonniers, menuisiers. Au plus bas degré de la hiérarchie sociale des lamaseries l'on trouve la domesticité : cuisiniers, valets de chambre, palefreniers au service des moines riches. Enfin, les très grands monastères comme Séra, Gahdén, Tashi lhumpo et d'autres entretiennent un corps de police ; les moines qui le composent : les *dob-dob* sont des athlètes généralement vauriens, brutaux et batailleurs.

Il n'est point défendu au moine lamaïste de faire du commerce. Le commerce qui tient le premier rang dans les préoccupations de la majorité des Tibétains, ne manque donc pas d'avoir sa place dans les *gompas* ; tous ceux de leurs hôtes qui possèdent quelques fonds, trafiquent, soit directement, soit en commanditant des marchands professionnels. Au cours de mes voyages, c'est très souvent dans les monastères que je trouvais à m'approvisionner.

Le moine lamaïste qui ne fait pas vœu de pauvreté ne fait pas non plus, vœu d'obéissance. Nul n'a le droit de s'ingérer dans sa vie privée ou de lui demander compte de ses croyances, il lui est loisible de n'en avoir aucune. S'il se place sous l'autorité d'un guide spirituel, dont il suit aveuglément les directives, il le fait de son plein gré et reste toujours libre de le quitter, comme il est toujours libre, aussi, de quitter le monastère et de rentrer dans la vie laïque.

Néanmoins, tant qu'ils demeurent membres du clergé les moines lamaïstes sont tenus au célibat, à l'abstention de boissons alcooliques et de toutes drogues intoxicantes s'ils appartiennent à la secte des Gelugs pas — plus familièrement appelée, celle des "bonnets jaunes" à cause de la couleur de leur coiffure. Le mariage et l'usage de boissons fortes sont permis aux membres des sectes non réformées, les "bonnets rouges", sauf à ceux d'entre eux qui ont reçu l'ordination majeure de *gelong*.

Les règles imposées aux hôtes des monastères ne se rapportent qu'à leur comportement extérieur. Ils doivent être rentrés dans l'enceinte du monastère avant le coucher du soleil. Ils doivent dès que le signal du couvre-feu a été donné, éteindre toute lumière qui peut être aperçue du dehors, s'abstenir de recevoir la visite d'autres moines et de sortir de leur domicile. Eviter de faire du bruit.

Ajoutons pour clore cette brève description du clergé tibétain que les simples moines sont appelés *trapas* c'est-à-dire "écoliers". Seuls ont droit au titre de lama "excellence" les dignitaires ecclésiastiques et les membres de la noblesse religieuse, les *tulkous*, qui sont supposés se succéder par lignées de réincarnations.

*

# Statues sacrées en Inde

J'ai dit plus haut, qu'il est difficile à un Occidental non spécialiste des doctrines religieuses et philosophiques indiennes, de saisir la pensée qui se cache sous les manifestations extérieures de la vie des Indiens, qui s'offrent à ses regards. Je donnerai encore un exemple à ce sujet. Il a trait à ce que l'on dénomme communément l'idolâtrie.

Bien que les étrangers ne soient pas admis dans les temples hindous, ils voient, en dehors de ceux-ci, assez de statues et de tableaux de déités aux formes fantastiques : bras ou têtes multiples, tête d'éléphant sur un corps humain, etc. pour conclure hâtivement que le panthéon vers lequel montent les prières des dévots hindous est peuplé d'êtres bizarres d'un aspect peu sympathique.

Cette conclusion est-elle correcte ? — On pourra en juger en lisant ce qui suit :

D'abord une anecdote nous conduira au vif de la question.

Je suis à Bénarès ; un de mes amis indiens qui va s'absenter vient me voir ; il porte un petit paquet, quelque chose enveloppé dans un morceau de soie.

"C'est Krishna" me dit-il, "mon *ishta* [1]. Il ne m'est pas possible

1. L'*ishta dévata* de quelqu'un est sa déité tutélaire.

de l'emporter en voyage et je ne connais personne à qui j'aimerais le confier pendant mon absence. J'ai confiance en vous, votre logis est pur, voulez-vous nourrir Krishna jusqu'à mon retour ?''

Nourrir Krishna ? Il ne s'agissait certainement pas de substanter le héros déifié, incarnation de Vishnou que révèrent les Vaishnavas. Il s'agissait de nourrir la statuette qui allait m'être donnée en garde.

Nourrir une statue ! — Pure folie ; grossière idolâtrie ! — Non pas. On va le voir.

Les images des dieux sortant des mains du sculpteur ne sont que de vulgaires morceaux de bois, de métal ou de pierre. Pour que ceux-ci puissent être placés dans un temple ou sur un autel familial et être reconnus dignes de recevoir des marques de respect, il faut qu'ils aient été *animés*, que de la vie leur ait été communiquée.

Ceci est fait par le rite dit *prâna pratishtâ*, c'est-à-dire transmission du ''souffle'' considéré comme essence de la vie.

Le rite peut être célébré de façon pompeuse par une assemblée de fidèles, sous la conduite d'un brahmine officiant, ou bien il peut l'être en privé par une forte concentration de pensée d'un dévot.

Lorsque le rite est célébré en public l'officiant et les assistants, par une violente tension de leur volonté, sont censés transférer à l'image du dieu une part de l'énergie — de l'essence vitale — qui réside en eux-mêmes... C'est le faisceau de leurs forces vitales, personnelles, qui s'incorpore dans l'image et, dorénavant, celle-ci sera *vivante* et pourra être traitée comme telle.

La vie qui lui est communiquée de cette manière pourra être de plus ou moins longue durée ; mais dans tous les cas, devra être entretenue. Elle le sera par le culte, par les offrandes qui lui sont présentées. Et ce ne seront pas les mets ou les fruits déposés sur ses autels, l'encens qu'on y brûlera qui constitueront sa nourriture. Ce seront les prières, les pensées des fidèles allant vers elle, l'énergie subtile engendrée par leur foi. Faute de ces apports, l'image-dieu perdrait de son pouvoir, de sa vitalité et finirait par redevenir un bloc de matière inerte.

Les philosophes vont plus loin. Les dieux, créations de notre pensée, ne vivent que par la continuation des pensées que leurs fidèles tournent vers eux. Le dieu à qui nul ne penserait plus mourrait. Cela est advenu à maints dieux qui, dans les âges passés, ont été *vivants* c'est-à-dire actifs par les effets mentaux conduisant à des réalisations matérielles qu'ils ont produits parmi les croyants.

Ces ''dessous'' de l'idolâtrie hindoue sont assez peu connus et il valait la peine de les indiquer au moins sommairement.

*

Les Tibétains professent des idées analogues qu'ils ont sans doute empruntées à l'Inde par l'entremise du Népal. Le rite du *prâna patishtâ* est appelé chez eux *rabnés* (rab gnas) c'est-à-dire "parfaitement habité". La projection d'une énergie qui "habitera" dans l'objet destiné à recevoir un culte est souvent accompagnée de l'insertion dans celui-ci de pages des Ecritures sacrées ou de formules magiques, qui constituent selon l'expression tibétaine : "sa vie". Si l'on retire "la vie" (pages imprimées, etc.) de la statue, celle-ci, étant morte, perd tout caractère vénérable, et elle peut être vendue pour sa seule valeur matérielle ou artistique

Il résulte de ces faits que l'idole ne sert que de support propre à amener une concentration de pensée chez ceux qui la vénèrent. D'autre part, elle agit à la façon d'un accumulateur emmagasinant une énergie émanant des fidèles eux-mêmes et qui la leur restituera sous diverses formes lorsque, par la foi et le culte, ils entreront en contact avec l'idole. Il n'est du reste pas nécessaire que celle-ci ait une forme humaine ou animale, une simple pierre, un morceau de bois peuvent produire les mêmes effets et nombreux sont, dans l'Inde, les sanctuaires dont la chambre secrète, "le saint des saints", ne contient qu'une pierre ; parfois même ce lieu sacré est vide.

Les initiés aux doctrines ésotériques font usage, en place d'idoles, de figures géométriques — les *yantras*.

Mais ces subtilités n'ont cours que parmi les élites hindoues ; la masse du peuple s'en tient à l'anthropomorphisme dans ses conceptions religieuses, l'idole étant pour elle non pas une représentation de la véritable forme du dieu, mais une des formes sous lesquelles il apparaît ou une forme symbolique des différents genres d'activité qu'on lui attribue.

\*

Pour la foule des dieux aux formes étranges de leur vaste panthéon, les Indiens ont bâti des demeures immenses, strictement closes aux profanes, tout entières enveloppées dans une atmosphère de mystère et de troublante appréhension.

Les grands temples du sud de l'Inde sont, il faut le noter, l'expression architecturale de la pensée de populations dravidiennes, nous n'en retrouvons point l'équivalent dans les régions du nord. Le temple n'est point un monument unique mais un nombre plus ou moins grand de bâtiments de diverses dimensions dispersés parmi des cours, des jardins et des lacs artificiels dans une énorme enceinte. En plus de l'habitation particulière du dieu à qui le temple est dédié, un autre bâtiment est, généralement, réservé à son épouse et d'autres encore à des déités amies ou subalternes. Les bonnes gens imaginent que, durant la nuit, ces personnages s'animent, circulent de par les corridors, les cours et les jardins s'entre-rendant visite.

De tous ces contes l'on rit volontiers, à l'air libre, au grand soleil, mais dans les temples enténébrés où flotte l'odeur pénétrante des encens, ils s'imprègnent aisément d'un caractère hallucinant

Il me serait plus difficile de renouveler aujourd'hui, les nombreuses visites que j'ai effectuées en fraude aux dieux de l'Inde. Autrefois, les femmes retenues strictement prisonnières dans leurs appartements ne visitaient les temples qu'accompagnées par leur mari ou par un parent mâle. Elles ramenaient alors leur sari sur leur visage, ne l'entrebâillant que devant un de leurs yeux, juste assez pour permettre de voir. Il suffisait de compter parmi ses amis un brahmine ou un kshatriya complaisant et sans scrupules confessionnels pour être introduite par lui parmi les fidèles. Or, j'ai compté beaucoup d'amis parmi les uns et les autres.

Qu'adviendra-t-il des grands temples de Tanjore, de Trichinopoli, de Chidambaram et autres ? Je songe à celui de Marduk le grand dieu de Babylone, à ceux des dieux de l'Egypte, à ceux qu'élevèrent peut-être à d'autres dieux les habitants de territoires disparus sous la mer.

Actuellement dans toutes les villes de l'Inde, on construit des bâtiments de style américain. Le secrétariat du Gouvernement du Bengale de l'Ouest, à Calcutta vient de s'installer dans un édifice à 13 étages, d'une hauteur d'environ 55 mètres. Sa façade plate percée de nombreuses rangées de fenêtres éclairant de nombreuses rangées de bureaux, reflète l'activité de notre génération agitée. Ce " building " dont Calcutta s'enorgueillit n'est pas encore un " gratte-ciel " mais on nous promet mieux à courte échéance.

Loin des pensées de ces bâtiments modernes est, sans doute, la leçon que leurs devanciers ont inscrite en sculpture sur les majestueux *gopourams* [1] qui se dressent autour des temples du sud. En symboles y est dépeint l'éternel drame du monde : apparition et disparition, toute naissance vouée à la mort et la mort n'étant que le prélude d'un nouvel effort vers la vie...

Des siècles viendront où les *gopourams* des temples délaissés s'effriteront dans la poussière où les édifices à 13 ou à 25 étages, moins solides qu'eux, les auront peut-être précédés. Ainsi s'offriront de nouveaux champs d'investigation aux archéologues de l'avenir, contemporains de futurs bâtisseurs.

---

1 Les *gopourams* sont de massives et très hautes tours triangulaires.

# Népal des Dieux
# et des hommes

Si un bon nombre d'Occidentaux inclinent à considérer l'Inde comme la terre élue des prodiges et des rêves mystiques, l'Inde, elle, tourne ses aspirations religieuses vers les Himâlayas où elle place la demeure de ses Dieux et de ses Sages qu'elle tient pour supérieurs aux Dieux.

Au pied de la chaîne himâlayenne, au sud de celle-ci, trois Etats se blottissent. Tous trois sont en communication directe avec l'Inde tandis que leur frontière septentrionale confine au Tibet. Ce sont : le Népal Etat indépendant, le Bhoutan et le minuscule Sikkim ; ces deux derniers, autrefois des Protectorats britanniques, sont devenus, depuis 1947, des Protectorats indiens.

Le Népal a une très longue histoire qui, à mesure qu'elle remonte dans le passé, s'enfonce dans la mythologie.

Les chroniques népalaises débutent au premier âge du monde, celui que les Indiens dénomment Satya youga [1].

---

1. Les Indiens distinguent quatre *yougas* ou âges du monde. Tous les quatre se rapportent à *notre* monde qui n'est qu'un de ceux qui existent. Les *yougas* sont : le *Satya* d'une durée de 1.728.000 ans ; le *Tréta,* durée de 1.296.000 ans ; le *Dwâpar,* durée de 834.000 ans. Le *Kali youga* actuellement en cours doit durer 430.000 ans.

Au temps des *Satya youga* la vallée centrale du Népal était un lac habité par un serpent. — Il faut entendre un demi-dieu serpent : un *nâga*. — Vint un Bouddha [1] qui séjourna sur une montagne voisine et sema une graine de lotus dans le lac. De longues périodes de temps s'écoulèrent, la graine germa et elle donna naissance à un lotus dont la fleur, en s'ouvrant, laissa échapper un rayon de lumière. Ce rayon lumineux était *Swayambu* : l'énergie primordiale ou le "Premier Seigneur" autogène (dans le sens de *Vairocana*, la déité qui illumine).

De longues périodes de temps s'écoulèrent encore, d'autres Bouddhas passèrent dans le pays et l'un d'eux tailla une brèche dans les montagnes pour faire écouler l'eau du lac. Cet exploit est aussi attribué à Manjoushri, aujourd'hui divinisé mais qui pourrait avoir eu une existence historique. En réalité, la brèche est celle par où la rivière Bagmati sort du pays montagneux et descend dans les plaines.

Les légendes continuent à narrer des prodiges, accumulant les visites des déités et les descriptions de leurs hauts faits. A l'approche du présent âge du monde, un prince devenu anachorète considéra que le temps approchait où les hommes deviendraient complètement mauvais et indignes de contempler la flamme de Swayambou. Il plaça un quartier de roche sur elle et, sur ce rocher, on construisit un monument, en forme de stûpa. Ce monument se voit dans les environs de Katmandou, la capitale du Népal. Tandis que je me trouvais là, un Népalais instruit qui m'accompagnait, me dit que la tradition fabuleuse concernant la flamme de Swayambou, est due à des couches de naphte qui existent en plusieurs endroits du pays où elles s'enflamment et produisent des phénomènes à l'aide desquels la superstition du peuple est exploitée.

D'autres histoires ont trait à une "pierre philosophale" qui, près d'être dérobée, s'envola et ne put jamais être retrouvée bien que, par sa vertu, les galets d'une rivière se fussent transformés en or.

Tous ces événements s'échelonnent sur des périodes dites avoir été de nombreux milliers d'années.

*

Qui furent les autochtones du Népal ? — Faute de recherches poursuivies par des savants spécialistes, il est difficile de le savoir. L'on peut croire que les premiers occupants — autochtones ou immigrants — des montagnes du Népal furent les Kiratis connus par les Indiens depuis une haute antiquité et plus ou moins apparentés aux Limbous ; l'on signale aussi des Lepchas dont les descendants passent, aussi, pour être les premiers occupants du Sikkim.

---

1. Non pas le Bouddha historique, Siddhartha Gautama, mais un des Bouddhas mystiques qui sont dits l'avoir précédé en d'autres âges du monde que le nôtre.

Les chroniques fantastiques du Népal déclarent que les Kiratis, considérés comme des immigrants, arrivèrent au Népal l'an 15000 du troisième âge du monde et que les dieux n'y vinrent qu'après eux. Comme les dieux que les chroniqueurs ont en vue sont ceux de l'Inde, ils nous donnent à entendre que les Kiratis ne connaissaient pas les déités hindoues et, par conséquent, qu'ils appartenaient à une civilisation sans rapport avec celle de l'Inde.

Le premier roi du Népal est dit avoir été un bouvier. Ses successeurs, dont une liste nous est donnée, furent également des pasteurs. Alors, l'un d'eux étant mort sans enfants, un homme venu des plaines (un Indien ?) devint chef du pays. Il régna pendant peu de temps et sa dynastie fut de courte durée, après quoi les Kiratis reprirent le pouvoir.

Nous sommes mal renseignés concernant l'étendue de territoire sur lequel s'étendait l'autorité des chefs kiratis, bien que les chroniques nous donnent des listes de leurs dynasties. Ces chroniques rapportent que sous le règne d'un de ces chefs nommé Sthunko, le grand souverain indien Asoka visita le pays. Cet événement se placerait en 249 avant J.C.

Les Kiratis nous est-il encore dit, habitaient des demeures construites très haut dans les montagnes, en des endroits presque inaccessibles, parmi d'épaisses forêts.

Vint une invasion, celle d'une tribu dénommée Somabansi supposée dite être d'origine rajpout. Les Kiratis furent vaincus et s'enfuirent à travers les montagnes.

Le chef des Somabansis se construisit, alors, un palais au pied des montagnes.

Cependant, les Kiratis, Limbous et Lepchas n'étaient pas les seuls habitants du Népal, on y trouvait des Newares. Ceux-ci, tenus pour être des immigrants, étaient néanmoins établis dans le pays depuis une époque indéfinie, mais très ancienne. Les Newares sont de race mongole, leur physionomie le dénote clairement et ils sont conscients de leur origine. ''Nous appartenons à la même famille que les Chinois'', disent couramment les Newares contemporains.

On peut se demander si cette communauté de race n'est pas susceptible de conséquences politiques maintenant que la Chine, réinstallée au Tibet, est devenue la voisine immédiate du Népal où les Newares constituent la majorité de la population.

Les Newares ont créé au Népal une civilisation dont il nous est loisible d'apprécier la haute valeur artistique en visitant les anciennes capitales des petits royaumes newares : Patan, fondée par le roi Bir Deva vers 200 de notre ère et Bhâtgâon fondée par le roi Ananda Malla en 865 de notre ère dans la vallée centrale du Népal ; celle qui était, jadis, occupée par un lac.

Dans cette vallée a été concentrée, de tous temps, la vie active politique et religieuse du pays. La capitale actuelle du Népal : Katmandou, y est aussi située, elle fut fondée par le roi Gunakâmadéva en 723 après J.C..

L'architecture des villes newares diffère complètement de tout ce que nous voyons dans l'Inde. Le bois sculpté, auquel s'ajoutent souvent des ornements en métal doré, figure pour une large part dans toutes les façades, celles des palais, des temples et des demeures des simples particuliers. Une originalité marquante consiste en des statues de déités, de souverains célèbres ou même, d'animaux à signification symbolique siégeant au faîte de hautes colonnes isolées.

A Katmandou, des palais et d'autres bâtiments de style occidental ont été construits depuis une cinquantaine d'années.

*

Les temples sont nombreux au Népal. Le plus remarquable d'entre eux tant par la superficie qu'occupent ses divers édifices que par les souvenirs historiques et par les légendes qui s'y rattachent est dédié à Shiva sous son nom de Pashou [1] pati (Seigneur des animaux).

Pashoupati nath est un lieu de pèlerinage et la rivière Bagmati qui le traverse est considérée comme presque aussi sacrée que le Gange. Comme au Gange, des mourants sont transportés sur son bord afin d'expirer le corps à moitié plongé dans son eau ce qui assure leur renaissance dans un Paradis.

Une partie reculée de l'espace dépendant du temple est occupée par un petit bois où des ascètes s'établissent souvent pour s'y adonner à la méditation. Ce bosquet est dit être hanté par des Bhairavas, des demi-dieux, compagnons et serviteurs de Shiva, dont un des noms est Bhairava (celui qui cause l'effroi). L'opinion populaire attribue à ces Bhairavas un caractère démoniaque et féroce.

Or, pendant l'une de mes visites à Pashoupati, j'y trouvai les fidèles en grande agitation. Un vieil ermite très vénéré qui vivait depuis longtemps dans le petit bois avait disparu sans laisser de trace. Le bruit courait qu'un fauve ou un Bhairava l'avait enlevé pour le dévorer. Cependant, cette opinion était combattue par la croyance que les *sannyâsins* (ceux qui ont rejeté tout attachement y compris le désir de la béatitude dans le monde des dieux) sont respectés par les bêtes fauves et par les démons.

J'écoutais avec intérêt s'affronter les partisans des diverses opinions contradictoires lorsqu'un des assistants à la discussion proposa une explication agréable à tous : Un des Bhairavas, serviteur de Shiva, avait en effet saisi l'ermite, mais pour le transporter au mont Kailas (Tibet) le paradis de Shiva, où sa sainteté lui avait valu d'être appelé.

---

1. Dans la phraséologie des sectes tantriques, le terme ''pashou'' s'applique à un individu non initié aux hautes doctrines ésotériques de ces sectes.

Ainsi naissent les légendes.

\*

Au nombre des personnalités éminentes qui sont dites avoir visité le Népal il faut citer le célèbre philosophe indien Sankarâcharya, fondateur de l'Ecole du Vedanta-Advaita, celle à laquelle adhèrent la plupart des intellectuels de l'Inde.

Selon son habitude Sankara provoqua des discussions publiques avec les érudits du pays : ceux-ci étaient bouddhistes.

Voici l'histoire fantaisiste que les chroniques népalaises relatent à ce propos.

*Les adversaires de Sankara avaient propitié la déesse de l'éloquence : Saraswati, afin d'obtenir son assistance. Répondant à leurs prières, celle-ci avait incorporé dans une jarre pleine d'eau, un charme qui communiquerait aux orateurs bouddhistes, le savoir et l'éloquence nécessaires pour tenir victorieusement tête au redoutable controversiste qu'était Sankara. Déjà ce dernier sentait venir sa défaite lorsqu'il découvrit le stratagème. Il courut au temple de Sarasvati, situé à proximité du lieu de la réunion et en expulsa la déesse.*

Devons-nous comprendre qu'il enleva du temple la statue de Sarasvati ou s'agit-il d'autre chose ?... Le texte ne s'explique pas plus clairement.

Le charme n'opérant plus, les Bouddhistes furent vaincus dans la discussion.

Toute fantaisie à part, une discussion de ce genre eut vraiment lieu. A l'issue de celle-ci, certains des controversistes bouddhistes qui avaient été battus s'enfuirent, d'autres furent tués sur place. Ensuite, un nombre de ceux qui refusaient de s'avouer vaincus furent exécutés. Beaucoup se résignèrent, par crainte du supplice, à déclarer Sankara vainqueur tout en gardant la conviction intime de la supériorité de la doctrine bouddhiste.

Cette manière de traiter ses adversaires philosophiques peut donner une idée de la douceur des mœurs des anciens Népalais. Les manifestations d'intolérance ne leur sont d'ailleurs pas absolument particulières, il en est d'elles comme des épisodes sanglants dont leur histoire est émaillée ; on retrouve l'équivalent en tous pays.

En 1846, les Gourkas envahisseurs célébrèrent leur victoire sur les Newares selon les plus authentiques traditions barbares.

Les principaux chefs de la noblesse et les notables newares furent convoqués au palais royal de Katmandou sous prétexte de tenir un Conseil et s'y rendirent sans armes. Tous furent massacrés par les soldats gourkas ; leurs cadavres empilés remplirent la grande cour du palais. Cet événement marque la fin du règne des dynasties newares et la prise du pouvoir par les Gourkas.

Pour célébrer cette victoire, le vainqueur : Prithvi Nârâyan est dit avoir sacrifié un homme à sa déesse tutélaire Taléjou. La religion du Népal ne recommande pas les sacrifices humains mais il ne paraît pas qu'elle les ait jamais prohibés de façon expresse car, s'ils ont peut-être été rares, les chroniques en signalent pourtant un certain nombre, dont celui qui, annuellement, était offert à la déesse Bacchla au cours d'une fête instituée en son honneur par le roi Shiva déva.

*

Des légendes macabres concernant des déités carnivores et buveuses de sang contribuent à envelopper d'une atmosphère lugubre et brutale la religion populaire du pays : un mélange d'Hindouisme et de Bouddhisme dégénéré, fortement imprégné de bas tantrisme. Un exemple pris entre beaucoup d'autres est celui de la découverte d'une statue de Bana Kâli entre les dents de laquelle se voyaient des lambeaux de chair. D'après la tradition, cette déesse avait dévoré toute une armée et les lambeaux de chair demeurés entre ses dents étaient les restes de ses victimes.

Quant aux sacrifices d'animaux, toujours courants dans l'Inde, comme ils l'ont été, autrefois, chez tous les peuples, ils sont pratiqués sur une grande échelle au Népal. Lors de la fête de Dourga (un des noms, comme celui de Kâli, de la déesse-énergie universelle : Shakti) des milliers de buffles sont sacrifiés à Katmandou, au cours d'une cérémonie présidée par le souverain, assisté du général en chef, des ministres et des hauts fonctionnaires.

*

L'origine de la domination des Gourkas sur le Népal est expliquée par eux comme suit :

Vers 1768 un prince indien : Hari Singh d'Ayodhya dans l'Oudh, fuyant les troupes musulmanes qui avaient envahi son pays se réfugia, avec ses partisans, dans les montagnes. Pressentant qu'il ne pourrait pas retourner dans l'Inde il s'établit dans les Himâlayas, se proposant d'y conquérir un Etat. S'avançant peu à peu dans le pays, les successeurs de Hari Singh parvinrent à chasser les chefs régnants des trois Etats de la Vallée népalaise… En 1846, après le massacre mentionné ci-dessus, le général Gourka vainqueur, Jung Bahadour devenu premier ministre, relégua le roi au rang de divinité inactive, enfermé dans son palais, traité avec des honneurs quasi-divins et dénué de tout pouvoir comme le furent jadis les Mikados au Japon. Cette situation se perpétua jusqu'à nos jours.

La révolution indienne, le départ des Anglais, la proclamation de l'indépendance de l'Inde constituée en République souveraine eurent pour répercussion au Népal une agitation de tendance démocratique. Le premier ministre — dictateur de la famille des Rana, héritier dynastique de Jung Bahadour fut renvoyé et l'autorité du roi, nominalement, rétablie. Mais les temps de l'absolutisme sont révolus au Népal, comme ailleurs. Il y existe, maintenant, un Congrès de parlementaires et des élections doivent y avoir lieu pour en choisir les membres.

Cependant, après une période de troubles, le roi réussit à reprendre le pouvoir absolu, mais ''le Gouvernement par la volonté d'un seul'' comme on dit, soulève de nouveau une forte vague de réprobation dans le pays et il faudra peut-être encore pas mal de temps avant que la stabilité politique y soit établie.

\*

Du point de vue de l'aspect physique, le Népal est un pays magnifique. Il offre, avec le massif de l'Everest et les nombreux pics himâiayens qui se dressent autour de lui, un spectacle prestigieux dont il est possible de jouir sans être alpiniste en suivant des sentiers de montagne relativement aisés à parcourir à pied ou même, sur maints trajets, à cheval.

C'est dans ce pays où foisonnent les histoires fantastiques que, successivement, plusieurs groupes d'Européens se sont mis à la recherche des individus mystérieux qu'un étranger résidant à Darjeeling vers 1921 a, on ne sait pourquoi, dénommés "abominables hommes des neiges".

Aucune raison particulière n'indiquait le Népal comme terrain d'investigation à ce sujet. Des histoires dont certaines semblent s'appuyer sur des faits réels concernant des "hommes sauvages", ont cours dans toute l'étendue des Himâlayas et non pas spécialement dans la région des neiges. Ces hommes sauvages : *Mi gueu*, sont aussi bien signalés dans les régions forestières et les basses vallées.

Voici un fait qui fut rapporté par une paysanne du Sikkim, le petit État limitrophe au Népal.

Elle avait été chargée de garder un troupeau de vaches que leur propriétaire envoyait passer l'été sur les montagnes couvertes de forêts. Son séjour dans la solitude devait durer plusieurs mois, elle était installée avec quelques provisions, dans une caverne.

Un jour, elle entendit un bruit semblable à celui qu'aurait pu faire un objet lourd tombant sur le rocher qui formait le toit de son abri et, immédiatement après, elle vit deux énormes pieds descendre et se balancer au-dessus d'elle, devant l'entrée de la caverne : c'étaient ceux de l'individu qui venait de s'asseoir sur le rocher.

L'un des pieds indiquait l'autre avec persistance tandis que l'être à qui il appartenait émettait des sons graves, qui n'étaient pas véritablement des grognements, mais plutôt une sorte de langage confus.

La femme mourait de peur tandis qu'elle regardait comme fascinée le mouvement des pieds débordant du rocher ; soudain elle vit une grosse écharde enfoncée dans celui que l'autre pied désignait obstinément.

Elle ne douta point que l'être pourvu de pieds aussi énormes ne fût un *migueu* et elle comprit qu'il désirait qu'elle retirât l'écharde de sa chair. Vraisemblablement la souffrance qu'il endurait l'avait poussé à se frotter le pied contre des pierres ou des troncs d'arbres, de sorte qu'au lieu de la faire sortir, il avait enfoncé l'écharde si profondément que ce qui en restait au-dehors n'offrait aucune prise pour l'extraire.

Tandis que la femme réfléchissait, son visiteur continuait à grommeler dans son langage, sa voix prenant des intonations de plus en plus menaçantes. Affolée la paysanne finit par se décider ; rassemblant tout son courage, elle prit un couteau et saisit le pied du monstre. Après avoir entaillé légèrement la peau elle arriva à pincer la longue écharde, l'arracha et se rejeta vivement au fond de la caverne.

Dans l'instant les pieds se retirèrent ; les pas lourds de l'individu en marche s'éloignèrent, écrasant les brindilles et les feuilles mortes qui jonchaient le sol, puis tout retomba de nouveau dans le silence.

Quelques jours plus tard, du haut du rocher, la carcasse d'un sanglier fut jetée devant l'entrée de la caverne et la femme entendit encore une fois les pas lourds d'un individu qui parcourait les bois. C'était le *migueu* qu'elle avait assisté qui témoignait ainsi sa reconnaissance.

On parla aussi d'*hommes sauvages* en maints autres endroits de l'Asie très éloignés du Népal. Voici un fait dont j'ai eu connaissance alors que j'habitais un ermitage situé sur une montagne appelée Pomosan près de Kanting, le chef-lieu de la province chinoise de Sikang au Tibet oriental.

Un jour, l'homme qui était chargé de m'apporter une ration hebdomadaire de provisions, m'annonça qu'un fonctionnaire chinois en tournée d'inspection dans la région, s'était arrêté à Kanting. Il ramenait avec lui deux *migueu* qu'il avait capturés dans les forêts qu'il venait de traverser. Le Chinois qui me parlait avait entrevu les captifs que l'on tenait enfermés de crainte qu'ils ne s'échappent. Il ne leur attribuait pas une taille gigantesque et précisait simplement qu'ils étaient grands, avaient une forte barbe et une longue chevelure. On lui avait dit qu'ils étaient nus quand ils avaient été saisis par les soldats de l'escorte du haut fonctionnaire, mais par décence, celui-ci les avait fait vêtir. Le Chinois, mon messager, ajoutait qu'il s'agissait bien d'hommes et non de singes, mais que ces hommes ne savaient pas parler. Je conclus de cette relation qu'il devait s'agir de Lhopas, aborigènes du Sud-Est du Tibet, ou d'autres individus encore plus primitifs qui, pour une raison quelconque, étaient remontés vers le Nord à travers les vastes forêts vierges. J'aurais vivement souhaité les voir, mais lorsque j'entendis parler d'eux ils avaient déjà quitté Kanting depuis plusieurs jours, emmenés par le fonctionnaire chinois.

*

Un épisode de l'épopée nationale des Tibétains se rapportant au pays de Ngari, contigu à la frontière septentrionale du Népal, concerne aussi des individus plus ou moins analogues aux "hommes sauvages" qui y vivraient encore actuellement. Mais ceci est pure mythologie.

Il est dit dans le poème que le héros : Guésar de Ling après avoir détruit, en les foudroyant, les troupes de deux frères, chefs du pays de Hor : Kour Kar et Kour Sér, laissa s'enfuir le troisième frère, Kour Nag, avec quelques hommes de son état-major. Ceux-ci se réfugièrent dans les montagnes à la frontière du Népal. S'étant établis dans ce pays "ils virent des filles qu'ils trouvèrent belles, et les prirent pour épouses." Leurs descendants se multiplièrent et vivent toujours, cachés dans les endroits les plus sauvages des montagnes. Ce sont des êtres gigantesques tels que "prenant un homme ordinaire dans leur main ils peuvent le rouler entre leurs doigts comme nous le faisons d'une puce."

Personnalités fantastiques, aventures insolites s'accommodent mal de notre civilisation affairée ennemie de la pénombre propice aux rêveries et aux visions hallucinatoires. Les plaines et les vallées que j'ai parcourues lentement, en palanquins ou à dos d'éléphant commencent à être sillonnées par des véhicules automobiles. Le Népal qui semble vouloir se rapprocher de la Chine pourrait bien aménager en voie carrossable la piste qui monte de Katmandou à Kyrong à la frontière tibétaine, pour aller y rejoindre la route Lhassa-Chine-Mongolie. Les avions survolent les formidables barrières de montagnes qui isolaient le Népal et atterrissent à Katmandou... l'Everest a été gravi jusqu'à son sommet.

Les dieux méchants et sanguinaires que l'imagination des Népalais avait logés dans tous les recoins de leur très beau pays doivent se sentir mal à l'aise et si, comme on le croit dans l'Inde, les dieux ne subsistent que s'ils sont nourris par la foi de leurs adorateurs et le culte qu'ils leur rendent, leurs jours pourraient bien être comptés. D'autres leur succéderont ; puisse la place qu'ils laisseront vide dans les temples du Népal et dans l'esprit des Népalais être prise par des déités aimables et bienveillantes, il n'en manque certainement point sur les hautes cimes himâlayennes.

# La Corée des monastères

**L'Asie qu'il nous plaisait de nous représenter sous les traits d'une grande dame vieillie et fatiguée, retranchée dans un apathique mépris de l'effort, est fort active aujourd'hui, plus qu'active, turbulente. Chosen, le "pays de la sérénité matinale" que nous dénommons Corée, fait beaucoup parler de lui.**

Tandis qu'une tradition coréenne que je viens de citer, nous présente, les ancêtres de l'humanité Ko, Poun et Young descendant majestueusement de la montagne sacrée Halla dans l'île de Qualpaert, les Japonais, ironiquement, attribuent à cette île une origine volcanique et ont prétendu qu'elle n'avait émergé que plusieurs siècles après le début de notre ère. Voici les Sages de la sainte montagne transformés en diablotins échappés de quelque enfer.

Ecartant les légendes concernant l'île de Quelpaert, les Coréens du continent commencent leur histoire vingt-trois siècles avant J.C. ne le cédant que de trois siècles environ à la chronologie chinoise datée de la soixante et unième année du règne du quasi mythologique empereur Hoang-Ti (2637 ans avant J.C.).

Les vieux historiens rapportent que la sixième année du règne de l'empereur chinois Yao (dont l'existence historique est contestable), un ermite vint s'établir sur le mont Taihakou. Selon ne autre version, cet ermite serait descendu miraculeusement du ciel    ied d'un arbre.

Pleins d'admiration pour son savoir et pour ses vertus, les indigènes l'élurent roi sous le nom de Tankoun. Ce souverain aurait vécu pendant 1668 ans, une longue vie qui rejette très en arrière celle attribuée à nos patriarches bibliques. Puis, des génies l'enlevèrent et le transportèrent dans les demeures célestes.

J'ai eu l'occasion de m'entretenir longuement de toutes ces vieilles traditions avec un lettré coréen nommé Hong-tchyong-Ou qui avait résidé en France et n'admettait pas la réalité de ces contes fantastiques. Voici comme il tentait de les expliquer.

On trouve dans le Chou king (le livre des Documents)[1] un passage où il est rapporté que l'empereur Yao envoya un de ses fonctionnaires vers une montagne située à l'est de sa résidence et derrière laquelle le soleil semblait se lever. Ce fonctionnaire nommé Ghi Tchéou avait pour mission de s'établir sur cette montagne pour y saluer chaque jour, au nom de son maître, le soleil levant.

S'appuyant sur ce texte, Hong-tchyong-Ou supposait que le mystérieux ermite Tankoun pouvait bien avoir été Ghi tchéou et que sa mission consistait, non pas à saluer le soleil, mais à faire des observations astronomiques. L'hypothèse est très plausible. L'empereur Yao est, en effet, représenté, dans les chroniques, comme étant épris d'astronomie.

L'ère historique de la Corée ne s'ouvre qu'avec le règne de Ghi-si vers le onzième siècle avant J.C. Ce souverain de son nom chinois Ki-tze (Ki le philosophe) était l'oncle de l'empereur chinois Tchéou-sin. Quand Tchéou-sin eut été détrôné par Wou Wang, ce dernier, devenu empereur fit appeler Ki-tze auprès de lui. Il se plaisait à écouter ses sages discours dont le Chou king nous a conservé des passages. Quelques-uns de ceux-ci nous permettrons de nous faire une idée des pensées que nourrissait, il y a trois mille ans, le fondateur du royaume de Corée.

Il existe huit principes de gouvernement auquel il faut s'appliquer :

*Les vivres — les répartitions des biens — le culte et les cérémonies — les travaux publics — l'instruction publique — la justice, sanctions pénales et magistrature — le régime à appliquer aux étrangers résidant sur le territoire du royaume — l'armée.*

Ki-tze énumère aussi les cinq bonheurs :

*Une longue vie — la richesse — la paix — l'amour de la vertu — une mort paisible après avoir accompli sa destinée.*

Par contre les six malheurs mentionnés par Ki-tze sont :

*Une vie courte pendant laquelle on s'adonne à des vices — les maladies — les afflictions — la pauvreté — la haine — la faiblesse, l'oppression.*

---

1. L'un des principaux livres classiques des Chinois.

Puis, quelques pensées passablement ''réalistes'' comme nous dirions en langage moderne.

*Quand les moissons sont bonnes toutes les familles sont dans le repos et en joie. Le gouvernement n'éprouve pas de difficulté.*
*Quand les magistrats ne manquent de rien, ils sont vertueux.*

Wou Wang, pénétré d'admiration pour la sagesse de Ki-tze le nomma prince de Corée. En se rendant à son poste Ki-tze emmena avec lui huit savants éminents qui devaient lui servir de conseillers.

*

Cependant, certains historiens coréens prétendent que Wou Wang envoya Ki-tze en Corée pour se débarrasser de lui parce que la haute réputation dont il jouissait lui portait ombrage.

Huit familles coréennes se targuaient de posséder une généalogie remontant à cet homme illustre et se considéraient comme constituant la plus haute noblesse du pays. Mon ami Hong-tchyong-Ou appartenait à l'une d'elles. Des activités politiques auxquelles il était mêlé l'amenèrent, me fut-il dit, à tuer un de ses adversaires, après quoi il se réfugia au Japon. Les renseignements que je reçus à ce sujet étaient des plus vagues et, en fait, je n'ai jamais su ce qu'était devenu l'érudit et disert Coréen qui m'a initié à l'histoire de son pays. Il se montrait très fier de ce que ce soient les Coréens qui aient civilisé le Japon dont les habitants, aux environs du deuxième siècle de notre ère, étaient encore des Barbares sans philosophie, sans arts et sans science.

Un fait à noter est qu'au deuxième siècle de notre ère le territoire que nous dénommons Corée se composait de plusieurs petits Etats. Kouré était la partie septentrionale et civilisée de l'actuelle Corée. La partie du sud comprenait trois Etats : le Ba Kam, le Ben Kam et le Shin Kam.

Ces Etats minuscules furent réunis sous la domination d'un chef nommé Shei Kyo Khan et la Corée se trouva ainsi partagée entre le royaume de Kouré, celui de Shinra fondé par Shei Kyo Khan et un royaume de Koulara.

Les Coréens prétendent que ce Shei Kyo Khan fut l'un des ancêtres du célèbre conquérant mongol Genghis Khan, tandis que les Japonais revendiquent Genghis Khan comme issu de leur race.

L'histoire de la Corée, de l'antiquité jusqu'à nos jours, est l'histoire de guerres tantôt avec des voisins : Chinois ou Japonais, tantôt guerres civiles.

D'après une croyance populaire que les événements modernes ont peut-être fait oublier, mais qui demeurait encore vivace pendant mon séjour en Corée, cette malheureuse contrée, en dépit de son nom de ''Pays de la sérénité matinale'' (Chosen) est vouée à une destinée agitée. Par l'effet de sortilèges, tout y est bouleversé ; montagnes et rivières y occupent des places différentes de celles qui leur avaient été assignées à l'origine du monde. Quand se sont produits les cataclysmes qui ont produit ce désordre ? On n'en sait rien et il nous faut, à son sujet, croire à la parole d'un bonze célèbre nommé Ha-thing qui vivait en Chine vers le IX<sup>e</sup> ou le X<sup>e</sup> siècle.

*J'ai appris, dit Ha-thing à son disciple To-sou, un Coréen, qu'il existe en Corée beaucoup de montagnes et de rivières qui ont désobéi à leur maître ; il s'ensuit que ce pays a subi des divisions successives et qu'il a sans cesse été troublé par des luttes. La terre coréenne est malade ; son sang, ses nerfs sont dérangés ; voilà pourquoi les Coréens meurent tués par les maladies, par la famine et par la guerre.*

Le savant Ha-thing n'aurait pas été digne de son renom s'il n'avait pas trouvé un remède à cette situation déplorable et il n'aurait pas été un véritable moine s'il n'avait pas songé à confier à ses confrères le soin de la cure à effectuer.

*Je veux soigner la maladie des montagnes et des rivières de votre pays, dit-il à To-sou. Apportez-moi une carte de la Corée.*

Lorsqu'il eut la carte entre les mains, il la considéra attentivement et dit :

*Il est certain que les montagnes et les rivières se trouvant situées comme elles le sont, le pays doit être le théâtre de nombreuses guerres.*

Alors, il marqua de traits de pinceaux, dix-huit cents points sur la carte, les uns sur des montagnes, les autres au bord des rivières et il expliqua à To-sou.

*Quand on est malade, il faut chercher les endroits où il faut piquer les méridiens et brûler la peau. Les maladies des montagnes et des rivières ressemblent à celles des hommes. Si l'on établit des monastères aux endroits que j'ai marqués les résultats obtenus seront pareils à ceux de l'acupuncture et du feu. Si l'on ne me croit pas, ou si l'on détruit ensuite les monastères que l'on aura bâtis, le pays sera certainement dépeuplé.*

On peut douter que les dix-huit cents monastères furent réellement construits, mais il en a certainement existé un grand nombre en Corée. Il semble qu'ils aient joui d'une prospérité démesurée et que les moines, à force d'accumuler des richesses, se soient rendus odieux à la population. Au XIV<sup>e</sup> siècle celle-ci s'éleva contre eux, les monastères furent incendiés, les moines torturés et massacrés. Ceux qui le purent s'enfuirent hors du pays. Puis, comme toutes les révoltes populaires, celle-ci passa

*

Quand je résidai en Corée, pendant la première grande guerre, les monastères étaient nombreux, certains fort importants, tandis que d'autres, à l'usage de religieux contemplatifs se dissimulaient parmi les replis des montagnes.

J'ai habité un de ces derniers. Il était situé dans les Montagnes Diamant (Kongo San) et s'appelait le Monastère de la Sagesse : Panya-an (panya, étant une déformation du terme sanskrit prajna an, signifie monastère). Véritablement, ses habitants justifiaient son titre, la vie à Panya-an était toute simplicité et toute quiétude. Le Bouddhisme, doctrine sans Dieu, ne comporte pas de mysticisme émotionnel et les moines de Panya-an appartenaient à la plus rationaliste des sectes bouddhistes : l'originale secte chinoise de la méditation : *Ts'an* passablement transformée au Japon où sous le nom de *Zen*, elle compte de nombreux adhérents parmi la noblesse et l'intelligentsia.

A Panya-an le jour était partagé en trois parties égales de huit heures ; chacune d'elles étant consacrée à une activité particulière. Toutefois, les huit heures assignées à une occupation déterminée n'étaient point consécutives. Ainsi, huit heures durant le moine se livrait à la méditation, huit heures lui étaient allouées pour le repos et le sommeil et pendant huit heures il travaillait manuellement. Son travail comprenait la culture, fournissant la nourriture des moines (le végétarisme était de règle), la cuisine, le nettoyage, la réparation des bâtiments, etc. Les moines âgés étaient exemptés des travaux manuels, les autres à tour de rôle, s'en chargeaient pendant six mois, puis pendant six mois ils étaient remplacés par une autre équipe et devenaient libres d'employer à l'étude les heures qu'ils avaient passées au travail.

Le réveil était non pas sonné mais frappé avec un marteau sur un rouleau de bois creux, à la mode de tout l'Extrême-Orient. De trois heures à cinq heures on se réunissait dans une salle commune et chacun s'asseyait, la face tournée vers le mur, pour méditer. Au bout d'une heure à un signal donné, tous se levaient et se promenaient en silence, l'un derrière l'autre, autour de la pièce. A un nouveau signal l'on regagnait sa place et y demeurait pendant une heure encore.

Ensuite, les moines passaient au réfectoire pour un frugal repas de riz et de légumes — Je déjeunais séparément dans ma chambre.

De sept heures à neuf heures puis de douze heures à quatorze heures et de dix-sept heures à dix-neuf heures, d'autres périodes de méditation se succédaient. Elles occupaient donc huit heures ; les intervalles donnaient le temps consacré au travail ou à l'étude et les huit heures restant : de dix-neuf heures à trois heures du matin permettaient le repos et le sommeil.

La plupart des moines de Panya-an étaient instruits, quelques-uns érudits et tous intelligents. Plusieurs, pendant les six mois où ils étaient déchargés du travail domestique peignaient, non sans talent ou écrivaient des poèmes. Et la vie coulait douce, sans heurts comme peut l'être celle de philosophes qui ont réalisé l'irréalité du monde créé par nos perceptions, nos sensations et la fantasmagorie qu'elles tissent.

Qu'est devenu Panya-an au cours de la dernière tourmente qui est passée sur la Corée ? — Certaines nouvelles reçues de source indirecte le représentaient comme ayant été détruit par un incendie mais rien n'assure que l'information soit exacte.

*

Bien qu'instruit et intelligent, Hong-tchyong-Ou croyait à une grande partie des histoires fantastiques qui circulaient dans son pays. Par exemple, il croyait à l'existence d'ermites qui n'avaient plus besoin de manger et se contentaient d'avaler chaque mois, une pilule nutritive. Il y avait là, évidemment, une adaptation des contes taoïstes concernant un genre d'entraînement qui consiste à se nourrir d'abord exclusivement de certaines plantes, toutes les céréales étant supprimées, et en diminuant progressivement la quantité de nourriture absorbée ; puis, à subsister uniquement en buvant de l'eau pure, de l'eau de pluie et, enfin, en se contentant d'aspirer de l'air. De tels ermites, disait Hong-tchyong-Ou, habitaient des retraites pour ainsi dire inaccessibles dans les montagnes. On n'y pouvait accéder que lorsque l'ermite laissait descendre un panier, attaché à des chaînes, qu'il retirait à lui lorsque le visiteur qu'il consentait à recevoir y avait pris place.

Hong-tchyong-Ou avouait qu'il n'avait jamais eu de contact direct avec ces ermites, mais durant mon séjour en Corée, pensant qu'une ombre de réalité se cachait sous ces contes, je procédai à des recherches concernant les ermites. Il y en avait en Corée, sous l'occupation japonaise ; certains d'entre eux étaient des philosophes, détachés des choses du monde, d'autres, des patriotes désolés fuyant le spectacle de l'asservissement de leur pays. Ils s'étaient véritablement établis en des endroits, sinon absolument inaccessibles comme ceux dont Hong-tchyong-Ou disait qu'ils s'y rendaient en volant à travers les airs, du moins en des endroits d'un accès extrêmement difficile et je risquai de me noyer en allant chez l'un d'eux avec un jeune moine, mon interprète.

Il fallait d'abord remonter le lit d'un petit torrent encaissé dans une gorge étroite, un sentier à peine assez large pour y poser les pieds le côtoyait. Le torrent capricieux baignait alternativement tantôt l'un, tantôt l'autre, des parois à pic de la gorge, à chacune de ses courbes l'on devait le traverser pour aller retrouver un peu de terre sèche de l'autre côté. Je comptai sept de ces traversées, pieds nus sur les galets glissants. C'était là, la partie la plus aisée du chemin. Venait, ensuite, un chaos de blocs rocheux et de taillis parmi lesquels, seul, un initié à sa topographie était capable de se diriger. L'on arrivait, alors, au pied d'une muraille perpendiculaire de roc lisse. L'ermite avait été informé de notre visite, il avait décidé de nous accueillir ; au lieu d'un panier suspendu à des chaînes, selon les descriptions de Hong-tchyong-Ou, une corde glissa vers nous, jetée d'un endroit qui nous restait invisible.

"Jamais, malgré l'aide de cette corde, je ne me hisserai au sommet de ce mur", dis-je à mon compagnon.

"Ce n'est pas si difficile que vous le croyez," m'assura-t-il.

En effet, en collant mes espadrilles contre le rocher et me hissant à l'aide de la corde, j'arrivai à prendre pied sur une plate-forme juste assez large pour permettre de s'y tenir debout. De là, en contournant la paroi à pic, on pouvait gagner, derrière elle, une série de saillies rocheuses permettant, après une escalade difficile, d'atteindre un minuscule chalet niché dans un groupe d'arbres. Ce chalet aux boiseries jaunes ornementées de dessins représentant, en couleurs rouge et verte, des animaux fantastiques, coiffé d'un toit aux coins relevés à la mode chinoise ressemblait fort à ces temples lilliputiens que les Japonais érigent, pour leurs dieux, dans les campagnes ou dans les bois.

Rien, dans la doctrine bouddhiste ne préconise ou ne justifie l'austérité tournant à la macération, ressemblant, en cela au Confucéisme, le Bouddhisme conseille à ses adeptes une sage modération, un équilibre raisonnable. Ses ermites se retirent dans la solitude pour penser sans être troublés par l'activité d'autres individus et non pas pour y souffrir dans leur corps. Le solitaire de Kongo-san était donc agréablement installé dans l'unique chambre de son minuscule logis. De belles nattes couvraient le plancher, de minces coussins empilés dans un coin, lui servaient de couche pour la nuit. Quelques étagères portaient des livres Selon la coutume coréenne le fourneau servant, à la fois, à la cuisine et au chauffage se trouvait en contrebas. Sa cheminée s'allongeait d'abord horizontalement sous le plancher de la chambre pour s'élever du côté opposé.

Nous étions chauffés de la même manière à Panya-an et la sensation causée par le contact des pieds avec un plancher brûlant m'était on ne peut plus désagréable.

L'ermite était un homme instruit ; notre conversation fut intéressante. Il nous offrit du thé et quelques pâtisseries indigènes. On le ravitaillait tous les mois, lorsque le temps permettait d'arriver jusqu'à lui. Par précaution, il gardait en réserve une quantité suffisante de provisions.

J'étais enchantée d'avoir approché un de ces anachorètes dont Hong-tchyong-Ou m'avait tant parlé et je ne me pressais pas de partir lorsque le ciel s'obscurcit. Mon interprète manifesta un peu d'inquiétude ; il ouvrit la porte, hocha la tête et échangea quelques mots avec notre hôte. Presque aussitôt la pluie se mit à tomber lourdement. " Nous devons partir ", me dit le jeune moine. L'idée d'affronter cette forte pluie en me glissant, à l'aide d'une corde, le long du rocher, puis, de me retrouver parmi le chaos de taillis et de rocs ne m'enthousiasmait guère. La journée était peu avancée, ne pouvions-nous pas attendre à l'abri la fin de ce déluge ; généralement ces pluies soudaines et violentes durent peu de temps ? Non, il ne fallait pas attendre, l'interprète me poussait au-dehors et l'ermite avec un sourire aimable mais des gestes très significatifs l'approuvait. " Si nous ne partons pas immédiatement, nous serons bloqués ici ", me dit mon compagnon. Je compris qu'il pensait au petit torrent. Il gonflerait, pensai-je mais certainement pas au point de nous barrer le passage.

Je me trompais, le retour fut tragi-comique.

Il débuta par des pataugeages dans une eau peu profonde, puis à mesure que nous descendions les ruissellements des pentes s'y ajoutant, en augmentèrent promptement la profondeur et le torrent se mit à couler avec rapidité. A un étranglement de la gorge, l'eau me vint aux genoux, je trébuchai sur les galets que le courant, devenu violent, faisait rouler sous mes pieds et je tombai, la tête sous l'eau. Mon compagnon se pencha pour me saisir, culbuta à côté de moi, parvint à se relever assez promptement et à me remettre debout accrochée à lui et tout étourdie. Le reste du trajet fut lamentable. Je regrettai fort à mon retour à Panya-an l'absence d'une femme qui eût pu me débarrasser de mes vêtements trempés et me frictionner avec des serviettes chaudes. Mais j'avais, par permission spéciale, été autorisée à occuper une chambre dans un pavillon isolé, loin des habitations de moines et je dus me servir à moi-même de femme de chambre.

*

A part Hong-tchyong-Ou, j'avais un autre ami coréen nommé Tchou yuén. Sa famille était chrétienne depuis plusieurs générations, il avait été élevé chez les missionnaires, puis envoyé à Paris pour parfaire ses études. A l'encontre de Hong-tchyong-Ou qui était de tendances traditionalistes, Tchou était un ultra-moderniste. Le terme progrès prenait dans sa bouche l'accent d'un clairon sonnant l'assaut et Tchou entendait bien donner l'assaut au vieux monde coréen. Que dis-je, monde coréen ! c'était le monde tout entier que Tchou entendait abattre pour édifier à sa place une société fondée sur les assises solides des vérités scientifiques. Il avait lu et relu Büchner, Haeckel et d'autres savants de tendances analogues et professait un matérialisme opiniâtre et agressif. Il disait avoir de nombreux amis qui partageaient ses convictions.

Qu'est-il devenu, lui aussi ? — Que sont devenus ses amis ? — Tous ont eu des fils dont certains, tout au moins, auront pensé comme eux avant que la révolution chinoise triomphe, Mao tse tung comptait, certainement, déjà, en Corée, nombre de partisans latents.

# Indochine, mythe éternel

Une autre manifestation de la turbulence présente de la vieille Asie apparaît dans les événements dont l'Indochine est le théâtre. Mais y a-t-il, vraiment, une ''Indochine'' ? — De même que l'Inde est une création anglaise consistant en une mosaïque de peuples, l'Indochine est une création française groupant des populations de différentes races. De tels assemblages nés, non pas de la volonté de ceux qui les composent, mais de celle d'une Puissance étrangère sont forcément instables. Le désir commun de chasser les Gouvernements qui se sont imposés par la force peut y créer momentanément une sorte d'union mais, ce but étant atteint, les tendances et les intérêts particuliers de chacun ne peuvent manquer de se réaffirmer.

C'est ce qui s'est produit en Indochine où nous revoyons les anciens Etats : Laos, Cambodge reprendre leur personnalité. Et le Vietnam ?... Faut-il rappeler que son partage actuel, en 1955, n'est pas sans précédent ? Il y eut au XVIIᵉ siècle deux Vietnam à peu près identiques à ceux d'aujourd'hui : celui du Nord (le Tonkin) avec Hanoi pour capitale et celui du sud comprenant la Cochinchine dont Hué était la capitale. Pendant un demi-siècle les chefs de ces deux Etats se livrèrent des combats acharnés ; la situation présente du pays n'est qu'une répétition affaiblie de celle d'autrefois.

Les Vietnamiens n'ont guère le droit de reprocher aux Français d'avoir envahi leur pays. En fait, du territoire que nous dénommons "Indochine", les ancêtres des Vietnamiens n'occupaient qu'une partie. De siècle en siècle, ils se sont avancés vers le sud, bousculant devant eux les anciens occupants du sol.

L'origine des Vietnamiens se place au nord du pays, à peu près dans ce qui est aujourd'hui le Tonkin. Ils ne sont point des autochtones ni même, semble-t-il, de simples métis d'autochtones et de Chinois car les populations auxquelles ils se sont mêlés en atteignant le Fleuve Rouge n'étaient point, elles non plus, de pures autochtones mais s'étaient déjà mélangées à des voisins indonésiens.

Quoi qu'il en soit, les Vietnamiens, formant groupe, devinrent graduellement l'élément prédominant du pays. Au cours de neuf siècles de combats on les voit s'étendre de leur pays d'origine, le Tonkin, jusqu'à l'extrémité de l'Indochine au cap Saint-Jacques.

Le succès des Vietnamiens — ceux que nous dénommions couramment : Annamites — ne doit point nous faire perdre de vue que l'Indochine a connu d'autres civilisations que la leur. Les influences indiennes y ont été très marquées. Les prestigieux temples d'Angkor, restaurés par les soins de l'Administration française et dont une reconstruction a été présentée à l'Exposition de 1931, ont popularisé l'ancien Royaume Khmer, mais bien moins connu est son contemporain, le royaume Cham, qui s'étendait tout au long de la côte est de l'Indochine, du nord au sud.

Dans ma jeunesse l'on pouvait rencontrer dans les jungles proches, alors, de Tourane et de Nha Trong des ruines abandonnées de monuments décelant l'existence de temples et de palais. Depuis ce temps, l'attention des services archéologiques français s'est portée vers elles comme elle s'était déjà portée vers les temples d'Angkor qu'il m'a été donné de voir encore drapés dans un manteau de forêts.

On peut rêver au sort réservé à ces vestiges ressuscités d'un glorieux passé. Les descendants de ceux qui les avaient abandonnés à une lente destruction se soucieront-ils de leur conservation ou bien, absorbés par des poursuites d'ordre matériel plus immédiat vont-ils, de nouveau, permettre aux lianes géantes d'enserrer les vieux édifices, aux arbres d'insérer, en leurs murs, les racines qui les disjoindront et les innombrables dieux de pierre, dont les images ont pu revoir la clarté du soleil, vont-ils se rendormir dans l'obscurité, le silence et l'oubli ? — On peut se le demander et il y a déjà lieu de le craindre.

*

La perspective de cet oubli en rappelle un autre à ma mémoire. Sont-ils nombreux les Vietnamiens qui conservent le souvenir des sœurs

Trung, les deux héroïnes d'une de leurs luttes pour l'indépendance ?
— Il en existe certainement car, voici environ deux ans, M. Nguyen
Phan-Long narrait dans une revue de Saigon (France-Asie) la tragique
histoire de ces Jeanne d'Arc tonkinoises. Celle-ci se passait au deuxième
siècle de notre ère. Le Tonkin dénommé, alors, Giao Chi, se trouvait
sous la domination chinoise. Des patriotes se concertèrent pour orga-
niser un soulèvement, le Chef du pays qui avait pris la tête de la cons-
piration tomba entre les mains du Gouverneur chinois qui le fit tortu-
rer et finalement couper en deux par le milieu du corps. Sa veuve Trung
trac, secondée par sa sœur Trung gni, parcourut alors le pays, excitant
le peuple à la rébellion. Les efforts des deux sœurs furent d'abord cou-
ronnés de succès. Une partie des troupes chinoises s'enfuit, les autres
furent massacrées en même temps que nombre de fonctionnaires chinois. La révolte gagna les territoires voisins. Pour une courte période
de temps une sorte de Vietnam unifié fut établi. Cependant, les Chinois revinrent en nombre, écrasèrent les insurgés et rétablirent leur domination de façon plus stricte que par le passé.

Les deux sœurs Trung n'avaient point cessé d'être sur le front pendant toute la guerre. Lorsque leurs troupes furent entièrement défaites, elles se retirèrent dans la forteresse de Mê-Linh, dans les montagnes. De là, elles continuèrent une lutte de guérillas et tinrent encore
longtemps les Chinois en échec. Finalement, près d'être capturées, les
deux sœurs se suicidèrent.

C'est à ces héroïnes que je m'en allai rendre visite un jour de printemps, dans les environs de Hanoi. Une pagode en leur honneur avait
été construite, là, dans un vaste bosquet.

L'endroit était solitaire, il semblait que les visiteurs fussent rares.
Le gardien qui résidait près du temple avec sa famille hocha la tête
lorsque je l'interrogeai à ce sujet. Le bonhomme était vieux et taci-
turne, parfaitement en harmonie avec le cadre sombre qui aurait été
tout à fait silencieux sans les cris assourdissants de gros perroquets verts
dont mon intrusion troublait la quiétude.

Le petit temple, très simple, était bien tenu. Trung trac et Trung
gni y étaient représentées par deux statues debout, de grandeur plus
que naturelle. Entre elles, sur un autel, se trouvaient les offrandes habituelles de bâtonnets d'encens auxquels j'ajoutai ceux que j'avais apportés.

Près de cet autel, se voyait une statue représentant un éléphant.
Le gardien ne put pas m'expliquer le rapport qu'il y avait entre
cet animal et les deux sœurs et pourquoi on l'avait placé là, mais comme
je m'en approchai il s'écria : ''Ne le touchez pas, il vous donnerait la
fièvre.'' Ainsi, cette innocente effigie rappelant peut-être la monture
sur laquelle les sœurs guerrières avaient parcouru le pays, avait été transformée en fétiche malfaisant. Je rêvais à l'imagination baroque des hommes
qui conçoivent de telles idées lorsque prudemment, à voix basse, le
gardien m'engagea à ne pas m'approcher non plus de trop près des

statues des héroïnes, cela, aussi, étant dangereux... Quel genre de mal pourrait-il m'en advenir ? — Le bonhomme ne paraissait pas être renseigné à ce sujet, mais je comprenais qu'il croyait fermement qu'un sortilège fâcheux émanait des deux dames mortes il y avait dix-huit siècles.

Un Annamite à qui je rapportai les paroles du gardien croyant que, comme moi, il rirait de sa stupidité me dit : "Certainement Trung trac et Trung gni sont mortes il y a des siècles, mais elles ne sont pas mortes de mort naturelle, elles se sont suicidées. Alors, un de leurs esprits inférieurs pourrait encore rôder autour des effigies qu'on leur érige".

Ceci reflétait les croyances chinoises quant à la multiplicité des esprits attachés à un individu pendant sa vie et qui se séparent à sa mort.

*

Depuis le retrait des Japonais et la réoccupation de l'Indochine par les Français l'on a beaucoup parlé des "Etats associés" entendant sous cette dénomination : le Vietnam, le Cambodge, le Laos et la Cochinchine. Construction artificielle celle-là aussi ; les Français qui l'avaient conçue n'étant plus là pour la soutenir, la voici qui s'écroule. Il n'y a guère de liens de sympathie entre les populations de ces différents territoires ; leurs races sont différentes et différentes aussi, en bien des points, sont leurs tendances et ce qu'ils jugent être de leur intérêt. Leur histoire passée nous les montre en lutte les uns contre les autres et nous voyons actuellement, d'anciennes nationalités que l'on tenait pour mortes ou effacées par assimilation avec d'autres populations, relever la tête et revendiquer une place distincte et indépendante sur le territoire indochinois. Tels sont les Khmers ; bien que les Cambodgiens soient leurs descendants, il y a un " problème " politique khmer au Cambodge. Tels sont aussi, les Champas et les Vietnamiens eux-mêmes sont loin d'être parfaitement homogènes. J'ai souvent entendu les Tonkinois de Hanoi parler en termes peu flatteurs et peu amicaux de leurs "compatriotes" cochinchinois. La réciprocité de ces sentiments allait de soi.

En plus de ces différentes nationalités, la mosaïque indochinoise comprend les tribus montagnardes, certaines d'entre elles étant assez semblables ou même identiques aux Moïs du Yunnan. Ces tribus ne forment point une unité : chacune d'elles a ses traditions, ses mœurs propres et même, parfois, son propre langage. Pour le moment, les "montagnards" en sont encore à "regarder" le déroulement des événements ; leur petit nombre, moins de 1 000 000 semble-t-il, ne leur permet guère qu'une attitude passive, mais ils s'émancipent rapidement et ces non-Vietnamiens incorporés dans le Vietnam, pourraient bien à leur tour, y devenir un "problème".

J'ai noté que nombre de coutumes, de rites magiques ou religieux existant parmi les populations montagnardes de l'Indochine sont identiques à ceux que l'on trouve parmi les habitants des Himâlayas, notamment ceux du Sikkim. Par exemple, les stratagèmes employés pour dissuader l'esprit des morts de s'attarder auprès des membres de leur famille est identique.

La crainte qu'inspirent les morts n'est pas spéciale aux Asiatiques, elle est à peu près universelle, mais la façon dont elle se manifeste chez certains Asiatiques est particulièrement pittoresque.

Pendant les années que j'ai passées dans les Himâlayas il m'est arrivé nombre de fois d'assister à des funérailles et d'entendre à l'issue de celles-ci un Ancien du village tenir au défunt le discours suivant :

*Ecoute Pagzin, nous t'avons donné tout ce qu'il te faut pour ton voyage (allusion au repas disposé devant le corps avant son incinération et aux rites célébrés par un lama) maintenant, va ton chemin et ne t'attarde pas à rôder par ici, tu n'en aurais que du chagrin. Tes créanciers (un paysan dans ce pays est toujours plus ou moins endetté) ont saisi ton bétail et ta maison et ta femme s'est remariée. Tes enfants ont été emmenés au loin pour être domestiques. Voir tout cela t'affligerait et tu n'y pourrais rien changer. N'y pense donc pas. Oublie ce qui t'attachait ici. Poursuis ton chemin sans regarder en arrière.*

Purs mensonges que cette énumération de malheurs. La veuve est dans sa maison avec ses enfants, le bétail est dans l'étable, mais il faut dissuader le mort de venir rôder autour d'eux et d'essayer de conserver sa place dans la famille car, peut-être, *ne sait-il pas qu'il est mort*. Les rites lamaïstes tendent à éclairer le défunt à ce sujet, à lui démontrer qu'il n'appartient plus à notre monde et à lui fournir des indications utiles pour son comportement dans l'autre monde où il est entré.

Ecoutons maintenant un montagnard indochinois. Le chef du village s'adresse au mort :

*Tu es mort comme l'herbe sèche, tu es dans le cercueil, tu vas être dans la tombe. Tu seras génie, tu seras montagne, tu seras rivière. Dans les jours qui viennent n'approche pas. N'aime plus ta femme, n'aime plus tes enfants. Tu es, maintenant, séparé de nous comme la feuille se sépare de l'arbre. Entre nous à l'avenir, tout est fini.*

Puis encore :

*Tu demeures déjà avec tes parents défunts. Demain ou aprèsdemain, nous irons dans l'un ou l'autre village, dans l'une ou l'autre maison, il ne faudra pas nous maltraiter, pas nous jeter de mauvais sorts, pas nous déranger. Nous plaçons en offrande devant toi du riz, des crabes, des légumes. Demain nous irons travailler. Toi, génie, il ne faut point parler, il ne faut point apparaître.*

Les coutumes de revenir chez soi par un chemin détourné, après un enterrement, se rapprochent de celle qui, chez les Indiens, consiste à effacer les traces des pas des membres de la famille qui s'en retournent chez eux après avoir procédé au rite de la présentation d'offrandes aux mânes d'un défunt. Le but de ce détour est de tromper l'esprit du défunt qui pourrait être tenté de suivre ses parents et de rentrer avec eux dans son ancien logis.

De toutes façons on souhaite bonne chance au mort dans sa nouvelle existence, on pourvoit dans la mesure du possible à son confort, mais on souhaite qu'il ne se mêle plus à la vie de ceux qui restent dans notre monde : il y serait gênant.

*

La plupart des montagnards indochinois enterrent leurs morts suivant la coutume chinoise. Ils attendent plus ou moins longtemps avant de procéder à l'enterrement, le délai maximum paraissant être une semaine, tandis que chez les Chinois riches, le corps, enfermé dans un épais cercueil, pouvait demeurer exposé pendant plusieurs mois — Cette coutume est, maintenant, officiellement abolie —.

Cependant, quelques tribus des montagnes ont à ce sujet des usages particuliers. Dans certaines de celles-ci le cercueil est conservé pendant un mois dans la maison familiale. Il est fermé, mais un tube de bambou y est inséré, ce tube communique avec une jarre et sert à l'écoulement des liquides produits par la putréfaction. La jarre est vidée de temps en temps. Quand il ne se produit plus d'écoulement, on juge que le corps est sec et on l'enterre.

Ailleurs, on attend que le cadavre soit réduit à l'état de squelette et on lave les ossements avant de les inhumer.

Plus rares sont les montagnards qui incinèrent leurs morts. Il faut sans doute, voir, là, un souvenir inconscient des influences indiennes et de la religion brahmanique qui prédominèrent autrefois sur une large partie de l'Indochine. Les restes de la crémation, ossements qui n'ont pas été réduits en cendre, sont jetés dans une rivière. La même chose se fait au Sikkim (Himâlayas).

Dans quelques groupements indigènes on laisse un trou dans la tombe afin que l'esprit du mort puisse sortir quand il désire aller se promener.

Bref, les morts ne sont pas considérés comme étant devenus inexistants : ils existent suivant un mode de vie différent du nôtre et dans des sphères différentes de la nôtre mais pas absolument séparées d'elle par des barrières infranchissables. On pourrait plutôt représenter l'idée que s'en font les indigènes sous l'aspect de cloisons partageant un monde unique.

D'autre part, l'idée de vie universelle, de dispersion de l'individu dans la nature se fait jour dans des phrases telles que les suivantes adressent au mort : "Tes doigts seront des tourterelles, tes ongles seront des aigles. Tu seras montagne, vautour, rivière"

Quant à *cela*, que j'ai ci-dessus, dénommé "esprit", il convient de se rappeler qu'il ne s'agit pas d'un "esprit" ou "âme" dans le sens où ces termes sont généralement compris en Occident. La plupart des Asiatiques croient à l'existence d'un "double" comme y croyaient les anciens Egyptiens. Ce "double" n'est pas nécessairement immortel, mais il peut survivre au corps plus matériel auquel il est associé. Sa situation en tant que " désincarné " est considérée comme lui étant désagréable, il peut, du reste, ignorer sa séparation, par la mort, de son compagnon le corps matériel. Dans ce cas il cherche à poursuivre le genre d'activité qui lui était familier : à rentrer dans sa maison, à se mêler aux gens de sa famille, à intervenir dans leurs affaires. Il devient, alors, gênant, d'où les stratagèmes employés pour l'inciter à s'éloigner.

Cette crainte de l'intervention dangereuse des défunts dans leur cercle familial s'exprime clairement dans les rites brahmaniques alors que le fils du mort offre aux ancêtres quelques-uns de ses cheveux, quelques fils de son vêtement pour qu'ils s'en couvrent et les adjure en ces termes : "O pères soyez satisfaits de cette offrande, ne nous prenez pas autre chose."

Cette "autre chose" qu'on ne nomme pas, c'est la vie. Les vivants craignent que les morts qui regrettent la vie, ne ravissent la leur pour se l'assimiler et revivre.

Les histoires de succubes, d'incubes, de vampires qui circulaient en Occident pendant le Moyen Age, celles racontées par les Tibétains et les Nègres africains, concernant des démons mangeurs de souffles vitaux, sont toutes basées sur cette même idée.

*

D'après les Chinois et les populations de l'Extrême-Orient qui ont adopté la civilisation chinoise, la question de la survivance est des plus compliquées.

D'une manière succincte la théorie concernant les principes subtils attachés à chaque individu peut être énoncée comme suit :

Chacun de nous a dix âmes : trois *houen* qui sont d'une essence supérieure et sept *p'o*, esprits inférieurs. Ces dix âmes se divisent à la mort de l'individu ; chacune d'elles suit son chemin particulier et subsiste plus ou moins longtemps, après quoi elle se dissout dans le "non organisé" (la matière à l'état chaotique).

Certains hommes de haut mérite, qui ont pratiqué un savant entraînement spirituel, parviennent à l'état de *chen jen* (homme-esprit) et sont immortels. Les esprits inférieurs demeurent pendant quelque temps près du corps, rôdant autour de sa tombe.

Les trois *houen* s'ils ne sont point devenus des "Immortels" sont entraînés vers le tribunal des dix juges des morts qui assignent à chacun d'eux la situation qu'il occupera dans la nouvelle vie qui va commencer pour lui. Cette situation sera celle que l'individu a méritée par ses actes bons ou mauvais. Le nombre des années que durera la nouvelle vie du défunt est également fixé à ce moment.

Les esprits inférieurs se transforment souvent en démons malicieux ou franchement malfaisants : les *kouei*.

C'est évidemment, un de ces esprits inférieurs dont un de mes domestiques d'origine *champa* avait cru déceler la présence autour de lui.

Mon boy principal appelé Nam, me dit un matin : ''Champa va s'en aller.'' Le Champa avait certainement un nom, mais Nam, un Annamite, ne daignait pas s'en servir, il jugeait suffisant de désigner l'homme des tribus ''sauvages'' à son avis par le nom de sa tribu.

*Pourquoi le Champa veut-il s'en aller ?* demandai-je.
*Son grand-père l'a retrouvé.*
*Son grand-père est venu à Hanoi ?*

Nam comprit que je me trompais au sujet du visiteur.

*Il y a un an qu'il est mort.*
*Qui ?— le grand-père ?— Alors ?...*
*Il a trouvé les traces du Champa et l'a suivi ; cela lui a demandé du temps.*

Cette fois, j'avais compris : il s'agissait de l'esprit du défunt.

*C'est pour cela que le Champa veut s'en aller. Que va-t-il faire ?*
*Il faut que le grand-père retourne chez lui.*
*Comment cela ?*

Voilà le plan que le Champa avait conçu : Il allait quitter ma maison en emportant ses vêtements et irait se loger pour quelques jours dans un village des environs. Ensuite, il quitterait l'auberge où il avait demeuré, en y laissant ses vêtements. Nam était chargé d'avertir un compatriote du Champa que celui-ci voulait le voir et attendait de lui un service.

Ce que je raconte là en quelques mots était entouré de beaucoup d'allées et de venues, de beaucoup de complications destinées à duper ''l'esprit'' gêneur, qu'on voulait amener à regagner sa tombe et à s'y tenir tranquille. Bref, l'ami du Champa, suffisamment rétribué, irait à l'auberge que le Champa aurait quittée, et se chargeant très ostensiblement de ses hardes, il retournerait au pays natal de la famille du grand-père voyageur. On comptait que ''l'esprit'' voyant emporter les vêtements de son petit-fils se méprendrait sur la personnalité de celui qui en était chargé et le suivrait croyant suivre son petit-fils. Le père à qui l'on conterait l'affaire accueillerait l'esprit du mort avec déférence, sacrifierait un poulet sur sa tombe, lui promettrait de renouveler ce repas de temps en temps. Le grand-père devait être affamé après ses longues pérégrinations au cours desquelles aucun sacrifice ne lui avait été offert. Il estimerait qu'après tout, mieux valait, pour lui, demeurer dans un endroit où il était bien nourri.

Quelles raisons l'avaient porté à rechercher son petit-fils ? — Cela, on n'en savait rien, mais celui-ci redoutait d'être victime de mauvais procédés : maladies, accidents... Les indigènes attribuent généralement aux esprits de leurs morts des sentiments malveillants.

Pour surcroît de précautions, le Champa ne revint pas chez moi et alla se placer hors d'Hanoi.

# Sikkim, le pays caché

Un des recoins les plus singuliers des Himâlayas est le minuscule
Etat qui figure sur nos cartes sous le nom de Sikkim. Seuls les
Etrangers emploient cette dénomination à son égard, les indigènes appellent leur pays : " Pays caché du riz ", *Béyul Démodjong*
(en orthographe tibétaine : *hbés yul hpras mo Idjong).*
Aucune région ne mérite autant que le Sikkim ce qualificatif de
''caché''. Il s'insinue, littéralement, dans les replis des montagnes couvertes de forêts qui s'enchevêtrent autour de lui et l'enserrent
étroitement comme pour dérober son existence à tous les regards.
C'est parmi le labyrinthe compliqué de son territoire que s'élève
le prestigieux Kintchindjinga (de son véritable nom : Kang tchén
dzöd nga ''les cinq entrepôts des grandes neiges'') que les Sikkimis tiennent pour leur Dieu.

Dans les temps modernes, les hommes se sont évertués à ouvrir des
voies de communication à travers ce pays mystérieux. Lors de mon premier
séjour au Sikkim, elles n'étaient encore que d'humbles sentiers mule-
tiers ; depuis, elles se sont graduellement élargies ; j'ai pu y voir rouler
des véhicules automobiles et, récemment, ceux-ci ascendent jusqu'à
la limite presque extrême de la végétation où seuls subsistent encore

des azalées rabougries et des lichens autour de cols de plus de 5 000 m d'altitude.

Quelle a été la vie du Sikkim avant les interventions étrangères : anglaises, indiennes et même chinoises, à sa frontière limitrophe au Tibet ? — Nous n'en savons à peu près rien. Les indigènes n'offrent aux investigateurs que contes relevant, le plus souvent, de la mythologie.

Les historiens chinois et indiens, en mentionnent certains événements ou certains détails de mœurs se rapportant à d'autres pays tels que le Tibet ou le Népal, nous ont permis d'entrevoir quelques images de la vie qui s'y déroulait. Rien de pareil au sujet du Sikkim. Il semble que son insignifiance politique et sa situation physique l'aient fait pendant des siècles échapper à l'attention de tous ses voisins.

Un fait certain c'est que les anciens voyageurs tibétains qui, pour des motifs religieux ou pour affaires commerciales, se rendaient dans l'Inde ou, en sens inverse, les Indiens allant au Tibet empruntaient tous de longs itinéraires par les routes du Népal alors que Lhassa, *via* Sikkim, se trouve presque en ligne droite de la plaine indienne. Le Sikkim leur paraissait être un territoire impassable, non pas, probablement, à cause de la hauteur des chaînes de montagnes barrant le chemin, car ils en trouvaient d'autres aussi hautes à la frontière du Népal et, de longue date, les Tibétains ont parcouru les régions voisines de Kailas et de l'Everest. L'impression que laisse la lecture des auteurs tibétains est que ce qui retenait les voyageurs était l'idée de chaînes de montagnes dépourvues de cols permettant de les franchir, de forêts inextricables habitées par des fauves dangereux et par des démons beaucoup plus redoutables ; enfin, les habitants inconnus de ce pays inexploré étaient tenus pour des brigands féroces.

Nous manquons de récits historiques concernant les hommes audacieux qui, les premiers s'aventurèrent au Sikkim. Il ne nous est fourni qu'une légende, celle que l'on retrouve en beaucoup de pays, du magicien qui, d'un coup de sabre, fend une montagne pour créer un passage. Cette légende, en ce qui regarde le Sikkim, a diverses variantes telles que l'histoire du Yoguin Lhatsunpa, qui du haut d'un sommet écarta l'arête de la montagne, en sonnant du *kangling* (la trompette faite d'un fémur humain) puis, chevauchant ce *kangling*, descendit vers la vallée où il rencontra un groupe d'hommes parmi lesquels il en choisit un pour devenir le roi du pays.

Une autre histoire, moins fantastique, nous dit que Lhatsunpa, venant du Tibet et traversant les montagnes s'arrêta dans une caverne pour y passer la nuit. Une déesse vint l'y joindre et lui enjoignit de descendre vers le Sikkim. Il y verrait disait-elle, trois hommes causant ensemble et de ces trois, il en choisirait un qui deviendrait le chef du pays. C'est cet homme, choisi par Lhatsunpa, que les mahârajas du Sikkim tiennent pour être l'ancêtre de leur dynastie. Leur ligne de succession est d'ailleurs courte, bien qu'ils la fassent allonger et enjoliver de détails flatteurs, par des scribes à leur service.

Dans une de ces histoires c'est le magicien Padmasambhava — personnage historique du VIIIᵉ siècle natif de la région d'Ougyen (sur le territoire de l'Afghanistan moderne) — qui ouvre des brèches à travers les montagnes et intronise le premier rajah du Sikkim. Une autre histoire encore, attribue à Té-kong Tog, un Sage tibétain de la région de Kongbou, le choix de ce premier chef. Il est dit que ce Sage se réincarne de façon intermittente au Sikkim ou au Tibet.

Rien dans ces légendes n'est de nature à nous éclairer de façon quelque peu précise sur l'origine des premiers occupants du Sikkim. Il est vraisemblable qu'ils furent frères de race des Lepchas du Népal et, de nos jours, les Lepchas du Sikkim sont officiellement reconnus comme les véritables indigènes. La prééminence leur a été donnée dans l'embryon de Parlement qui vient d'être établi au Sikkim sur le modèle du Congrès indien.

*

Que devons-nous penser de la réputation de brigands féroces que les Tibétains faisaient, autrefois, aux habitants du Sikkim et aux démons qui hantaient les forêts de leur pays ? — Il est difficile de juger d'après le comportement d'individus contemporains de celui de leurs ancêtres dans un lointain passé. Les Sikkimis modernes sont enclins à penser mal de leur voisins de l'Est, les Bouthanis, en ce qui concerne le brigandage et le peu de respect qu'ils ont pour la vie humaine. L'on peut croire que les Sikkimis d'autrefois se contentaient d'être enclins au vol comme nombre d'entre eux le sont restés. Quant aux démons dits hantant les forêts, ils sont toujours là, solidement établis dans l'esprit des indigènes ; leur nombre et leur diversité sont incroyables. Naturellement, et le Sikkim n'a pas l'exclusivité de cette croyance, il y a les démons qui causent les maladies et chaque maladie est du ressort d'une classe particulière de démons. Ainsi, l'on peut approximativement connaître l'espèce de démon qui rend un individu malade, mais cette information ne suffit pas pour agir avec efficacité et amener la guérison. Il convient de connaître le nom du membre de cette famille démoniaque qui agit en cette circonstance et son domicile. De plus, il faut, aussi, savoir quelles raisons l'ont porté à vouloir du mal à l'individu malade. Toutes ces choses ne peuvent être découvertes que par un sorcier *pao*, au cours d'une transe dans laquelle il communique avec des êtres : génies, esprits de défunts parents du malade ou autres démons bien informés qui le renseignent. Une fois renseigné, le sorcier informera à son tour, le malade ou les gens de la famille de ce qu'il conviendra de faire pour apaiser la colère du démon et amener la guérison.

Généralement, il faut sacrifier des victimes : un ou plusieurs coqs, un porc, parfois un bœuf. Bien que, nominalement, ils professent le

Bouddhisme qui défend formellement ces sacrifices, les Sikkimis sont, au fond, demeurés chamanistes.

Les hauts pics de leurs montagnes sont divinisés, chaque village a l'un d'eux comme dieu tutélaire et lui rend un culte. Il est assez difficile de démêler si ce culte s'adresse à un dieu qui habiterait la montagne ou à la montagne elle-même. La première hypothèse nous paraît la plus plausible, mais beaucoup d'Asiatiques croient que les objets que nous considérons comme inanimés sont de véritables personnalités douées de sentiment, de réflexion et de volonté.

L'idée de jumelage d'un être humain avec une plante, un arbre, un rocher, une montagne est courante dans les Himâlayas et au Tibet L'on y entend fréquemment dire : "Cet arbre est la vie d'un tel". Dès lors, il y a échange, surtout en ce qui concerne la santé, entre les jumeaux. Toutefois, c'est plutôt l'état de l'objet qui agit sur l'homme que celui de l'homme qui agit sur l'objet. L'arbre-vie devient-il malade, l'homme son jumeau, le devient aussi car il y a entre eux une "communauté de principe vital."

Il est plus difficile de concevoir qu'un homme puisse être le frère jumeau d'une montagne ; le jumelage devient alors collectif ; c'est toute la population d'un village qui est unie par des liens mal définis à une montagne particulière. Mais l'idée de la montagne divinité consciente et agissante est surtout à retenir.

Une particularité assez amusante est que les villageois sont jaloux de leurs déités-montagnes respectives. Si, par exemple, un village considère le Chomo lha ri (une montagne située près de Gyanzé au Tibet) comme *sa* déité, il entend être seul à lui rendre un culte et à célébrer des fêtes en son honneur. Si un autre village s'avisait de le faire, querelles et voies de fait brutales s'ensuivraient.

Il en est ainsi, avec plus de force, quant au majestueux Kang tchén dzöd nga, le roi des pics qui entourent le Sikkim. Le Kang tchén dzöd nga est le dieu du mahârajah local. Il est formellement interdit aux sujets de ce petit prince de donner des marques de vénération au Kang tchén dzöd nga. Celui qui contreviendrait à cette défense serait passible d'une forte amende à verser au mahârajah. Du moins, il en était ainsi avant 1947 date de la proclamation de l'indépendance de l'Inde, quand le Résident anglais au Sikkim a été remplacé par un Résident indien.

Jusqu'à ces dernières années la majorité des sujets du roitelet du Sikkim l'ont tenu pour être le plus puissant souverain du monde, incarnant en sa personne Tchanag Dordji, une déité du panthéon lamaïste. Nul ne lui contestait le droit de vie et de mort sur ses sujets. Il en usait rarement, se bornant à faire bâtonner ceux qu'il jugeait coupables d'une offense, ou à leur infliger, à son profit, des amendes dont il fixait à son gré le montant.

Tous les habitants du pays lui devaient leurs services gratuitement pour n'importe quel genre de travail et la corvée pour portage ou pour travaux publics était, aussi, obligatoire et non rémunérée.

Les hommes désignés pour faire partie à un titre quelconque, même le plus humble, du personnel du palais ne se rebiffaient pas trop contre ce labeur forcé, beaucoup même aspiraient à l'honneur d'être choisis car, se faisant fort de leur appartenance à la maison royale, ils se dénommaient " gens du Gouvernement " (Dzong ky mi) et, comme tels, ils parlaient haut et exigeaient force cadeaux chaque fois que leur fonction les mettait en rapport avec le menu peuple.

J'ai contemplé le déclin progressif de la vénération du roitelet indigène. Peu à peu, quelques lueurs de clarté s'infiltraient dans les cerveaux des Sikkimis emmurés, depuis des générations entre leurs remparts de montagnes. Cependant, en 1946, on pouvait encore voir un fermier debout au seuil de sa porte, élever ses mains jointes, en signe d'adoration, vers le palais du mahârajah situé sur la montagne, distante d'une trentaine de kilomètres qui lui faisait face par-delà une vallée que sa ferme dominait.

*

Ce qui en a été dit précédemment a déjà pu faire entrevoir l'aspect physique du Sikkim : le pays se présente comme une succession de lettres V. Dès que d'une étroite vallée, on s'est élevé jusqu'à un col, il faut, immédiatement, en redescendre pour retomber dans une autre vallée et, de là, recommencer l'ascension d'une nouvelle pente. Il s'ensuit que les points de vue sont rares car, presque toujours, le regard butte sur une chaîne de montagnes toutes proches. Il faut atteindre le nord du pays pour que le paysage s'élargisse et, alors, l'on peut contempler les longues rangées de glaciers : ceux du Kang tchén dzöd nga, de l'Everest et autres.

Merveilleux est, au printemps, le voyage effectué de Gangtok, la capitale du Sikkim, vers le col de Sepo à la frontière du Tibet.

On commence par descendre vers l'un des plus bas points du Sikkim (1 800 m d'altitude). L'endroit s'appelle Diktchou, c'est une extrêmement étroite vallée ; des hortensias bleus y fleurissent à l'état sauvage et les nuits y sont illuminées par la danse de milliers de lucioles.

Un torrent aux eaux tumultueuses occupe presque tout l'espace de la vallée et l'emplit de ses rugissements assourdissants. Il règne, là, une chaleur moite prédisposant à la fièvre, aussi les indigènes n'aiment-ils pas s'y attarder.

De là, le chemin monte rapidement vers une vallée plus large où, de temps en temps, une brèche dans une crête lointaine offre, au voyageur, une vision de pics neigeux que le soleil teint, à l'aube et au crépuscule de roses et de mauves surnaturels.

Montant toujours, l'on atteint la zone des grandes forêts, on traverse des champs de rhododendrons étalant une féerie de couleurs. Plus haut, à l'intersection de deux vallées, les rivières qui en descendent se mêlent avec fracas dans une profonde cuvette rocheuse.

L'une des vallées conduit au col de Donkya (5 000 m d'altitude) en passant par le village de Latchoung et l'autre, aux cols de Sepo et de Karu (5 239 m d'altitude) au-delà du village de Latchén. Lors de mon premier passage le sentier conduisant à Latchén ne trouvant pas place dans la vallée emplie par le torrent qui la suit, s'accrochait à la paroi rocheuse sous forme de balcon étroit en planches branlantes. Pendant les années que j'ai passées dans le pays un bon chemin a été construit.

Un petit monastère lamaïste, perché sur la montagne voisine, domine chacun des villages de Latchén et de Latchoung, leurs membres appartiennent à une secte non réformée du clergé tibétain, ils sont mariés, vivent parmi les paysans dont ils ne diffèrent que par l'habit et ne s'assemblent au monastère que certains jours prescrits pour la célébration de quelques rites.

Toute la région est habitée par des gens de race tibétaine, immigrants venus du Bhoutan par le col de Ha, passablement rétifs à tout progrès.

J'ai vu planter les premières pommes de terre à Latchén, grâce à l'initiative de dames missionnaires suédoises. Les indigènes résistaient déclarant que personne chez eux n'avait jamais cultivé pareil végétal, qu'il ne pousserait pas et qu'ils ne voulaient pas en manger. Il fallut un ordre formel du prince héritier pour les amener à planter les tubercules insolites. Maintenant, la pomme de terre qui croît excellemment, sans soins dans leurs parages constitue leur principale nourriture et ils l'exportent, avec profit, dans le sud du Sikkim.

La même résistance se manifesta à Latchoung lorsque le prince héritier s'avisa de vouloir y faire planter des pommiers. Le résultat de l'épreuve fut aussi satisfaisant que celui qui avait résulté de la culture des pommes de terre ; les fruits récoltés à Latchoung sont d'excellente qualité et trouvent à se vendre jusque dans l'Inde.

Les Latchénpas montrèrent une obstination encore plus grande lorsqu'il s'agit d'établir une école dans leur village. La même opposition se manifesta d'ailleurs chez tous les Sikkimis.

Le prince héritier qui avait résidé à l'université d'Oxford et y avait acquis des idées progressistes voulait répandre l'instruction dans son petit pays. Il décida donc que, dans chaque village, un certain nombre de garçons fréquenteraient l'école. Les indigènes qui acceptaient facilement les corvées obligatoires crièrent à la persécution, ils assiégèrent les notables chargés de désigner les ''victimes'', les comblant de cadeaux pour les inciter à épargner leurs fils ou, tout au moins, à ne choisir comme écoliers que les plus stupides des enfants, ceux qui se montraient incapables de rendre des services pour la culture des champs ou la garde du bétail.

Il fut, aussi, impossible de trouver des instituteurs parmi les Sikkimis, rares étaient ceux d'entre eux qui savaient lire, plus rares encore ceux qui savaient écrire, en dehors d'un petit groupe formé par la noblesse locale et les membres les plus hauts en grades du clergé qui, bien entendu, ne pouvaient s'abaisser à instruire des gamins stupides et crasseux. Pour l'école de Latchén l'on fit appel à un Tibétain.

Peu après son entrée en fonction, des rumeurs bientôt confirmées, apprirent aux autorités qui l'avaient élu, que l'instituteur était un meurtrier en fuite qui avait passé la frontière pour échapper à la justice tibétaine. Les montagnards des Himâlayas ne s'effarouchent pas pour si peu. L'instituteur dirigeant l'école de la capitale, un ivrogne notoire — ce qui est considéré dans le pays avec grande bienveillance et une certaine approbation — avait, dans sa jeunesse, essayé la lame de son couteau dans le dos de sa femme. Ce sont là peccadilles et le meurtrier demeura maître d'école.

*

En quittant Latchén, la vallée, qui continue à s'élever, s'élargit considérablement et s'étale en forme de petits plateaux portant plusieurs lacs minuscules. A l'un d'eux, situé au pied d'un escarpement rocheux, s'attachent diverses légendes provenant d'un fait particulier. Ce lac est habité, en été, par un couple d'oiseaux au beau plumage mordoré dont la tête porte une huppe jaune d'or. Jamais on n'y voit davantage d'oiseaux, jamais on n'en voit moins. Les arrière-grands-pères des gens du pays ont entendu conter par leurs arrière-grands-pères que toujours exactement, à la même saison, le même couple d'oiseaux à la huppe dorée apparaît sur le lac.

L'endroit est mélancolique, pluvieux et froid. Il n'est pas rare d'y voir flotter sur le lac, au cœur de l'été, de petits glaçons minces comme des feuilles de papier : en hiver l'eau ne forme qu'un seul bloc de glace et les alentours du lac se couvrent d'une couche de neige épaisse de plusieurs mètres. Lorsque sa surface est durcie, les Latchénpas traversent de temps en temps le col frontière (Sépo la) pour aller se ravitailler à Kampa Dzong — une bourgade tibétaine, siège d'un gouverneur dépendant de Lhassa — ou pour y traiter des affaires commerciales.

C'est du haut de ce col de Sépo, qu'un soir, au coucher du soleil, voici bien longtemps, j'ai jeté mon premier regard sur le Tibet. Je ne me doutais guère, à ce moment, que, par la suite, j'y passerais tant d'années, mais le spectacle que je contemplai, m'ensorcela pour la vie. Devant moi, s'étendait un plateau d'une étendue démesurée, touchant au lointain, à un enchevêtrement de montagnes étagées. La distance ne permettait pas d'en discerner nettement les contours et le soleil couchant en faisait de simples taches de couleur rose, mauve, orange et or, sans cesse mouvantes, sans cesse changeant de teinte qui pâlissaient graduellement avant d'être absorbées dans le ciel d'un bleu dur qui s'obscurcissait.

Poursuivre, ce soir-là, ma route vers ce monde féerique, je ne le pouvais pas ; le sol devant moi, était terre interdite et je n'avais pas encore appris à me jouer de ceux qui s'arrogent le droit d'élever des barrières sur la terre qui n'est à personne et à tous.

C'est du haut d'un col voisin, le Jélapla (4 400m d'altitude) que douze ans plus tard, j'ai dit, au Tibet, un adieu que je croyais devoir être définitif sans, encore une fois, me douter que j'y retournerais pour un nouveau très long séjour.

# Réalités et féeries du Japon

"Sommes-nous venus du Ciel ou de la Mer ?"

Ce sont les Japonais qui, dans un poème, posent ainsi le problème de leurs origines. Descendre du Ciel est évidemment plus glorieux et flatte davantage la vanité innée en tous les hommes, mais les données plus réalistes résultant des recherches de spécialistes autorisés, combattent la trop avantageuse opinion que les Japonais pourraient avoir d'eux-mêmes.

Les Japonais ont été des immigrants d'origine malaise-polynésienne pour une part et de race mongole pour une autre part ; les uns des navigateurs aventureux du genre de ceux qui ont peuplé les îles de l'Océanie ; les autres, vraisemblablement, venus par voie de la Corée.

Les territoires où ils abordèrent n'étaient pas déserts. Ils étaient occupés par des populations de race blanche, dont une partie, au moins : les Aïnos se distinguaient par la surabondance du système pileux. Leurs descendants actuels, en petit nombre, habitent, surtout, les îles septentrionales du groupe japonais.

Les contes charmants de la mythologie japonaise ne dissimulent pas le fait que les Japonais ont dû conquérir sur d'anciens occupants le sol qu'ils occupent.

Après que le grand dieu autogène Ame-no-mi-nakanusimo kami eut émergé du chaos, deux dieux apparurent : Izanami et Izanagi. Il est dit qu'ayant vu deux oiseaux qui s'accouplaient, ces personnages divins eurent soudain, la notion de leur sexe et se marièrent. L'idée leur vint ensuite, que l'existence d'une terre habitable était désirable, et tandis qu'ils se trouvaient sur le grand pont céleste qui traverse l'espace, ils plongèrent jusqu'au fond de l'Océan leurs lances ornées de joyaux. En retirant celles-ci il en tomba des mottes de terre qu'elles avaient accrochées sous les eaux. Ces mottes s'étalèrent sur la mer et donnèrent naissance aux îles qui constituent le Japon.

Comme celle de tous les anciens peuples qui ignoraient l'étendue de la terre, la Genèse des Japonais se borne à l'origine de leur pays.

La descente dans les îles, nouvellement formées, de personnages de race divine est narrée comme suit : La déesse solaire Amaterasou, souveraine de la "Haute Plaine Céleste", fille d'Izanagi (issue de l'œil gauche de ce dieu) avait un frère, issu du nez d'Izanagi : Sousanomo-Mikoto. C'était un individu turbulent et brouillon dont les écarts de conduite offensèrent sa sœur. Pour débarrasser les dieux de sa présence elle l'exila au pays de Né où il se rendit suivi par un groupe de ses compagnons. Les Japonais situent approximativement ce pays de Né au sud du Japon.

Dès son arrivée, Sousanomo se trouva en présence d'un occupant du sol, un chef nommé Yamada-no-Orochi. Sousanomo l'attaqua, fut vainqueur et s'empara du sabre du vaincu qu'il offrit à sa sœur Amaterasou. Ce sabre est l'un des trois articles constituant le trésor sacré de la Maison Impériale du Japon. Les deux autres articles sont un miroir et un joyau. Une histoire charmante est attachée au miroir. La déesse Amaterasou ayant eu des sujets de mécontentement se retira, boudeuse, dans une grotte ; il s'ensuivit que, Amaterasou étant la déesse solaire, sa retraite plongea le monde dans les ténèbres. Désolation générale : l'on pria, l'on supplia la déesse d'oublier ses griefs et de réapparaître, rendant la clarté aux êtres ; ce fut en pure perte. Alors, les divins habitants de la " Plaine Céleste " s'avisèrent d'un stratagème. Ils donnèrent une fête bruyante qui excita la curiosité d'Amaterasou. Elle s'avança un peu hors de sa cachette pour voir ce qui se passait. A ce moment on approcha d'elle le miroir et comme Amaterasou s'avançait davantage pour se mirer, on en profita pour la prendre par la main et l'entraîner hors de la caverne ; aussitôt la lumière se répandit de nouveau sur le monde.

Ensuite Amaterasou envoya, au Japon, son petit-fils Ninigi-no-Mikoto lui commandant de régner sur le pays et d'y fonder une dynastie. Celle-ci, disait la déesse, "serait éternelle comme le Ciel et la Terre."

Ninigi, avec les gens de sa suite, atteignit le Japon à un endroit qui, selon les Japonais aurait été situé sur l'emplacement de la moderne Osaka.

Le fils et le petit-fils de Ninigi lui succédèrent. Avec son arrière-petit-fils Jimmou, en 660 avant J.C. l'histoire du Japon sort de la mythologie et se réfère à des faits qu'il est possible de considérer comme réels.

Cette ère historique débute par une expédition vers l'est. Le but de cette expédition était la conquête du territoire de Yamato où Jimmou désirait établir le siège de sa dynastie.

Ses premiers efforts furent infructueux. Il fut repoussé par les occupants du pays.

S'étant d'abord replié vers Kii, il recommença l'attaque dans une autre direction et, cette fois, il fut victorieux. Ainsi, de l'île de Kioushou où Ninigi l'arrière-grand-père de Jimmou est dit avoir débarqué, les Japonais avaient progressé jusqu'au cœur même du pays.

L'histoire du Japon se déroule, ensuite, présentant les épisodes habituels d'intrigues et de crises communs aux histoires de tous les pays, mais avec une nuance particulièrement sombre mettant en relief une mentalité très différente de la nôtre.

A part quelques luttes avec les Aïnos et deux guerres avec les Coréens, ce sont, surtout, entre eux, de clan à clan, que les Japonais se sont battus pendant des siècles, souffrant les effets de l'ambition et des rivalités des seigneurs féodaux.

Des faits singulièrement dramatiques émergent de ce passé, souvent déconcertant pour nous, du peuple japonais.

*

Le plus grand héros des Japonais est un général vaincu . Massashige.

Massashige était un petit chef de clan de la province de Kawachi qui soutenait l'empereur Godaiijo dans les efforts que celui-ci faisait pour abattre le pouvoir des premiers ministres (les Shoguns) et reprendre l'exercice de l'autorité. Pendant longtemps Massashige tint tête aux forces du Shogun, mais malgré ses efforts, les partisans de l'Empereur furent vaincus et celui-ci se réfugia dans l'île d'Oki. Toutefois, ses partisans ne se résignèrent pas à leur défaite, ils recommencèrent la lutte, Massashige étant à leur tête. Après un combat héroïque, le brave général fut de nouveau vaincu.

C'est la suite tragique que Massashige donna à sa défaite qui a fait de lui le héros national du Japon.

Après la bataille, Massashige s'était retiré dans une ferme avec son frère Massasue et un nombre de ses fidèles compagnons d'armes. Assis l'un en face de l'autre, les deux frères se disposaient à se suicider. — " Que ferons-nous après notre mort ", demanda Massasue à Massashige (tous deux croyaient aux réincarnations).

''Je souhaite,'' répondit Massashige, ''renaître sept fois comme un homme dans ce monde, pour combattre les ennemis du pays.'' — ''Mon désir est absolument le même,'' répondit Massasue. Et ils se percèrent mutuellement avec leurs sabres.

Soixante-douze de leurs compagnons d'armes se suicidèrent avec eux. Dans un discours, éloge funèbre, prononcé devant les troupes à Port

Arthur après la victoire des Japonais sur les Russes (1904) le Rev. Soyen Shakou, chef du monastère de Kamakoura de la secte bouddhiste de méditation (Zen shou) rappela le souhait émis par Massashige en 1335. "En chacun de vous c'est Massashige qui revit," dit-il aux soldats. "Chacun de vous est Massashige lui-même."

Un fait digne d'être noté est la transformation que les Japonais font subir à tout ce qui les approche : doctrines, coutumes, inventions matérielles, afin de les intégrer dans leurs propres conceptions, de leur imprimer le cachet de leurs propres tendances. Il y a là, pourrait-on dire, un phénomène analogue à celui de la digestion : les Japonais saisissant ce qui leur est présenté, s'en nourrissant et la chose, ainsi assimilée, calquée sur le moule japonais, "devenant japonaise."

C'est ce qui est advenu au Bouddhisme introduit au Japon par les Coréens en 552. Rien n'est plus opposé à l'esprit du Bouddhisme que la vengeance, la guerre et les suicides collectifs du genre de ceux de Massashige, de son frère et de leurs soixante-douze frères d'armes. Cependant, un éminent Maître religieux comme Soyen Shakou n'hésite pas à témoigner de l'admiration à l'égard de ces faits, héroïques, sans doute, mais qui nous paraissent mieux convenir au comportement de stoïciens qu'à celui de Bouddhistes. Au cours d'entretiens avec le Rev. Soyen Shakou, à Kamakoura, j'ai été fortement tentée de lui demander des explications à ce sujet, mais on m'en a dissuadée m'assurant que poser une telle question contreviendrait aux règles de la politesse japonaise.

*

Un autre exemple de l'association bizarre du code de l'honneur de la caste guerrière japonaise avec le Bouddhisme m'a été offert au temple de Sengakou (Sengakou-ji) à Kyôto où se trouvent les tombes des "quarante-sept ronins". Voici leur histoire :

Quarante-sept samouraïs étaient les vassaux du Seigneur d'Ako : Asano Naganori. Il arriva que ce seigneur, alors qu'il se trouvait dans le château du Shogun, se prit de querelle avec un autre seigneur nommé Kira Yoshinaka.

Asano se considérant comme insulté par Kira dégaina et le blessa Se battre dans la demeure du Shogun était une offense grave ; le Shogun condamna Asano à se suicider ; ses terres et ses biens furent confisqués.

Aishi Yoshio et quarante-sept autres vassaux résolurent de le venger (Noter, de le venger non sur le Shogun qui l'avait obligé à se suicider en s'ouvrant le ventre, mais sur Kira l'offenseur qui avait été blessé et s'était guéri de ses blessures).

Toutefois, des années se passèrent sans que les samouraïs trouvent l'occasion d'exercer leur vengeance. Kira avait changé de résidence ; il était averti, aussi, de ce que l'on tramait contre lui et se faisait garder par ses gens. Pour endormir sa défiance, les quarante-sept associés se dispersèrent, parurent ne plus penser à leur maître défunt. L'un deux se fit marchand de poissons, d'autres affectèrent de se livrer à la débauche, un autre encore, contrefit la folie. Tout cela pendant des années.

Puis, une nuit, ils surprirent Kira et, après un combat acharné avec les propres samouraïs de ce seigneur, ils lui coupèrent la tête, l'emportèrent au Senkaou-ji et l'y lavèrent dans une fontaine que l'on montre aux visiteurs.

Les Japonais admirateurs des vendettas de ce genre comprennent pourtant que ceux qui s'y livrent doivent le faire à leurs risques et périls. Telle était l'opinion des quarante-sept ronins. Après le meurtre de Kira, ils demeurèrent dans le temple tandis que leur chef Aishi se rendait chez le magistrat pour lui conter le drame et recevoir ses ordres. Ceux-ci furent sévères : tous les participants au meurtre devaient se suicider de la façon honorable en s'ouvrant le ventre (hara-kiri) [1] ce qu'ils firent sauf le moins élevé en rang qui avait été envoyé comme messager à la veuve d'Asano pour l'informer que son mari était vengé. Ce messager n'avait pas pris une part active au meurtre et échappa à la condamnation. D'où il résulte qu'on ne voit que quarante-six tombes dans le jardin du temple.

Les Japonais se complaisent à l'évocation de drames sombres de ce genre. Le suicide commandé du Seigneur Asano et ses suites lugubres datent de trois siècles, mais lorsque je visitai Senkakou-ji des bâtons d'encens fumaient sur les tombes des ronins et je vis des hommes au maintien pieux en apporter de nouveaux.

Cela se passait avant la dernière guerre. Les grandes secousses qu'elle a causées au Japon, d'abord l'enivrement d'une victoire presque impensable, puis l'écrasement sous des engins insolites ont-elles modifié la mentalité des Japonais ? — C'est possible mais non pas certain. Ce qui est certain c'est que les Japonais ne se croient pas, ne se sentent pas vaincus. De fait, on oserait difficilement les contredire sur ce point. Tant que la guerre a été une affaire d'hommes, menée avec des moyens connus, à l'échelle humaine, ils ont été vainqueurs. Sont venues ensuite les catastrophes d'Hiroshima, de Nagasaki, l'enrôlement inattendu par l'adresse de l'ennemi d'une force secrète de la nature et d'avoir été écrasés par elle, les Japonais ne le considèrent pas plus humiliant que de subir les désastres causés par un raz de marée, l'éruption d'un volcan ou un tremblement de terre.

Les victoires japonaises ont appris aux Asiatiques que les Blancs ne sont pas invincibles et que, possédant des armes égales, les Asiatiques les vaudraient. C'est une leçon dont nous avons déjà commencé à sentir

---

1. Mais, sauf erreur de ma part, une expression plus polie pour désigner ce genre de suicide est *sepou kou*.

les conséquences. Quelqu'un a dit : ''Le Japon vaincu a gagné la guerre'' Devons-nous le croire ? — Les Japonais, eux, ne sont peut-être pas loin d'en être persuadés.

*

Il ne faut pas aller au Japon après avoir vécu pendant longtemps dans les Himâlayas, surtout, pas après avoir contemplé les paysages démesurés du Tibet. C'est ce qui m'est arrivé et j'ai pleinement conscience que ce fait m'a, malgré moi, empêchée d'apprécier comme il convient le charme des sites de cet intéressant pays.

Les Japonais aiments-ils la Nature ? — Ils le disent et peut-être le croient-ils sincèrement, mais la vérité est qu'ils s'estiment très supérieurs à elle en tant qu'esthètes ; aussi les voit-on, partout et en tout, empressés à corriger son œuvre, qu'il s'agisse d'un site ou d'un simple bouquet de fleurs. Il s'ensuit qu'au Japon, l'on se meut presque continuellement dans un décor artificiel, tel que celui d'une scène de théâtre et passablement lassant pour qui n'y est pas né.

La liberté de comportement qu'ils réprouvent et veulent réprimer chez les objets naturels, répugne aussi, aux Japonais, chez les êtres humains. Des manières guindées conformes à un code étroit qui n'admet aucune spontanéité sont volontiers considérées, par eux, comme la caractéristique d'une bonne éducation dans une société civilisée. Solennité, gravité est le thème sur lequel s'est déroulée depuis des siècles, la vie des Japonais. Ce sérieux compassé ils l'apportent dans les choses où nous nous attendrions le moins à le rencontrer. À Kyôto, j'ai vu danser les *geishas*, dans cette sorte d'académie où sont instruites, dans les divers arts que comporte leur profession, celles qui aspirent à devenir des étoiles.

Les Étrangers se méprennent grandement au sujet des *geishas* et gratifient de ce nom toutes les quelconques prostituées, amuseuses de bas étage. Les véritables *geishas* sont des artistes, il y a autant de différence entre elles et le menu fretin des filles de joie qu'il y en a, chez nous, entre les chanteuses de boui-boui et les artistes de l'opéra. Leurs mœurs sont libres, mais elles choisissent leurs amants — donnant, généralement, avec un sage discernement, la préférence aux plus riches des candidats — et tout se passe avec le décorum prescrit par le code japonais, pour ces circonstances.

A l'Académie de Kyôto l'on enseignait outre la danse, le chant, le jeu des divers instruments de musique, les règles concernant l'arrangement des fleurs, celles qui régissent la cérémonie du thé, etc. etc.

Chaque année, avant la guerre, une ''saison'' de représentations avait lieu, à Kyôto, pendant laquelle les élèves de l'Académie des geishas et certaines des anciennes élèves ayant acquis de la célébrité se produisaient sur la scène de l'établissement. Des connaisseurs me dirent que le spectacle était de la plus haute qualité ; des règles minutieuses dictaient la couleur des vêtements des danseuses, des accessoires : éventails ou fleurs, qu'elles tenaient à la main, de la toile de fond de la scène et autres détails qui échappaient aux profanes.

Aucune gaieté n'émanait des lentes évolutions des femmes aux visages graves et impassibles, vêtues de kimonos de teintes généralement ternes, qui se succédaient par groupes, esquissant des gestes mesurés ou se figeant dans des attitudes bizarres. Deux de leurs condisciples musiciennes, agenouillées des deux côtés de l'avant-scène, l'une jouant du samisen et l'autre d'un petit tambour au son voilé, accompagnaient les exercices chorégraphiques.

Vers la fin de la représentation, une femme âgée, professeur à l'établissement dansa seule, prenant des poses et traçant des signes avec son éventail. Un des spectateurs me dit que sa technique était impeccable, qu'elle atteignait au maximum de l'émotion artistique.

De fait dans la salle plongée dans un silence d'église, les assistants, l'air recueilli, paraissaient savourer intensément les jouissances esthétiques qui leur étaient offertes.

Evidemment, il s'agissait, là, comme en presque toutes choses, au Japon, de sentiments qui nous sont incompréhensibles.

*

Au plaisir que les Japonais ont de plier la Nature à leur code particulier de la beauté celle-ci oppose souvent une résistance obstinée ; son heureux résultat est qu'il existe, au Japon, des endroits non torturés par l'ingéniosité des "esthètes" locaux et qui sont demeurés charmants. Si des bourreaux du règne végétal sont parvenus à créer ces monstruosités botaniques que sont des chênes centenaires tenant dans un minuscule vase de porcelaine placé sur une étagère, il y a par contre, au Japon, des arbres magnifiques ; j'en ai vu qui mesuraient environ six mètres de circonférence. Certains rochers se montrent particulièrement entêtés : dressés à des endroits où leur présence est jugée fâcheuse pour la belle ordonnance du paysage ils y narguent les éboulements et les tremblements de terre qui tentent de les ébranler. Et puis il y a les montagnes, non point majestueuses et sereines comme celles des Himâlayas mais sournoises et toujours inquiétantes recelant le feu dans leurs flancs et dont on ne peut jamais être tout à fait certain qu'il ne leur prendra pas la fantaisie de vomir des laves ardentes sur les menus villages blottis à leur pied.

En plus et au-dessus de tout, au Japon, il y a le mont Fuji ; le Fujidieu (Fuji-no-yama) qui domine physiquement le Japon du haut de ses 3 778 mètres et s'impose moralement à lui par les légendes et les traditions qui s'y rattachent.

Les géologues japonais disent que le Fuji a surgi à l'époque tertiaire. Sa vie active, en tant que volcan, a été de longue durée et s'est terminée en 1707, mais de légères fumées qui s'échappent encore d'un point situé près de son sommet décèlent une certaine activité se poursuivant dans son sein. Le beau Fuji au cône neigeux est toujours vivant. Sous son apparence placide, peut-être sommeille-t-il ; peut-être prend-il sournoisement son temps...

Le Fuji, demeure de déités est lui-même un dieu. Une ascension au Fuji n'est pas un simple divertissement sportif, c'est un pèlerinage ; des amulettes, des charmes protecteurs sont fabriqués avec le ''bois sacré'' d'arbres qui croissent sur ses flancs et beaucoup d'ascensionnistes s'en munissent pieusement.

L'on raconte qu'après leur victoire, les occupants américains ont fait tirer des coups de canon sur le Fuji afin de démontrer aux ''superstitieux'' Japonais, que nul dieu ne risposterait. L'information est-elle exacte ? — Ce serait regrettable. Il y aurait là, un geste puéril, choquant et maladroit. Le volcan endormi pourrait se réveiller... le Japon aussi, et il n'y manque pas de savants du genre du grand physicien Yukawa (prix Nobel 1949) capables de suppléer, le cas échéant, à l'activité du dieu Fuji.

*

Dois-je parler des religions professées par les Japonais ? — Un bon nombre d'auteurs l'ont fait, les uns traitant, en érudits, des textes sur lesquels les sectes japonaises basent leurs enseignements respectifs ; les autres, traçant un tableau des manifestations populaires d'ordre religieux. Il semble donc que nous soyons parfaitement renseignés. Pourtant... pourtant, n'y a-t-il pas quelque chose à découvrir sous les dehors qui nous sont aisément accessibles... une espèce de vérité ''ésotérique'' ? — A y bien regarder n'est-ce pas sur eux-mêmes, sur leur race que sont centrés les sentiments religieux des Japonais ?

Le Bouddhisme authentique avec sa doctrine de l'impermanence foncière de toutes choses et de l'inexistence, en elles, d'un *ego* stable n'a pas entamé la foi des Japonais en la pérennité du Japon. La plus intellectuelle des sectes bouddhistes, le Ts'an, d'origine chinoise, très empreint d'esprit taoïste, qui enseigne une méfiance avisée à l'égard des données fournies par nos sens et des théories élaborées par notre esprit inventif est devenu au Japon la Zen shu qui, jadis, recrutait des adeptes parmi la noblesse militaire batailleuse très pénétrée de l'importance de sa caste. De nos jours la Zen shu groupe une élite intellectuelle qui, sur un autre plan, est aussi imbue que les *samouraïs* et les *daymios* des siècles passés, d'une foi profonde en la supériorité de la race japonaise.

*

Enfin il y a Isé abritant dans un sanctuaire défendu des approches de la foule, par trois enceintes de palissades largement espacées, la présence invisible d'Amatérasou, la déesse solaire, aïeule des Tennos, les Empereurs de race divine à qui elle a promis, pour leur dynastie ''une Eternité égale à celle du Ciel et de la Terre''.

Les pèlerins d'Isé ne sont ni des dévots, ni des quémandeurs. Le sentiment qui, devant une palissade de bois brut, fait battre le cœur du collégien, comme celui du vieillard, le cœur du paysan, comme celui de savants célèbres, c'est celui d'un immense orgueil. A Isé, tout Japonais se sent membre d'une famille distincte de toutes les autres : d'une famille divine.

''Sommes-nous venus du Ciel ou de la Mer ?'' demande un poète, au nom des Japonais. Un Américain malveillant, mais peut-être clair-voyant, à qui je citai cette phrase, répliqua en faisant allusion au caractère volcanique des îles japonaises : ''Venus du ciel ? — Eh !... N'est-ce pas, plutôt, venus des feux d'en bas !''

Libre à chacun de voir dans les Japonais, des demi-dieux, ou des diables ; de les tenir, ou non, pour un grand peuple, ce qui est certain c'est qu'ils sont un peuple redoutable.

# Wesak,
## la fête du Bouddha

Chaque année, le 26 avril, les bouddhistes commémorent Wesak, anniversaire de naissance du Bouddha. Durant ses voyages, comme de retour en France, Alexandra ne manquait pas de célébrer d'une manière ou d'une autre cette fête solaire. Et, à la fin de sa vie, elle envoya, quand elle ne put se rendre à leur assemblée, un message aux Amis du Bouddhisme, réunis pour cette occasion. Nous avons retrouvé quelques-uns de ces textes qui forment la meilleure initiation qui soit au message de ce sage exemplaire : le Bouddha.

# WESAK 1964

Quand des Bouddhistes se réunissent au mois de Wésak, ce n'est pas pour adorer un Dieu. C'est pour commémorer la naissance d'un grand Penseur, l'on peut même dire : du plus grand des Penseurs.

Ce maître a expressément et, à maintes reprises, déclaré qu'il n'y avait rien de surhumain en sa personne et que les vérités qu'il exposait à ses auditeurs, il ne les tenait d'aucune révélation surnaturelle.

Il était un homme qui avait cherché à *connaître*, et qui, après un examen minutieux et prolongé des êtres et des choses qui constituent notre monde, était parvenu à *Voir* ces êtres et ces choses tels qu'ils sont en réalité.

Les Sûtras qui forment les Ecritures bouddhistes ont été rédigés longtemps après la mort du Bouddha. Ils sont basés sur des traditions transmises oralement, ce que nous montrent les mots ''ainsi ai-je entendu'' par lesquels les Sûtras débutent. Il nous est donc permis d'entretenir parfois quelques doutes quant à la parfaite historicité dans tous leurs détails, des faits qu'ils rapportent. Cependant, il existe certaines narrations qui sont indubitablement marquées du sceau de l'authenticité. De ce nombre sont celles qui se rapprochent à l'accession de Siddharta Gautama à l'illumination spirituelle et aux faits qui la suivirent.

Ces textes vous les connaissez comme moi, pourtant, il peut être utile de nous les rappeler. Relisons-les donc :

*Alors, à l'esprit du Bhagavan se trouvant seul, dans la solitude, cette pensée se présenta.*

*J'ai découvert cette vérité profonde, difficile à percevoir, difficile à comprendre, que seul le Sage peut saisir. Pour les hommes qui s'agitent dans le tourbillon de ce monde, ce sera une chose difficile à comprendre que la suppression des confections mentales (Les Samskâras).*

Nous voici fixés. L'enseignement du Maître ne pourra être compris que par une élite d'auditeurs intelligents. Notre texte va le préciser.

Dans le Mahâvagga nous lisons ce qui suit :

*Le Bhagavan regarda le monde avec l'œil d'un Bouddha. Il aperçut des êtres dont l'œil spirituel était couvert d'une épaisse poussière et d'autres dont l'œil spirituel n'était couvert que d'une légère poussière. Il distingua des êtres d'un esprit vif et des êtres d'un esprit obtus, des êtres d'un caractère noble et des êtres d'un caractère bas, des êtres difficiles à instruire et des êtres aisés à instruire. Et quand il eut vu ces choses, il s'écria, que celui qui a des oreilles entende. J'enseignerai la loi salutaire.*

Aurons-nous la hardiesse de nous compter parmi ceux dont les yeux spirituels sont exempts de toute poussière, de ceux dont les oreilles sont capables d'entendre ?

Peut-être plus modestement, nous rangerons-nous parmi ceux chez qui la poussière de l'ignorance qui voile leurs yeux spirituels, pourra être balayée.

Comment cela se fera-t-il ? Le Bouddha ne pourra pas s'en charger, il n'a rien d'un Sauveur surhumain qui nous prendra dans ses bras pour nous transporter dans un céleste paradis.

Il a été catégoriquement déclaré : "Les Bouddhas ne peuvent qu'enseigner, c'est à vous de faire l'effort".

Le désir d'atteindre la *Connaissance*, le désir de contempler des réalités face à face est-il assez puissant en nous, pour nous inciter "à faire l'effort" ?

S'il en est ainsi, le Bouddha a une méthode à nous proposer. Cette méthode a été inscrite sous la forme du Sentier aux huit branches. La première de celles-ci consiste dans les *vues correctes*. En effet, si l'on entretient des notions fausses, tous les actes énumérés dans les branches suivantes seront faussés.

Cette méthode propre à nous faire accéder à une Connaissance pareille à celle des Bouddhas, a, aussi, été résumée en trois points :

Premièrement : regarder, observer afin de voir correctement.

Deuxièmement : méditer, réfléchir sur cela que l'observateur a fait découvrir, sur ce que l'on a *vu*.

Troisièmement : *agir*. Se comporter d'après les notions que l'on a acquises va de soi. Aucune contrainte n'est nécessaire. Le Bouddhiste n'a pas à s'imposer des *devoirs* ; il suit les impulsions qui naissent spontanément de sa raison éclairée.

Le premier point de ce programme *regarder-voir*, consiste dans la pratique de l'attention soutenue de l'examen minutieux des êtres et des choses qui nous entourent ; dans l'examen des événements qui se sont produits dans le passé et des événements qui se produisent sous mes yeux.

Dès l'abord, nous pourrons constater leur caractère transitoire.

Les siècles, les millénaires décrits dans l'histoire de l'humanité ne sont que de brèves minutes dans les étapes de la vie de notre terre et l'existence de notre terre est un phénomène insignifiant parmi les mondes innombrables qui surgissent et se désagrègent dans l'espace.

Quant aux hommes qui nous entourent, ils ont à peine le temps d'apparaître sur la scène du monde, d'y esquisser quelques gestes, que déjà, ils disparaissent dans le mystère de la mort.

Je crois vous avoir déjà parlé de ce sujet l'Année dernière, mais vous estimerez peut-être, que nous ne pouvons jamais y apporter trop d'attention, car il est la base de l'enseignement bouddhiste.

Si au cours de ses observations, l'observateur a perçu l'impermanence de tout ce qu'il a observé, il a pu, aussi, distinguer les liens qui relient la succession des faits qu'il a perçus, soit, l'enchaînement des causes et des effets.

Leur enchaînement et, aussi, leur enchevêtrement. Il aura pu constater qu'un fait, soit matériel, soit mental, n'est jamais le produit d'une seule cause, mais celui d'une réunion de causes.

En observant la cohue des idées, des sentiments, des impulsions différents, et souvent contradictoires qui se bousculent dans notre esprit, il aura discerné que chacun des personnages de cette foule a de nombreux et lointains antécédents.

De nombreux aïeux vivent actuellement en chacun de nous. La plupart de nous les ignorent et ne se doutent pas que, maintes fois, en croyant choisir leur conduite, ils leur obéissent. Seul, l'observateur qui a *vu* à la façon bouddhiste de voir, reconnaît ses ancêtres parfois glorieux, mais plus souvent insignifiants, et découvre qu'il n'est pas *un Moi*, mais un groupe d'individus. Un groupe instable dont certains de ses membres se séparent, tandis que d'autres individus viennent s'y joindre.

Nous croyions autrefois à l'atome, c'est-à-dire à une unité indivisible et nos savants ont découvert qu'il est un tourbillon.

Ainsi, il y a plus de vingt siècles le Bouddha a-t-il vu le *Moi* être une unité illusoire. Ainsi le voient ceux qui ont, comme lui, regardé, observé avec une attention suffisante.

Nous voici arrivés au second point du programme : *méditer.*

Les observations que nous aurons faites, nous fourniront maints sujets de réflexions et la méditation préconisée par le bouddhisme consiste à réfléchir sur ce que l'on a vu et à en tirer des conclusions.

Pratiquée de cette manière la Méditation aura pour résultat pratique un comportement raisonnable dans toutes les circonstances.

Nous éviterons d'accomplir des actes inconsidérés nuisibles à autrui et à nous-mêmes.

Cependant, des conceptions singulières concernant la méditation sont entretenues par certains Bouddhistes. Il en est qui confondent la méditation avec un exercice d'autosuggestion, tendant à produire des états de conscience qu'ils imaginent être supranormaux. Il en est qui s'assemblent pour se livrer à cet exercice sous la direction d'un guide qui leur indique les étapes auxquelles ils sont censés être parvenus.

"Vous voyez ceci, vous éprouvez tel sentiment" annonce-t-il alors, que, naturellement, il ne peut rien savoir de ce qui se passe dans l'esprit de ceux qui sont assis autour de lui. Toutefois, ceux-ci s'efforcent de se persuader qu'ils voient ou éprouvent ce qui leur est indiqué.

D'autres se placent devant un mur blanc, s'efforçant d'y voir paraître des images qu'ils ont formées mentalement. Un minimum d'entraînement suffira généralement pour y réussir. Quelle conclusion en tirer ?

Si celui qui se livre à cet exercice, le fait à titre d'expérience, en demeurant parfaitement lucide, il pourra en déduire que, de même que les images qu'il a fait apparaître sur le mur blanc, les images du monde qui l'entoure sont des projections de son esprit.

Il rejoindra, alors, la pensée du célèbre philosophe bouddhiste Nâgârjuna :

"Comme des images vues en rêve, ainsi faut-il considérer toutes choses."

"Images de rêves", nous pouvons l'admettre, mais ces images sont des réalités pour le rêveur, tant qu'il rêve.

Dans son rêve, il se réjouit, il souffre, il est terrifié. Pauvre jouet d'une illusion qu'il "confectionne".

Et comment alors, une immense pitié, une bienveillance sans limite ne surgirait-elle pas dans le Bouddhiste conscient, aussi, du caractère illusoire de sa propre personne.

Ici, le raisonnement peut cesser ayant atteint son but. Nous avons atteint le seuil, de la *Connaissance* et ce qui suit est silence, Nirvâna.

# WESAK 1965

Alors que nous voyons les anciennes Religions occidentales multiplier les efforts pour se moderniser, certains se sont demandé quelle pourrait être l'attitude des Bouddhistes dans les circonstances actuelles.

Ces circonstances sont, pour ces Religions, leur rencontre avec les découvertes de la science et les réflexions que celles-ci peuvent engendrer dans les esprits de leurs fidèles. Des préoccupations de ce genre ne peuvent atteindre des Bouddhistes.

Mais d'abord, le Bouddhisme est-il une Religion ? —

A cette question nous pouvons sans hésitation, répondre : *Non*. Qu'est-ce qu'une religion ? —

D'après la définition des dictionnaires, c'est un corps de doctrines, comprenant des dogmes que les adeptes de cette religion doivent accepter et auxquels ils doivent croire aveuglément, sans se permettre aucun doute au sujet des faits qu'ils rapportent.

Comparez cette injonction avec le conseil que, d'après les textes bouddhiques, le Bouddha donna à ses disciples.

*Ne croyez pas sur la foi des traditions alors même qu'elles sont en honneur depuis de longues générations et en beaucoup d'endroits. Ne croyez pas une chose parce que beaucoup en parlent. Ne croyez pas sur la foi des sages des temps passés. Ne croyez pas ce que vous vous êtes imaginé, pensant qu'un Dieu vous l'a inspiré. Ne croyez rien sur la seule autorité de vos maîtres ou des prêtres. Après examen, croyez ce que vous aurez expérimenté vous-mêmes et reconnu raisonnable, ce qui est conforme à votre bien et à celui des autres. (Kâlâma Sutta).*

Ailleurs, nous voyons qu'après s'être entretenu, avec ses disciples au sujet de la loi de causalité, le Bouddha interroge ceux-ci.

*... Si, maintenant, vous connaissez ainsi et voyez ainsi, irez-vous dire : "Nous vénérons le Maître et, par respect pour lui, nous parlons*

*ainsi? — Nous ne le ferons pas, Seigneur''. — ''Ce que vous dites,
ô disciples, n'est-ce pas seulement ce que vous avez vous-mêmes vu,
vous-mêmes reconnu, vous-mêmes saisi?'' — ''C'est cela même, Seigneur.''*

(MAJJHIMA NIKÂYA).

Au cours de nos études, il nous est certainement permis d'étudier
diverses doctrines. Cette étude est considérée comme utile. Certains
Bouddhistes appartenant à des sectes mahayanistes la déclarent, même,
indispensable mais, finalement, la lumière capable d'éclairer notre route
doit jaillir de nous-mêmes.

*Brille pour toi-même comme ta propre lumière* lisons-nous dans
le Dhammapada.

Et dans un autre texte :

*Soyez votre propre flambeau. Soyez votre propre refuge. Ne vous
confiez à aucun refuge en dehors de vous. Attachez-vous fortement
à la vérité, qu'elle soit votre flambeau. Attachez-vous fortement à la
vérité qu'elle soit votre refuge. Ne cherchez la sécurité en nul autre
qu'en vous-mêmes... Ceux-là, ô Ananda, qui dès ce jour ou après ma
mort, seront à eux-mêmes leur flambeau et leur refuge, qui ne se
confieront à aucun refuge extérieur, qui, attachés à la vérité, la
tiendront pour leur flambeau et leur refuge, ceux-là, seront les premiers
parmi mes disciples ; ils atteindront le but suprême.*

(MAHÂPARINIBBÂNA SUTTA).

D'après le Mahâparinibbâna Sutta, ces paroles font partie des exhor-
tations que le Bouddha adressa à ses disciples dans les derniers jours
de sa vie.

Souvent aussi les Ecritures canoniques nous montrent le Bouddha
comme un ennemi des théories métaphysiques. Les recherches de
l'homme, pense-t-il, doivent s'exercer dans le domaine que ses perceptions peuvent atteindre ; vouloir dépasser ce terrain solide est tom
ber dans les divagations néfastes. A tout le moins, c'est perdre un temps
qui pourrait être employé à acquérir des connaissances propres à être
utilisées pour combattre et détruire la souffrance.

*N'ayez pas, ô disciples, des pensées de ce genre : le monde est éternel.
Le monde n'est pas éternel. Le monde est infini. Que le monde soit
ou non éternel, qu'il soit limité ou infini, ce qu'il y a de certain c'est
que la naissance, la décrépitude, la mort et la souffrance existent.*

(SAMYUTTA NIKÂYA ET MAJJHIMA NIKÂYA)

Inutiles, aussi, sont les discussions concernant l'être et le non-être.

*Le monde a coutume de s'en tenir à une dualité : être et non-être
Mais pour celui qui aperçoit, en vérité et en sagesse, comment les chose*

*se produisent et périssent dans le monde, il n'y a ni être ni non-être.*

(SAMYUTTA NIKÂYA)

Nous comprendrons, ici, que le monde, l'existence est perpétuel changement, perpétuel mouvement.

Les Ecritures bouddhiques des Théravadins donnent au Bouddha l'attitude d'un Maître qui appuie sa doctrine uniquement sur des faits dont la réalité lui est apparue. Il se déclare affranchi de toutes théories. Si l'on demande à l'un de ses disciples :

*Le Maître Gautama professe-t-il une opinion quelconque ? Il faut lui répondre : Le Maître est affranchi de toutes théories... Il a conquis la délivrance complète par le rejet de toutes les opinions et de toutes les hypothèses...*

(MAJJHIMA NIKÂYA)

Le Bouddha se défend, du reste, de vouloir donner à son enseignement le caractère d'une révélation. Il n'a été qu'un homme qui sait voir et indique à d'autres ce qu'il a aperçu afin qu'ils le voient à leur tour. L'existence d'un Bouddha n'est pas indispensable, elle ne change rien aux faits.

*Que des Bouddhas paraissent dans le monde ou qu'il n'en paraisse pas, le fait demeure que toutes choses sont impermanentes, sont sujettes à la souffrance et qu'aucune d'elles (aucun phénomène) ne constitue un ''moi''.*

(ANGUTTARA NIKÂYA)

Cette déclaration nous conduit au cœur même des ''vues justes'' selon le Bouddhisme.

*Tous les agrégats sont impermanents.*
*Tous les agrégats sont souffrances.*
*Tous les éléments constitutifs de l'existence sont dépourvus de ''moi''*

Tel est le *credo* du Bouddhisme accepté par tous ses adhérents. Toutefois, ce *credo* est proposé non point à leur *foi*, mais à leur examen. Il leur appartient d'en vérifier par eux-mêmes l'exactitude.

# WESAK 1968

L'année dernière, je vous rappelais que le motif qui vous réunissait ici, en ce mois de printemps, était de commémorer un épisode de la vie d'un Penseur indien, qui vécut il y a 2 500 ans.

Le même motif rassemblait aussi, ce jour-là, en de nombreux pays, les multitudes de ceux qui prétendent suivre son enseignement.

Enseignement ? — La majorité sans doute, de ceux qui célèbrent

WESAK, s'imaginent qu'il s'agit d'entendre énoncer un Credo auquel il leur appartient de donner une adhésion dépourvue de tout examen préalable — cela s'appelle avoir la FOI —. Une telle attitude est, je vous l'ai dit souvent au cours des années précédentes, absolument contraire à l'esprit du Bouddha.

Qu'était le Maître Siddharta le Bouddha ? — Il était un conseiller. A ses auditeurs il montrait une voie, celle qu'il avait suivie, il indiquait une méthode, celle qu'il avait pratiquée. Il appartenait à ceux-ci de suivre cette voie, d'expérimenter cette méthode et de voir s'ils obtenaient un résultat semblable à celui qu'il avait obtenu. C'est là, aussi, ce que nous avons à faire aujourd'hui...

Quelle est la voie que suivit le Bouddha ? —

A son époque, la vie religieuse comprenait une suite d'étapes classiques, dont la haute antiquité se situe au-delà de celles des Vedas. Ces étapes comprenaient des années plus ou moins nombreuses passées à écouter l'enseignement d'un Maître, puis, généralement, la retraite dans la solitude pour s'y adonner à la méditation. Siddharta suivit exactement ce programme. Il écouta successivement plusieurs Maîtres. La tradition nous a conservé les noms de deux de ceux-ci : Arata Kalama, et Rudraka. Mais il en avait probablement écouté, aussi, d'autres. Il crut avoir vu aussi bien qu'eux, les faits qui sont l'objet de leur enseignement et ceux-ci lui apparurent comme étant d'une importance secondaire.

Alors, il en vient, tout naturellement, à la dernière étape classique de la vie religieuse indienne, et ce sont les heures de solitude dans la forêt bruissante d'innombrables vies, agitée d'innombrables luttes tragiques. Dans la ramure, plongeant dans le ciel, des gigantesques banians comme parmi le tapis de plantes minuscules étendue sous ses pieds, Gôtama contemple toujours l'éternel drame de la vie et de la mort, la douleur s'attachant aux agrégations d'éléments et l'horreur des dissolutions. Enfin, une nuit, tandis qu'il méditait, assis au pied d'un pippala, des voiles se déchirèrent devant ses yeux, une succession d'états de conscience de plus en plus étendus et lucides l'amenèrent à briser le cadre étroit et illusoire de la "personnalité".

Que de voix se sont élevées dans les forêts solitaires, alimentant les rêveries panthéistes de l'Inde d'autrefois ! Aujourd'hui, traversées par des routes où circulent des camions, survolées par des avions qui promènent leurs passagers profanes au-dessus des cimes himâlayennes où les Indiens plaçaient les demeures de leurs Dieux, ces voix se sont tues, ou peut-être n'existe-t-il plus d'oreilles capables de les entendre.

Mais il y a 2 000 ans Siddharta Gautama les a entendues et il a compris que, si elles parlaient autour de lui, elles parlaient surtout de lui, manifestant la présence des multiples individualités qui constituaient ce qu'il avait considéré, jusque-là, à tort, comme un *moi* homogène.

Le Bouddha avait découvert le fait qui allait devenir la base sur laquelle toute sa doctrine allait s'édifier. Anatta (le non *moi*)

Avons-nous fait cette constatation ? — Avons-nous vu, que *cela* que nous tenions pour un *Moi* homogène est en réalité, un groupe, formé d'éléments divers ? — Groupe dont la constitution varie d'instant en instant, certains de ses membres s'en éloignant, d'autres venant s'y joindre ? — Chacun de nous perçoit-il qu'il n'est plus tout à fait le même que celui qui est entré tout à l'heure dans cette salle ? — Percevrons-nous, lorsque nous sortirons tout à l'heure, que ceux qui sortiront d'ici, ne seront plus tout à fait les mêmes que ceux qui y sont entrés ?...

Des perceptions plus affinées nous amèneront-elles à voir qu'il n'y a ni naissance ni mort, mais seulement perpétuelle transformation, perpétuelle union et séparation d'éléments physiques et mentaux ?...

Si nous atteignons à cette perception, nous aurons réalisé le but de la méthode bouddhiste, nous aurons atteint la compréhension qui procure l'inaltérable paix, la quiétude bienheureuse de l'observateur détaché.

Ces mêmes constatations, que nous aurons faites à notre sujet, les ferons-nous, aussi, au sujet d'autrui ? — Verrons-nous, en face de nous, non point des individus faits d'une seule pièce, mais des groupes composés d'éléments divers ? — Comprendrons-nous qu'il n'y a ni individu foncièrement bon, ni individu foncièrement mauvais, mais que nous nous heurtons à des groupes dont certains éléments répondent à des inclinations, à des besoins qu'éprouvent certains des éléments qui composent momentanément notre "moi" ?

S'il en est ainsi, n'éprouvant plus ni penchants, ni aversions, et suivant le conseil du Bouddha, portant nous-mêmes, le flambeau qui éclaire nos pas, nous aurons conquis la véritable libération...

# WESAK 1969

A mon grand regret, il m'est encore une fois impossible, cette année d'être parmi vous, en ce jour choisi pour commémorer la naissance du Sage indien universellement connu sous le titre de "Bouddha" : c'est-à-dire, Celui qui possède la "Bodhi" (la Connaissance).

De ce terme "Bouddha" la majorité de ceux qui l'emploient en ont fait un nom propre, en arrivant à dire : Bouddha a dit ! Bouddha a fait ! etc. etc... tandis que, véritablement, le terme Bouddha a un sens qualificatif représentant l'état de celui au nom duquel il est joint. De même que l'on dit, le Président X, il faut dire, le Bouddha Siddharta, désignant ainsi un Penseur indien que nous tenons pour avoir atteint un état supérieur de Connaissances philosophiques et spirituelles.

Vous noterez donc, comme je vous l'ai déjà dit, plusieurs fois, lors des années précédentes, qu'il s'agit, pour nous, d'une "commémoration" et non d'une "célébration" qui consiste à rappeler un fait historique à notre mémoire. Or, la naissance de Celui qui est universellement connu sous le nom de Bouddha, est bien un fait historique, et bien que son antiquité ne nous permette pas d'en fixer la date exacte, nous pouvons, sans crainte de trop grande erreur, la considérer comme avant eu lieu il y a 2 500 ans.

C'est en effet, vers cette époque, que sont descendues vers le Sud de l'Inde, des tribus d'origine nordique ou mélangées à celles-ci, qui s'intitulaient les Aryas, c'est-à-dire les nobles, un peu à la façon dont Hitler dénommait les Allemands ''la race des Seigneurs'' ou comme les Indiens avant l'Indépendance appelaient les Anglais ''Shaib'' (seigneur). Une de ces tribus, les Sakkas, s'était établie dans une région qui fait aujourd'hui partie du Sud du Népal.

A l'époque où je séjournais dans cette région, l'on y continuait encore des fouilles concernant les vestiges de Kapilavastu qui était leur capitale, et l'emplacement du jardin de Lunbini où le Bouddha est dit être né semble encore être bien connu. L'empereur indien Açoka y avait fait ériger une stèle commémorative qui subsistait encore.

Certains érudits attribuent à cette origine extra-indienne du Bouddha Siddharta certaines des doctrines qu'Il a énoncées. Entre autres sa doctrine essentielle concernant l'absence d'ego dans la personne, doctrine qui tranche si fortement avec les conceptions habituelles des philosophies indiennes.

Réunis en des assemblées ou en particulier, des milliers d'individus répéteront la formule : Buddam Saranam gachami. Il ne serait peut-être pas inopportun de donner notre attention à l'origine de cette formule par laquelle ceux qui la prononcent croient témoigner qu'ils sont les disciples du Bouddha Siddharta, alors, qu'en fait, en la prononçant ils enfreignent un des commandements les plus importants de ce Maître.

*Soyez votre propre flambeau. Soyez votre propre refuge. Ne vous confiez à aucun refuge en dehors de vous. Attachez-vous fortement à la vérité, qu'elle soit votre flambeau. Attachez-vous fortement à la vérité, qu'elle soit votre refuge... Ceux-là, ô Ananda, qui dès ce jour, ou après ma mort, seront à eux-mêmes leur flambeau et leur refuge, qui ne se confieront à aucun refuge extérieur, qui, attachés à la vérité, la tiendront pour leur flambeau et leur refuge, ceux-là, seront les premiers parmi mes disciples : ils atteindront le but suprême.*

(MAHÂPARINIBBÂNA SUTTA).

Ce n'est point à des Bouddhistes qu'il conviendrait de dépeindre leur Maître par l'image d'un berger portant une brebis sur ses épaules. Nous venons de l'entendre, le Bouddha ne porte personne, et quand il est fait mention dans les Ecritures d'une ''autre rive'' sur laquelle nous devons aborder pour atteindre la Connaissance, il n'est pas question non plus, que le Bouddha nous fasse traverser cette rivière symbolisant l'erreur. C'est à nous qu'il appartient de la traverser : " Les

Bouddhas ne peuvent que prêcher, c'est à vous de faire l'effort ",
l'effort pour nous délivrer de toutes les erreurs, de nous en délivrer par
l'attention continuelle, par l'observation attentive, par la recherche des
causes qui nous font mouvoir matériellement et mentalement.

En fait, la doctrine prêchée par Siddharta le Bouddha, nous montre une voie : celle qu'il a suivie, celle qu'il nous convient de suivre
pour nous délivrer de l'ignorance cause de la souffrance. C'est une doctrine,
aujourd'hui comme hier, efficace : perpétuellement d'actualité...

J'aimerais pouvoir, encore une fois, vous dire, comme les années
précédentes : au revoir, à l'Année prochaine ! Mais il y a déjà sept mois
que j'ai atteint l'âge de cent ans... et vous comprenez, n'est-ce pas...

# Le Vide

Le deux août 1967 elle envoie à la revue Hermès qui prépare un numéro sur le thème du Vide, un article sur le néant tel qu'il est vu, note-t-elle en marge, par les intellectuels Tibétains.

En tous temps, en tous pays, les hommes se sont plu à situer, au sommet de leurs plus hautes montagnes les séjours de leurs Dieux.

Ces cimes, à cette époque inaccessibles, environnées de nuages, entourées de mystères, leurs paraissaient propres à placer les demeures de ces divins personnages.

Cependant, de nos jours, il n'est plus de cimes inaccessibles, et le moindre boutiquier enrichi se payant le luxe d'un voyage en avion, pourrait donc, en survolant les crêtes himâlayennes, jeter un regard indiscret sur les Palais divins. Ceux-ci n'ont point été découverts, mais les cimes ont conservé leur prestige, et faute d'hôtes célestes, les pays qui les environnent ont été crédités comme lieux de retraite par des Penseurs possesseurs de connaissances profondes.

Parce que j'ai vécu pendant de nombreuses années au Tibet et dans les régions himâlayennes, j'ai reçu et reçois encore, chaque jour des lettres et des visites de gens désireux de connaître les enseignements dispensés par ces Maîtres.

— Quelles sont les théories professées par les intellectuels tibétains concernant le "Vide", vient-on de me demander ?...

Poser une telle question à un Lettré tibétain lui paraîtrait absurde.
On ne peut pas *raisonner* sur ce qui n'existe pas... Or, *Vide* signifie *rien* : absence de tout, néant.

En Tibétain *Vide* se dit : Stong pa. Ce terme est employé tout comme
le terme vide est employé en français. Il peut avoir une signification
physique ou une signification mentale. Il peut s'appliquer à la vanité
des honneurs que l'on reçoit dans le monde, tout comme au vide d'un
discours dénué de sens. L'on dira de même, une maison vide, une chambre vide, c'est-à-dire, dénuée d'habitants, une boîte vide, dans laquelle
il n'y a rien.

Mais tout cela ne représente pas le véritable *Vide* — le Vide à
l'absolu — En tibétain ce Vide est appelé stong pas gnid, et comme
tous les autres absolus il nous est inconcevable. Nous pouvons lui comparer
le "Tao" de la philosophie chinoise.

*Le "Tao" qu'on ne peut nommer, car si on le nommait, il ne serait
pas le Tao.*

Les Tibétains énumèrent dix-huit sortes de "Vide" :

1) Vide interne.
2) Vide externe.
3) Vide intérieur et extérieur.
4) Vide du Vide.
5) Le grand Vide.
6) Le Vide réel.
7) Le Vide composé.
8) Le Vide non composé ou simple.
9) Le Vide sans limite.
10) Le Vide sans commencement et sans fin.
11) Le Vide sans reste.
12) Vide sans existence propre ou sans nature.
13) Vide de toutes qualités ou de toutes choses.
14) Vide de caractère propre.
15) Vide d'invisibilité.
16) Vide d'immatérialité.
17) Vide de sa réelle nature.
18) Vide d'immatérielle réelle nature.

A quoi tend cette énumération ?

Quelques-uns ont essayé d'imaginer ce que pourrait être un objet
dépourvu d'une ou de plusieurs sortes de *Vide* tout en ayant conservé
les autres. De telles constructions n'ont pas paru viables.

L'élimination progressive que constitue la série des différentes espèces
de *Vide* et l'énonciation d'un "vide de Vide" semble bien marquer
que le but de la liste complète des énumérations tend à nous démontrer que le Vide à l'absolu nous est inconcevable.

La secte bouddhiste des Dzogs Chen pa emploie un autre terme pour désigner le Grand Vide. Elle l'appelle Ji ka da (Kchi Ka da) c'est-à-dire, originairement pur, autogène et homogène. Or, nous ne découvrons nulle part aucune chose qui ne soit le produit d'une cause et qui ne soit, aussi, le produit du mélange de plusieurs éléments et ceci revient aussi à nous prouver qu'il ne nous est pas possible d'atteindre le *Vide* complet. D'ailleurs, comment l'homme le pourrait-il ? — N'est-il pas, lui-même, conditionné ?... N'est-il pas le produit d'éléments divers, dont les moyens de perception sont déterminés d'après le conditionnement de celui qui en use ?...

Mais ce n'est point vers des dissertations oiseuses de ce genre que les Maîtres spirituels qui habitent le Tibet ou les pentes himâlayennes cherchent à conduire leurs disciples.

Ceux en qui les tendances mystiques dominent, sentiront la présence du Vide autour d'eux. Ils se sentiront en Lui. Ils s'achemineront naturellement, vers l'extase et goûteront la béatitude du Vide (La Sunnya ananda) dont parlent les textes sanscrits. Des autres, des stricts intellectuels, ces Maîtres s'efforceront de faire des Sages.

J'assouvis ma faim de l'éther sans borne
Je m'abandonne paisible à mes contemplations
Diverses pensées me viennent en méditant
L'existence dans l'univers, la ronde des phénomènes
me paraissent vains et vide
O grande merveille !

# Gurdjieff, Dordjieff
## et Shambala

"J'ignorais qu'un livre avait paru concernant *Gurdjieff* quand on me rapporta que dans ce livre, *Gurdjieff* était représenté comme ayant été le précepteur du défunt *Dalaï Lama*. Je fis remarquer qu'il y avait là une erreur due probablement à une ressemblance de nom. Le précepteur du *Dalaï Lama* s'appelait *Dordjieff*. Il n'avait rien de commun avec *Gurdjieff*'', nous dit-elle.

L'aimable rédacteur en chef des ''Nouvelles Littéraires'' me demanda alors, d'éclairer ses lecteurs sur la personnalité de *Dordjieff*.
Voici :
*Dordjieff* était un Mongol de la région voisine du Baïkal, donc un Bouriate.
Les Mongols et les Sibériens Bouriates lamaïstes qui désirent poursuivre de hautes études en littérature sacrée tibétaine et en métaphysique se rendent dans ce but soit à l'Université du monastère de Labrang (Tibet septentrional), soit à celle du monastère de Dépung près de Lhassa où ils peuvent concourir pour le titre de *guéshés* (dgéchés) équivalent tibétain de notre doctorat ès lettres et ès philosophie.
Dépung est le plus grand monastère du Tibet, le nombre des religieux qui y résident s'élève d'ordinaire à plus de dix mille. Parmi eux se trouvent toujours quelques centaines de Mongols ; ceux-ci sont réputés comme étant les élèves les plus distingués de l'université de ce monastère.

C'est à Dépung que *Dordjieff* se rendit, venant de la Mongolie. D'après Ekai Kawaguchi, un moine bouddhiste japonais qui passa trois ans au Tibet, où il fut médecin du *Dalaï Lama*, *Dordjieff* n'était pas très jeune quand il arriva à Dépung. Causant avec moi, au Japon, Kawaguchi me dit aussi que *Dordjieff* passait déjà pour être érudit lorsqu'il fut admis à Dépung.

Il y conquit le degré de *guéshé* de première classe. Plus tard, le titre de professeur émérite en philosophie : *Tsen gnid kheimpo* (mtsan gnid mkhanpo) lui fut conféré et il occupa une chaire à l'université monastique de Dépung. En même temps, *Dordjieff* était devenu le précepteur de Ngawang Lobzang Toubdén Gyatso, le treizième en ligne de succession des Dalaï Lamas (né en 1875, mort le 17 décembre 1933).

On raconte que c'est grâce à l'extrême vigilance de *Dordjieff* que Ngawang Lobzang dut de parvenir à sa majorité, soit 19 ans : la plupart de ses prédécesseurs étaient morts très jeunes empoisonnés, disait-on, par les Régents qui trouvaient profitable, pour eux, d'avoir un mineur sur le trône de Lhassa ce qui leur permettait de conserver la pleine autorité.

Quoi qu'il en soit, Ngawang Lobzang se montrait extrêmement attaché à son précepteur et celui-ci avait une grande influence sur lui.

Or, l'érudit *Dordjieff* était un agent politique du Gouvernement du Tzar. Il profita de l'ascendant qu'il avait pris sur son élève pour soutenir les desseins de la Russie sur le Tibet. Il assura le *Dalaï Lama* que la religion bouddhiste était en grand honneur en Russie, qu'un bon nombre de Russes de la haute société s'y étaient convertis et que le Tzar, lui-même, songeait à les imiter. Il proclama, aussi, que Shambala la capitale mystique réputée comme l'entrepôt des plus profondes doctrines ésotériques, était située en Russie.

En fait cette cité plus ou moins mythique, Shambala la septentrionale, qui occupe une grande place dans les légendes et dans la littérature tibétaines, paraît avoir existé en réalité, en une région où ont pris naissance certaines doctrines philosophiques issues du bouddhisme mahâyâniste. Le site de l'antique Shambala serait, actuellement, occupé par la ville de Balkh en Afghanistan. Cependant, ce site ne justifierait pas le qualificatif de septentrional : "Shambala du Nord" que les Tibétains ajoutent toujours au nom de cette fabuleuse cité car Balkh se trouve à l'Ouest et non au Nord du Tibet.

Pour les Tibétains Shambala existe quelque part, dans un "Nord imprécis — peut-être dans une île de l'océan glacial arctique, pensent quelques-uns. En plaçant Shambala en Russie ou en Sibérie *Dordjieff* ne heurtait donc aucune des idées courantes au Tibet et comme d'après certaines prophéties, c'est de Shambala que doit, un jour, partir le grand mouvement de renaissance du Bouddhisme qui doit s'étendre à la terre entière, l'association de la Cité prédestinée avec la Russie était de bonne propagande. Vers la fin des années dix-huit cents, cette propagande iouit d'un réel succès et ses effets contribuent encore à incliner en faveur des Russes une certaine fraction des Lamaïstes. Le défunt Péntchén Lama, (mort en novembre 1937 à Jakyendo, au Knom chinghai, alors qu'il était en route pour rentrer à Jigatzé) avait déclaré qu'il renaîtrait en Russie et deviendrait un officier russe. Cette prophétie ne semble pas s'être réalisée puisque le présent Péntchén Lama est né à l'extrême limite septentrionale du Tibet, qui est territoire chinois. Je dis : elle *semble* parce que ces grands lamas se réincarnent en trois exemplaires, si j'ose dire. Leur esprit, leur parole, leur forme physique peuvent animer, simultanément des individus différents. Il s'ensuit que si *l'esprit* (l'incarnation majeure) du feu Péntchén siège maintenant à Jigatzé, son *verbe* ou son *corps* peuvent se trouver quelque part en Russie.

Ces fantaisies — qui ne paraissent point comme des fantaisies aux Tibétains — peuvent être considérées comme étant, jusqu'à un certain point, des fruits du travail de Dordjieff.

En 1910 Dordjieff avec une suite de lamas et de dignitaires laïques fut envoyé en ambassade par le *Dalaï Lama* auprès du Tzar russe.

Les Tibétains redoutaient fortement les Britanniques. Ceux-ci avaient annexé les deux petits Etats himâlayens : le Bhoutan et le Sikkim (tous deux actuellement sous le protectorat de l'Inde) et les Tibétains craignaient de subir le même sort. Dans cette situation, la protection d'un puissant monarque tel que l'Empereur de Russie ne pouvait être qu'éminemment souhaitable pour eux.

La mission tibétaine fut très bien reçue à la Cour et dans le monde politique de la Russie et elle repartit abondamment munie de présents pour le *Dalaï Lama*.
C'est vers cette époque qu'il fut question d'établir de façon permamente une ambassade tibétaine auprès du Tzar et une ambassade russe auprès du Dalaï Lama. On disait même que l'Ambassadeur russe pourrait être un membre de la famille impériale.

Vers cette époque, aussi, un monastère lamaïste fut construit à Saint-Pétersbourg (aujourd'hui Leningrad). Les soviets l'ont laissé subsister.

Les présents emportés par la Mission dirigée par *Dordjieff* comprenaient, paraît-il, des armes et des munitions, ils en comprenaient, aussi, un qui provoqua une réaction inattendue par les Russes, de la part du *Dalaï Lama*.

Malgré les renseignements que *Dordjieff* avait dû leur fournir, les Russes ne se faisaient qu'une idée très imparfaite de ce qu'est un *Dalaï Lama*. Ils le considéraient, ainsi que le font très inexactement beaucoup d'étrangers, comme le Pape des Bouddhistes. Partant de cette idée, les Autorités russes estimèrent que des vêtements ecclésiastiques constitueraient un cadeau tout à fait approprié. Ils envoyèrent donc au *Dalaï Lama* un costume complet d'archevêque de l'Eglise orthodoxe — un costume d'apparat, s'entend, tout en drap d'or.

Le *Dalaï Lama* demanda qui, en Russie, portait de tels vêtements
Ayant été dûment renseigné le *Dalaï Lama* manifesta une vive colère,

comment ces gens osaient-ils l'assimiler à un prélat russe ! Avaient-ils l'intention de l'offenser !... Les gens de son entourage partageaient son indignation. Pour eux, le plus haut des dignitaires de l'Eglise russe ne venait pas à la cheville d'un Dalaï Lama. Cependant, le Dalaï Lama et ses ministres n'osèrent pas publier ouvertement leur mécontentement, par crainte de s'aliéner les bonnes dispositions des Russes à leur égard. Le magnifique costume fut déposé au fond d'un coffre. Il y est sans doute encore. Les Tibétains ont l'habitude de laisser entassés les effets précieux dont ils bourrent de grands coffres : ils ne les en sortent jamais.

D'autre part, il fut dit que la Russie avait conclu un pacte avec la Chine, au terme duquel leurs deux gouvernements s'engageaient à protéger le Tibet contre toute agression britannique.

Les Anglais pensèrent que les choses allaient trop loin. Une expédition militaire contre le Tibet fut décidée et en 1904 les troupes britanniques défilèrent dans Lhassa.

*Dordjieff* avait quitté le Tibet bien avant leur arrivée. Selon certains, le *Dalaï Lama* s'était enfui avec lui en Mongolie : d'autres affirment que *Dordjieff* partit le premier et que le *Dalaï Lama* le suivit.

Nous retrouvons *Dordjieff* vers 1910 en Russie d'où il donne au professeur Stcherbatsky de l'université de Leningrad une lettre d'introduction pour le *Dalaï Lma*.

Vers 1913-1914, les Anglais soupçonnaient *Dordjieff* d'intervenir dans les affaires politiques Tibéto-mongoles.

Ces questions étant toutes en dehors des études orientalistes qui, seules, m'intéressent et je ne me suis guère occupée des faits et gestes de *Dordjieff.* J'ai pourtant appris que dévoué aux intérêts russes sans faire de distinction de parti politique *Dordjieff* avait continué à servir ceux-ci après la révolution et qu'il était très estimé par le Gouvernement soviétique. Il vivait en Mongolie où il présidait au Soviet local je ne sais pas bien où. Un jour, vers 1927 ou 1928 j'entendis mentionner son nom par un membre de l'Ambassade soviétique à Paris ; il le désignait comme "un vénérable vieillard vivant en Mongolie". Il a été rapporté qu'il y est mort il y a peu de temps dans le monastère dont il était le chef.

Sans vouloir m'immiscer le moins du monde dans une discussion concernant l'identité de Gurdjieff qui m'est totalement indifférente, j'ajouterai à titre de renseignement que le comportement que l'on prête à Gurdjieff ne peut en aucune façon s'appliquer à *Dordjieff. Dordjieff* étant un *guelong* c'est-à-dire un religieux du grade supérieur, il appartenait à la secte des *guéslongspa* c'est-à-dire qu'il ne buvait ni alcool ni aucune boisson fermentée. D'autre part l'entraînement spirituel d'après les méthodes tibétaines est exclusivement intellectuel. Il ne comporte aucune gymnastique physique. Les pratiques physiques relèvent des doctrines indiennes du hatha yoga ou de celles de certains derviches musulmans.

# On demande des explorateurs

Les deux textes qui suivent ont été envoyés au début des années soixante pour la réunion annuelle du Club des Explorateurs dont elle faisait partie. Ils sont porteurs d'une belle leçon d'humilité et... d'action. L'aventure commence à notre porte !

Depuis le début de notre société, quand ses fondateurs m'ont fait l'honneur de m'y associer il m'a rarement été possible d'être présente à vos réunions. D'abord, je suis demeurée longtemps en Chine, puis, d'autres circonstances m'ont tenue éloignée de Paris. Elles m'y retiennent encore. Cependant je n'ai jamais cessé de demeurer, en esprit, en contact avec vous.

A tous ceux de vous qui projetez de nouveaux voyages, je souhaite la réussite de leurs divers buts. Puissent-ils, aussi, trouver dans ces voyages la même grande joie que m'ont donnée les miens au cours d'une vingtaine d'années de pérégrinations continuelles.

Vous savez aussi bien que moi que l'ère de l'exploration est close. Nous ne sommes plus à l'époque où les Christophe Colomb et d'autres de leur trempe pouvaient espérer faire de véritables "découvertes". La terre est aujourd'hui bien connue et les populations que vos ancêtres voyageurs tenaient pour des sauvages, ont aujourd'hui leurs représentants à l'O.N.U. où ceux-ci ne se font point faute de censurer nos comportements de "civilisés".

Evidemment, cela vous le savez, mais, peut-être, savez-vous moins bien que certains Asiatiques et certains Africains se sont avisés de penser que notre civilisation dite chrétienne, n'est peut-être pas aussi authentiquement chrétienne que nous le prétendons.

Il m'est revenu, tout dernièrement, que lors d'une grande assemblée d'Eglises chrétiennes, un des délégués a avancé l'opinion que l'évangélisation ne devait plus s'effectuer en sens unique, mais qu'il convenait que des missionnaires asiatiques et africains aillent travailler à la conversion des Occidentaux. L'auteur de cette motion était un Noir.

Vous riez. Il n'y a pas de quoi. Des Noirs, hommes très lettrés, ne sont-ils pas Présidents de Républiques africaines, et ne sont-ils pas reçus chez nous, comme ils le méritent, avec les honneurs dûs à des Chefs d'Etats ?...

Conclusion : Les Occidentaux, même s'ils en éprouvaient l'envie, ne pourront plus jamais attribuer les expéditions qu'ils projetteront au charitable motif d'aller éclairer les sauvages païens. Ceux-ci, même du fond des forêts de l'Afrique, les regarderaient avec ironie.

Un second motif, qui a animé nombre d'anciens explorateurs, était de découvrir et d'aménager des voies de communications propres à favoriser un trafic profitable au Pays auquel ils appartenaient. Mais si l'ère des Christophe Colomb est définitivement close, celle des Marco Polo l'est également. Alors ?... me direz-vous. Et l'exploration ?... Elle n'est pas encore tout à fait défunte. Il nous restera l'océanographie. Le fond des océans nous est encore presque aussi inconnu que l'était la terre pour les premiers explorateurs et l'histoire que l'on peut y lire dans ces profondeurs est, sans doute, aussi variée que celle qui se lit sur la surface du globe. De plus, il vous reste l'espace peuplé par de multiples objets d'investigations.

Mais tout cela ? — Qu'est-ce que tout cela ?... Bien minimes vétilles pensent certains.

Permettez-moi de vous citer, à ce sujet, l'opinion que m'a exprimée de façon pittoresque un érudit japonais. Cette opinion se rapporte directement aux explorations.

Nous sommes me dit le Japonais, de petites bestioles placées dans une boîte. Les côtés de la boîte sont infranchissables pour nous. En fait, nous n'avons jamais atteint ces côtés ; nous ne les avons jamais entrevus, nous ne pouvons pas les imaginer. Ils sont au-delà de la possibilité de nos perceptions.

Nous, petites bestioles nous nous contentons de circuler dans notre boîte. Quel que soit le point de celle-ci où nos petites pattes nous portent nous y rencontrons le même mobilier avec de légères différences de détails. Il y a là, d'abord le sol sur lequel nous marchons, il peut être de sable, de cailloux, de glace, ou d'autres choses ; c'est toujours un sol. Nous voyons des arbres, des rocs, l'eau des fleuves et celle des océans. Nous rencontrons des bestioles de différentes formes qui, comme nous, cheminent dans la boîte. Partout le spectacle est le même.

La boîte est fermée par un couvercle. Le couvercle c'est le ciel qui s'étend au-dessus de nous et qui clôt notre habitation.

Voilà !... Explorer, c'est toujours cheminer dans la boîte.

Le Japonais m'a parlé ainsi, il y a longtemps ; avant l'époque des fusées allant planter des drapeaux sur la lune et emmenant des hommes dans l'espace. Aujourd'hui je pourrais lui répliquer que les bestioles ont crevé le couvercle de leur boîte et se sont échappées au-delà de celui-ci.

J'entends la réplique. ''Point'' me dira mon interlocuteur en riant, les bestioles n'ont crevé qu'une mince feuille de papier tendue au-dessus de leur boîte. Elles ont pénétré dans une autre boîte plus vaste. Elles y trouvent des planètes, des étoiles ; et sur cette autre boîte s'étend un autre couvercle, et par-delà celui-ci on accède dans une autre boîte encore. Une boîte plus vaste encore et pourvue, elle aussi d'un couvercle. Arrêtons-nous, nous abordons l'inimaginable, l'impensable.

Du point de vue pratique, les bestioles humaines se sont très bien accommodées de l'exiguïté de leur boîte : la terre. Elles ont appris qu'elle était ronde et non pas carrée, qu'elle n'était pas le centre de l'univers. Cela ne les a pas empêchées de continuer à tourner en rond sur leur boule sans bords et de trouver quand elles ne sont pas trop exigeantes, du bonheur à vivre dans leur boîte, sous leur couvercle.

Explorateurs, mes amis, continuez donc vos voyages, c'est bien la meilleure manière qui nous soit donnée de remplir notre vie.

*

# CLUB DES EXPLORATEURS, le 24 mai 1961

Il vient un temps où le voyageur quand il a atteint un grand âge, doit se contenter de suivre avec intérêt et sympathie les manifestations de l'activité de ses jeunes successeurs. C'est ce que je fais. Je prie les membres du club des explorateurs auquel j'ai l'honneur d'appartenir depuis sa fondation, d'agréer mes vœux les plus cordiaux pour le succès de toutes leurs entreprises dans le domaine de l'exploration et des grands voyages.

Chers Collègues, si je puis me permettre de retenir, pour quelques instants, votre bienveillante attention ce sera pour vous signaler une question qui peut offrir des points de contact avec le sujet des explorations et des voyages. C'est la question des sports.

D'une façon générale on peut classer les sports en deux catégories : les sports qui contribuent à développer notre intelligence, à accroître la somme de nos connaissances et les sports qui... — je ne voudrais pas me servir d'un qualificatif trop lourd — je dirai donc, simplement : les

sports qui ne concourent pas à notre perfectionnement intellectuel...
au contraire.

Je ne crois pas me tromper en inscrivant dans la première catégo-
rie : *la marche,* les longs voyages effectués à pied, sans hâte désordon-
née, calmement, un peu à la manière de nos ancêtres : les Compagnons
du tour de France.

Voyager à pied est un excellent exercice physique, peut-être le plus
excellent de tous. Et que dire de sa valeur éducative ? — Elle est inap-
préciable. En parcourant à loisir les pays, on a toutes facilités de regarder les sites, de percevoir l'atmosphère dont ils entourent les hommes
et les choses, de mesurer les influences que ce décor peut exercer sur
les régions que l'on parcourt, d'interroger les habitants, de noter leurs
coutumes, leurs croyances, les traits saillants de leur histoire, de leurs
légendes, d'apprendre, enfin, une foule de choses dont ne se doutera
jamais le passant parcourant les grandes routes en automobile et encore
moins celui qui les survole en avion.

J'ai mis quatre mois pour aller à pied du Yunnan à Lhassa à travers
des régions inexplorées. Auparavant, j'avais mis plus de trois mois pour
aller de Pékin au Kansou. C'était pendant une période de ces guerres
civiles de Province à Province qui sévissaient si fréquemment, autrefois, en Chine. Que de choses j'ai apprises pendant ces longs voyages !
Aujourd'hui de tels trajets peuvent être effectués en quelques jours
par des véhicules automobiles et en quelques heures par des avions.
Mais elle est bien maigre la somme d'observations qu'un voyageur peut
récolter en étant transporté de la sorte, tel un colis de marchandises.

Je m'émerveille en lisant les reportages de voyageurs étrangers qui
ont été charriés vers les régions de l'Asie centrale sous la surveillance
qui leur avait été imposée, d'un guide interprète qui dirigeait leur itinéraire. Qu'ont-ils pu voir ? — Qu'ont-ils pu apprendre ? — Rien que
ce qu'on leur a montré ; rien que ce que l'interprète fonctionnaire
leur aura fait entendre. Et, alors même qu'ils n'auraient pas été, ainsi,
tenus en laisse, la brièveté et la rapidité de leurs déplacements ne leur
aurait pas permis d'acquérir une connaissance réelle des Pays et des
populations qu'ils auraient effleurés.

Notre club est un club de *voyageurs, d'explorateurs ;* il semble donc
logique que nous donnions notre encouragement et notre support le
plus actif au développement de celui des sports qui est le plus étroitement apparenté aux voyages, c'est-à-dire la *marche.*

Pour l'avoir beaucoup pratiquée j'en ai pleinement goûté le charme,
je dirai presque : la béatitude. Je me suis, aussi, rendu compte de l'enri-
chissement d'ordre mental que nous apportent les voyages pédes-
tres. Excusez donc mon zèle de propagandiste, je voudrais vous le
communiquer.

# Carnets personnels

Pour terminer ce recueil de textes nous avons voulu livrer à la lecture quelques pages de ses carnets où elle notait citations, comptes et tous les détails qui pouvaient lui servir d'aide-mémoire. Dans l'extrait qui suit, après la phrase du fondateur des Vaudois et trois remarques diverses, Alexandra, éternelle femme moderne, dresse en quelques lignes un très joli scénario pour dessin animé. Son talent multiforme se révèle, une fois de plus, on ne peut plus actuel.

Fin 1946 (suite).

*Le Monde est une charogne et ceux qui s'y attachent sont des chiens.*
(P. VALDO XII⁰ SIÈCLE).

*Je suis sur le pont. Ce n'est pas le cours d'eau qui coule, c'est le pont qui flotte — ce n'est pas le temps qui passe, c'est nous qui nous mouvons.*

Dalaï Lama died 17 octobre 1933
Penchen died novembre 1937.

La décoration s'appelle Tsin chin (étoile brillante).

# Scénario pour un film
# de dessins animés

Dans une Olympe quelconque, les petits Dieux et les petites Déesses s'ennuient. Ayant jeté par hasard un regard sur la terre, il leur vient l'idée de "jouer" avec les hommes. Les petits Dieux sont d'une taille supérieure à celle des hommes. Ils s'accoudent à un balcon d'une terrasse et "soufflent" les uns et les autres sur les hommes qui vaquaient assez nonchalamment à diverses occupations sans intérêt. Ce que les Dieux communiquent aux humains avec le souffle qu'ils projettent ce sont des idées, idées de conquête — idées de régner comme roi ou comme dictateurs — grandes entreprises industrielles — boring ail pits — mines parlements et leurs débats — missions politiques en pays étrangers navigation outre-mer — avions — tous les accidents qui résultent de ces diverses activités — la bombe atomique anéantit de larges sections du tableau.

Tout cela est à développer.

Le résultat de la bombe atomique à la confection de laquelle les petits Dieux ont assisté avec intérêt stupéfie les petits Dieux, ils se bousculent contre la balustrade pour mieux voir le spectacle d'annihilation. Ils s'exclament, font grand bruit.

Le tumulte attire le Grand Dieu, Jupiter ou un autre.

A quoi vous amusez-vous là. Les petits Dieux sont intimidés — Nous nous ennuyons nous avons voulu jouer — A quoi ? Le G.D. regarde. Oh ! oh ! un rude jeu.

Mais il dit cela avec indifférence. Comment faisiez-vous. Nous leur soufflions des "idées", le G.D. daigne sourire. "Quelles idées ?" A l'un "toi que soufflais-tu ?" à un autre "que soufflais-tu ?" Il avise une mignonne petite Déesse toute blonde, toute rose. Que soufflais-tu etc...

Il faut trouver de bonnes réponses, surtout pour la petite jolie Déesse.

Viens ici, dit le G.D. un peu paillard.

Vous êtes des vauriens dit-il aux petits Dieux. Vous mériteriez d'être détruits, mais vous êtes immortels...

Que font-ils maintenant ? (en parlant des hommes) le G.D. regarde.

Les hommes s'agitent dans les ruines, discutent la possibilité de plus puissants moyens de destruction.

Tout se remet en marche avec plus d'intensité dans l'air, sous la mer, partout.

Le G.D. est dégoûté. Pouah ! ils sont laids ! Si je soufflais aussi. Il souffle, les hommes s'effondrent tous anéantis. Le G.D dit homériquement, toute l'Olympe est secouée.

*Second tableau.* Le G.D. retourne parmi les autres Grands Dieux, conduisant la petite Déesse par l'oreille (ou un petit Dieu aussi, un de chaque main).

Ils racontent, ils s'amusaient ces enfants, ils ont détruit cette race de microbes qui s'appelaient des hommes. Ils les ont faits se battre. Si nous organisions aussi une bataille — une bataille à notre taille à nous Grands Dieux.

Tous se rengorgent avec dignité et sont intéressés.

Il explique : Ces petits soufflaient des idées à ces microbes, nous, nous pourrions souffler des énergies contraires aux planètes, aux soleils... Tous applaudissent et s'installent prêts à commencer. Ils s'assoient sur une terrasse d'où l'on voit le Cosmos. Le G.D. a pris sur ses genoux la petite Déesse qui a peur.

Commençons ! Un peu craintivement d'abord, quelques-uns se mettent à souffler. On voit les astres se cabrer, s'aborder, les Dieux se mettent au jeu avec plus d'entrain, c'est un pêle-mêle d'astres se heurtant, explosant avec fracas, leurs morceaux volant à travers l'espace.

Rire homérique — Ténèbres.

Je suis l'immortalité et la Mort, la création et la destruction, l'être et le non-être.

Une image de Shiva pourrait être projetée à la fin, si l'affabulation du scénario est indienne.

Comme titre : Les Dieux s'amusent.

*Une fin légère.* Lorsque les ténèbres succèdent au tonnerre du rire homérique, la petite Déesse est terrifiée, elle pleure dans les bras du G.D. qui la calme. Voyons, petite fille. Que crains-tu, ne sais tu pas que toi comme moi, nous sommes immortels. De quoi as-tu peur, de ce noir, de ce vide. Vois, déjà de nouveaux astres commencent à remplir l'espace.

Lumière diffuse, pâle, rosée, de plus en plus forte. On voit des étoiles, des lunes apparaître, grandir, des soleils rayonnent. Ne crains rien, tant que le désir hantera l'esprit des Dieux, et qu'il existera des petites Déesses comme toi, l'univers ne cessera pas d'exister, il ne sera pas vide. Il emmène la petite Déesse timide mais ravie. Elle dit : et il y aura encore de ces petits êtres singuliers qui s'agitent si curieusement ? Il y en aura et toi et tes amis vous pourrez encore jouer à les faire se battre.

La petite Déesse bat des mains, ravie, le G.D. sourit, l'embrasse et l'emporte.

# Hommage du Dalaï Lama
## à Digne

Vendredi 15 octobre 1982, à 15 h

**Nous avons voulu terminer ce livre sur l'hommage adressé à Alexandra David Neel par le XIVᵉ Dalaï Lama :**

Je suis extrêmement heureux d'être aujourd'hui à Digne, patrie d'adoption d'Alexandra David Neel. Je suis vraiment très heureux car j'ai vu où elle habitait, j'ai pu aussi rencontrer des personnes qui étaient ses amies. Je me suis senti très proche d'elle. J'ai vu son très grand intérêt, j'ai ressenti son grand amour pour notre culture. J'ai vraiment constaté son grand intérêt et son immense curiosité pour le peuple tibétain.

J'ai passé quelques jours en France… et voilà le dernier, ici, à Digne. Je crois qu'il est extrêmement bon que ce dernier jour soit consacré à l'endroit où une femme si courageuse a vécu et a terminé sa longue vie. Alexandra David Neel n'a pas eu peur d'affronter de très nombreuses difficultés et souffrances pour satisfaire son attrait et son intérêt pour notre pays. Je pense que les échanges entre les différentes cultures, traditions et civilisations sont extrêmement importants. Quand on commence à s'intéresser à la culture des autres peuples, des relations s'établissent et il est alors possible de comprendre que ces gens sont fort proches de nous. Et cette compréhension que nous sommes tous, avant tout, des êtres humains, cette compréhension peut fleurir quand de tels échanges peuvent avoir lieu. Quand ces relations ne s'établissent pas, de profondes différences peuvent apparaître ,à tort, entre les diverses cultures occidentales et orientales. Les autres cultures, parfois, nous semblent très lointaines et même si lointaines qu'on a peine à concevoir que d'autres hommes habitent aussi sur cette même planète.

Vous appelez le Tibet, le Toit du Monde, et vous me nommez aussi le "dieu-roi" et peut-être vous êtes vous imaginé que j'allais arriver en France en volant. Mais aujourd'hui vous pouvez me voir et vous rendre compte par vous-mêmes si je suis tellement différent de vous. Certes, peut-être y a-t-il tout de même quelques différences mineures comme par exemple mes cheveux rasés, la couleur de mes yeux, de ma peau. Mais je crois cependant que je ressemble à vous tous. Peut-être y a-t-il aussi une différence au niveau du nez. J'essaie simplement de dire qu'en fait nous sommes tous des êtres humains qui essayons de vivre sur cette terre. Nous sommes un peu comme les membres d'une même famille. N'est-il pas exact de dire que chacun des différents membres a la responsabilité de cette famille ? Je pense sincèrement qu'il en est de même pour nous.

Nous sommes tous des êtres humains habitant sur cette terre et appartenant à cette même grande famille humaine. Nous avons la responsabilité de travailler et de nous occuper de cette famille universelle. C'est ce que j'appelle la "responsabilité universelle". Quand je voyage, je le fais pour rencontrer des hommes, et c'est avec cette idée que je vais voir ou revoir les autres hommes. C'est uniquement pour et dans ce but que je voyage, que je parle, que je me déplace.

*

Cet appel que je fais pour la claire reconnaissance de notre identité et de notre égalité n'est pas simplement réalisé à partir d'une attitude noble, idéaliste, voire utopique. Je crois qu'il y a des raisons tout à fait pratiques et logiques qui rendent cette attitude nécessaire. Si, au contraire, nous mettons l'accent sur les différences de systèmes qui nous régissent et sur les diverses croyances qui peuvent nous séparer, le résultat en sera-t-il favorable et positif ? Non, certainement pas. Si nous développons ce genre d'attitude, des souffrances surgissent, des divisions, des querelles, des guerres, des luttes incessantes se manifestent. Bref, voici les résultats de telles conduites inadéquates.

Que j'aille à l'Est ou à l'Ouest, je ne rencontre que des hommes. Dans les blocs de l'Est ou de l'Ouest, je ne rencontre également que des êtres humains. Mais lorsque cette identité et cette unité profonde de notre trait humain sont oubliées et masquées, c'est très dangereux et les différences qui nous séparent acquièrent alors une trop grande importance. Méfiance et haine commencent à régner.

Quel en sera le résultat ? — La souffrance pour tous.

Je crois que, si nous n'avons pas développé cette compréhension de l'identité de nos conditions, nous ne pouvons pas non plus développer une attitude fraternelle envers les autres hommes, une attitude dans laquelle nous nous sentons concernés pas tous les autres. Par contre, si nous développons les sentiments altruistes, nous pourrons alors de beaucoup diminuer nos souffrances.

Il y a deux sortes de souffrance et de problème.

Nous devons faire face à certains problèmes actuels qui ont des causes naturelles et parfois imprévisibles. C'est le cas par exemple des catastrophes naturelles. Mais beaucoup d'insatisfactions et de souffrances sont — si nous y réfléchissons attentivement — le fait de l'homme. Elles sont générées et créées par lui.

Si notre comportement envers les autres, si notre attitude et notre conduite deviennent plus réfléchis, et beaucoup plus fondés sur la compréhension de la réalité, nous pourrons peut-être éliminer ou au moins diminuer la plupart des souffrances de l'homme.

Je pense que cette nécessité d'une harmonie découle de la nature même des choses.

*

L'économie est une notion vraiment très importante en Occident. Certes, il y a diverses idéologies, différents systèmes mais c'est secondaire. Quand on a besoin de gaz, on commence à étudier un projet de gazoduc qui, une fois construit, permettra d'acheminer les mètres cubes achetés à l'Union Soviétique. Je pense donc qu'aujourd'hui le sens et le désir sincères de la fraternité humaine est un choix extrêmement important. De nombreux dangers menacent l'humanité, et notamment celui de la guerre. Quelques hommes semblent la souhaiter mais la majorité des êtres humains ne la désirent pas. Ils préfèrent le bonheur et éviter la souffrance, donc ne pas s'engager dans une telle guerre.

Nous croyons tous vouloir la paix. Mais cette paix a une base préalable et ce préalable est en nous. C'est notre attitude juste et correcte envers les autres. C'est le développement de cette compassion, de cette sympathie envers tous les autres êtres.

Il y a un autre problème auquel doit faire face l'humanité : c'est, dans le domaine économique, la division entre le Nord et le Sud. Il y a, d'une part, des nations qui vivent dans l'abondance et qui connaissent le gaspillage, alors que d'autres nations sont dans une extrême pauvreté. C'est là une situation inadmissible.

Dans le passé, chaque pays, chaque groupe ethnique vivait séparé et isolé. Mais par le développement des moyens de communication et d'information, une telle situation devient inacceptable. Il faut aussi considérer d'autre part la dépendance de ces différents pays. L'Occident industrialisé a besoin des autres nations. Il obtient les matières premières indispensables à son équilibre. Cela souligne la dépendance de groupes humains envers d'autres et cela montre la nécessité de l'harmonie et de l'intérêt du développement de la fraternité humaine. Il est facile d'illustrer cette interdépendance à l'aide des conférences de l'O.P.E.P. Quand elles ont lieu, le monde entier s'agite et cela interfère sur les Bourses : la Bourse de Londres bouge, des inquiétudes se font jour.

Qu'est-ce que cela montre ?

C'est l'étroite relation, les liens d'interdépendance absolue des différents continents de notre planète. Exercer des pressions et des chantages sans fin, menacer des pays, bref une telle façon d'agir n'est pas une bonne solution. Au contraire, si nous pouvons avoir une attitude d'amour fraternel et d'ouverture envers les autres, si l'on peut se sentir concerné par leur sort, il est certain que les relations deviendront alors beaucoup plus faciles et aisées.

Beaucoup d'entre vous diront que tout ceci est très vrai mais qu'une telle attitude est fort difficile à adopter, que ce sont des vues qui semblent irréalistes, très idéalistes et utopiques et que tout compte fait ces idées semblent plutôt " flotter dans l'espace " et ne pas avoir tellement " les pieds sur terre ".

Mais y a-t-il vraiment un autre choix, une autre alternative possibles ? — Non, car si nous continuons à nous exploiter les uns les autres, à nous disputer, nous ignorons alors comment et de quelle façon nous pourrions y mettre fin. Si notre but est noble, peu importe que nous puissions l'atteindre ou non, mais il nous appartient d'œuvrer à le réaliser. Et ainsi à la fin de notre vie nous n'éprouverons aucun regret.

\*

Mon attitude habituelle, c'est d'essayer d'avoir la meilleure conduite possible envers les autres, c'est de développer la meilleure motivation. C'est mon seul et unique but, le seul souhaitable. C'est l'attitude de travail la plus favorable — il faut entreprendre ceci avec ardeur, persévérance, espoir et optimisme — car, si dès le début on se dit que rien ne se fera, rien ne se réalisera.

Nous sommes ici tous réunis, mais aucun d'entre nous n'a la certitude absolue qu'il vivra encore demain. Cependant, nous espérons vivre encore demain, après-demain et longtemps et nous basons toutes nos actions sur cet espoir qui nous soutient et nous permet de travailler et de progresser. En effet, si nous disions de manière défaitiste que de toute façon il n'y a aucune garantie ni assurance d'être encore en vie demain, il est certain que dans ce cas nous n'entreprendrions rien. Je pense qu'une telle attitude altruiste fondée sur l'amour et la compassion nous concerne tous car nous avons tous la responsabilité du bonheur humain. Une telle attitude me paraît nécessaire pour éprouver le bonheur que nous soyons religieux, croyants ou pas, peu importe. Mais nous sommes tous concernés par le bonheur humain.

Je pense sincèrement qu'une telle attitude responsable nous concerne tous, que nous soyons croyants ou pas. Tel est mon message général. C'était aussi la première partie de la conférence.

*

Aux personnes qui sont d'accord avec moi et qui pensent que le but que je propose est bien celui qu'il faut réaliser, je demande de travailler sincèrement avec ce but présent à l'esprit et de prendre les autres pour objectif.

Celles qui ne sont pas en plein accord avec ces paroles — et c'est tout à fait leur droit — n'ont qu'à laisser ces mots dans cette salle. Qu'ils soient oubliés !

Sur cette terre, il y a de nombreuses religions fort différentes, mais toutes ont le même but, la même potentialité, toutes peuvent permettre à l'homme de se transformer, de s'améliorer et de développer une noble attitude. Elles permettent à tous les hommes d'espérer.

Pour cela, il faut que la pratique de chaque religion soit sincère et véritable, car si ce n'est pas le cas, des paroles — fussent-elles nobles et belles — ne servent pas à grand-chose.

Je voudrais un peu aborder les différences concernant ces diverses religions. Il me paraît qu'il existe deux grands groupes principaux :

— le premier intéresse les religions qui proclament l'existence d'un dieu. Elles fondent toutes leurs pratiques sur l'existence d'un tel dieu. Parmi ces religions, on trouve la religion chrétienne, hindouiste, islamique et le judaïsme ;

— dans le second, il y a le bouddhisme, le jaïnisme, qui n'acceptent pas l'existence d'un tel dieu créateur.

Pour toutes ces religions, les différentes pratiques, les présentations, tout le développement spirituel se fondent sur l'esprit. Tout repose, tout se fonde sur l'esprit et sur la transformation de cet esprit. Par conséquent, pour toutes ces philosophies, ce qui remplace le dieu créateur, le vrai créateur, c'est l'esprit lui-même.

Quand notre esprit se développe, quand nous le purifions, nos actions deviennent immédiatement plus positives, plus favorables, plus justes, et le résultat de ces actions favorables est le bien-être. Tant que notre esprit demeure complètement indompté, incontrôlé, non maîtrisé, empli d'agitations mentales, notre attitude est beaucoup plus négative et le résultat n'en sera que souffrances.

Quand nous parlons d'esprit non dompté, d'états d'esprit non purifiés, de quoi s'agit-il exactement ? Cela concerne les ''facteurs mentaux négatifs'' et quand ils se produisent à l'esprit, notre paix et notre calme sont menacés. Nous devenons agités, troublés et perturbés, dès que nous nous trouvons sous leur emprise et leur influence. Parmi ces ''facteurs perturbateurs de l'esprit'', un des principaux (et des plus nuisibles) est la haine. Y a-t-il dans la salle une seule personne qui pourrait prétendre qu'elle a été vraiment très heureuse parce qu'elle a été dans une colère noire ? Ce serait très difficile à soutenir et cela semblerait plutôt curieux de l'affirmer et de s'exprimer ainsi. De même quand on va voir un psychologue, ou un médecin, celui-ci nous dit toujours de nous détendre, d'avoir moins d'agressivité envers les autres. Personne ne vous dira jamais : ''augmentez donc votre haine et mettez-vous en colère. Rendez-vous malade.'' Bref, la haine est un des éléments qui détruit à coup sûr notre paix individuelle. C'est incontestable et facilement observable. Mais elle ne détériore pas seulement notre propre paix, elle détruit aussi par la même occasion celle des autres, c'est-à-dire la paix de tout notre entourage proche ou lointain. Par exemple, quand un père et une mère de famille se disputent, l'atmosphère est tendue ce jour-là et les enfants éprouvent alors le besoin de s'éloigner. C'est valable pour tous, y compris pour les animaux qui partagent notre vie.

Quand le maître est en colère, même le chien fidèle et préfére se cache.

\*

Tout au contraire, si nous pouvons développer une noble attitude envers les autres, non seulement nous serons satisfaits, mais de plus ceux qui nous entourent le ressentiront et en seront heureux à leur tour. Cela est tout aussi valable pour les animaux qui nous sont proches.

Bref les êtres qui nous entourent ressentiront tous, sans exception, cette noble attitude que nous avons vis-à-vis d'eux, et tous ces êtres se rapprocheront de nous et rechercheront notre compagnie.

Cela ne concerne pas seulement la haine. Ces remarques sont aussi valables pour les divers facteurs mentaux négatifs tels que l'orgueil par exemple. Quand il est trop grand, nous méprisons les autres, qui bien entendu ne le supportent pas, d'où de nombreuses difficultés qui se font jour. C'est d'ailleurs pour combattre un éventuel orgueil toujours possible que, lorsqu'il s'agit d'enseigner le Dharma, avant de s'asseoir sur un trône élevé, le moine se prosterne. C'est pour lutter contre l'orgueil, c'est pour le combattre.

Il est nécessaire de bien marquer la différence entre l'orgueil et la sûreté ou l'assurance de soi qui, dans certains cas, peut être parfaitement justifiée. C'est la certitude qu'on peut entreprendre, faire et réaliser telle ou telle chose, qu'on en a toutes les capacités. C'est donc très différent de l'orgueil.

L'orgueil est un état d'esprit qui ne correspond pas à la réalité. Nous nous estimons beaucoup plus que ce que nous sommes. Nous nous surestimons, nous nous surévaluons.

Etudions maintenant la jalousie. On peut évoluer dans un cadre magnifique, être dans un endroit parfait, idyllique, tout semble extérieurement agréable, mais que la jalousie vienne à se manifester et l'on est tout à coup très malheureux. C'est un peu comme si on était placé nu au milieu des épines. Cette jalousie est bien alors ce qui détruit notre paix intérieure.

Observons un peu l'attachement, un autre facteur mental négatif. Le désir, l'attachement semblent au premier abord un ami qui nous aide. En fait, c'est la base de beaucoup de souffrances. Quand on éprouve de l'attachement, on désire beaucoup de choses. Jamais il n'est possible d'être satisfait, car quelqu'un qui désire désirera toujours beaucoup plus. Comme il est très difficile d'obtenir très exactement tout ce que l'on veut, il y aura des frustrations. Et dès ce moment s'ensuivront la colère, la haine, l'orgueil, etc.

Pour s'opposer à ces "facteurs mentaux négatifs", toutes les religions proposent différentes méthodes. Voici la façon dont les bouddhistes procèdent :

Quand de telles attitudes d'attachement, de désir, de haine, d'orgueil..., surgissent en nous, il ne s'agit pas d'essayer à toutes fins de les bloquer avec force sans tenir compte de nos réelles possibilités, il ne faut pas présumer de ses propres forces. C'est le développement graduel d'une pratique continuelle qui permet de comprendre au fur et à mesure ce qui se passe et donc d'y remédier. On saisit ainsi de mieux en mieux les conséquences de l'attachement, du désir, de l'aversion, de la haine et de l'orgueil. On doit voir et constater tous les maux, toutes les souffrances que ces facteurs mentaux négatifs ne manquent pas d'entraîner. On peut se rendre compte de plus en plus des avantages qu'on pourrait retirer du détachement et de l'amour. C'est par ce genre de développement et de compréhension qu'on peut progressivement lutter contre les facteurs mentaux négatifs qui troublent l'esprit. A cela, il faut allier la compréhension de la nature de ces facteurs pertubateurs de l'esprit. Il est nécessaire de bien comprendre qui est la personne qui s'attache et envers quoi elle s'attache. Pour comprendre la nature de ces "facteurs mentaux négatifs", il faut analyser et observer avec minutie. On croit que les objets d'attachement existent bel et bien, on les voit d'une façon très solide, très évidente. Il est possible — graduellement — de diminuer puis d'éliminer ces "facteurs mentaux négatifs". De nombreuses personnes évoluant dans le domaine de la psychologie disent que ces facteurs négatifs ne doivent pas être réprimés et qu'au contraire ils doivent s'exprimer et s'extérioriser. Il faut, selon elles, les laisser se manifester et ne pas les refouler. D'un point de vue bouddhiste, on peut distinguer deux catégories.

Certaines attitudes sont dues à des circonstances particulières à certains jours pendant lesquels, si elles sont exprimées de façon spécifique, elles peuvent nous aider, et l'on peut ainsi s'en défaire plus aisément. Mais l'attachement, l'aversion, sont de tout autre nature. Quand on les laisse se développer librement, ces facteurs perturbateurs prennent de la force. Ils grandissent et se développent encore plus. Ils ne cessent d'augmenter et de multiplier leur emprise. Si nous les laissons s'extérioriser, cette conduite ne nous aide en rien, tout au contraire, car attachement et aversion ne feront que croître. Si l'on veut vraiment diminuer ces facteurs mentaux négatifs, il nous faut également comprendre leur nature. Si je voulais donc décrire très brièvement le chemin complet qui mène à l'élimination de tous ces éléments, je dirais que dans l'arbre, le tronc principal est la Sagesse, quand elle atteint le stade de la vue profonde.

Pour l'atteindre : il faut l'allier à la concentration.

Mais il faut une base pour cette concentration, et c'est donc l'éthique qu'il faut tout d'abord développer. C'est ainsi que se termine la deuxième partie de l'exposé.

*

# Questions au Dalaï Lama

*Comment seul l'esprit humain peut-il expliquer la nature avant l'homme et tous les astres que les hommes ne connaissent pas ?*

Quand nous disons que l'esprit est le "créateur", nous ne nous référons pas seulement à l'esprit uniquement humain — tel qu'il est maintenant, à l'esprit de l'homme tel qu'il existe actuellement. Le bouddhisme enseigne que le courant de notre conscience existe depuis des temps infinis, sans commencement.

Il y a aussi de nombreux autres mondes, une infinité de galaxies et la ronde de dissolution de ces différents mondes, où l'on ira, est expliquée. L'homme peuple ce monde, beaucoup d'autres choses ont existé avant lui. Les personnes qui naissent ici maintenant ont existé dans d'autres mondes. Elles ont développé les Karmas nécessaires à la création d'un tel environnement, d'un tel monde. Les bouddhistes parlent souvent des Karmas, c'est-à-dire d'actions.

Nous "voyageons" donc constamment. C'est un voyage constant et régulier, dans la ronde du cycle des existences (Samsara). Nous naissons dans un certain système de monde, quand il disparaît, nous continuons notre éternel voyage dans d'autres systèmes, d'autres galaxies.

*Quelle place le Vajrayana occupe-t-il dans la religion tibétaine d'aujourd'hui ?*

Le bouddhisme dit tibétain est pratiqué de la façon suivante :
La base est le triple entraînement mental déjà mentionné :
— l'éthique,
— la concentration,
— la sagesse,
triple entraînement qu'on trouve dans les enseignements du Hinayana.

C'est la base de la pratique. Sur cette base, on suit le chemin des Bodhisattvas du Grand Véhicule (Mahayana). C'est la pratique excellente des six Perfections :

— la perfection du don
— la perfection de l'éthique
— la perfection de la patience
— la perfection de l'énergie
— la perfection de la concentration
— la perfection de la sagesse,

à ceci la pratique des Tantras est conjointe.

La différence des Tantras par rapport au Chemin des Sutras, c'est la façon dont les deux aspects de la Sagesse et de la Méthode — principalement de la compassion — sont combinés.

Dans les enseignements non tantriques, c'est l'un après l'autre. La sagesse et la méthode restent séparées. L'une aide l'autre. Elles ne se mêlent pas. Elles ne sont pas confondues et ne se pratiquent pas en même temps. Les étapes restent successives dans ce cas.

Dans le chemin des Tantras, il y a fusion. Il y a une combinaison des deux aspects. La méthode ne se contente pas d'aider la sagesse. Les deux sont rassemblées en une seule et même pratique. Il y a fusion et une étroite association indissociable. C'est pour cela que dans les Tantras on trouve la pratique de visualisation des déités.

*En tant que chef spirituel oriental pouvez-vous nous dire selon vous quelle influence peut avoir le bouddhisme chez un Occidental ?*

Le bouddhisme peut s'avérer adapté à certains individus qui sont susceptibles de retirer de la pratique un certain bienfait, une amélioration plus importante que celle qu'ils pourraient obtenir de la pratique d'une autre religion.

Dans les pays bouddhistes, on trouve aussi des chrétiens, des musulmans. C'est parce que des religions sont beaucoup mieux adaptées à certains individus. Elles conviennent mieux à leur esprit particulier. Il en est de même pour certains Occidentaux qui se sentent attirés par le bouddhisme.

*Peut-on suivre plusieurs religions simultanément ?*

C'est probablement possible tout au début, lors d'une certaine recherche. Il est sans doute possible de suivre au départ plusieurs enseignements. C'est sans doute nécessaire à l'heure du choix. Mais plus nous avançons, plus nous progressons, plus cela devient impossible, car chaque voie devient beaucoup plus spécifique.

Il en est de même des études à un niveau beaucoup moins élevé. L'étude est d'abord générale. Puis, plus son niveau s'élève, plus la spécialisation augmente. Je pense qu'on peut tout à fait emprunter certaines pratiques à d'autres religions tout en conservant nos propres croyances fondamentales. On peut à coup sûr mettre en œuvre et utiliser certaines pratiques qui nous paraissent utiles et qui sont bien ressenties et comprises.

*Quand revenez-vous en France ? crie quelqu'un dans la salle.*

Je ne sais pas, mais dans le futur j'ai bien l'intention de revenir et je m'en réjouis. Dans ce pays, j'ai été très impressionné par la très grande curiosité habituelle des gens que j'ai rencontrés, vis-à-vis des autres cultures. Beaucoup de personnes désirent très fortement apprendre et semblent s'ouvrir à d'autres approches de la vie.

On vante habituellement la tradition intellectuelle française. Ce n'est pas sans raison je pense !

*Quel est le principe exact de la Voie du Milieu ?*

Le Chemin du Milieu évite les deux extrêmes.

C'est un principe qui a beaucoup d'applications différentes. Cela peut concerner notre conduite, notre vue, la façon de voir et de concevoir les choses. En bref, c'est la façon d'éviter les extrêmes. Quand on parle du Chemin du Milieu — du point de vue bouddhiste — on se réfère plus spécialement à ce qui est appelé ''la vacuité''. Les phénomènes existent en dépendance d'autres phénomènes. Et puisqu'ils sont dépendants, ils sont vides d'une existence intrinsèque et indépendante. Ils n'existent pas de façon indépendante, propre et autonome. Ils ne peuvent exister de par eux-mêmes. Le sens du Vide n'est pas la naissance, c'est la production en dépendance, le fait d'avoir besoin d'autres phénomènes pour se manifester, pour exister. Le sens de cette production interpédendante, c'est le Vide. La compréhension de la production en dépendance amène la compréhension de la vacuité. Le Chemin du Milieu se rapporte à cela. Les deux extrêmes, nihilisme et éternalisme, sont ainsi éliminés. On peut comparer cela au zéro. C'est un zéro en lui-même. Mais avec lui, c'est 10, 100, 1 000, etc.

Les phénomènes sont vides d'existence intrinsèque et indépendante, mais néanmoins ils servent de base à la possibilité d'exister de tous les phénomènes.

Merci

C'est aujourd'hui mon dernier jour en France. Permettez-moi de dire une courte prière.

*Conférence donnée le 15 octobre 1982, au Palais des Congrès de Digne. Le public, fort nombreux (3 500 personnes), était aussi enthousiaste que chaleureux, à l'image du soleil de Provence.*

# DU MÊME AUTEUR

### *Aux Éditions Plon*

Journal de voyage *(Lettre à son mari)* 2 tomes *(Presses Pocket)*
Voyage d'une Parisienne à Lhassa *(Presses Pocket)*.
L'Inde où j'ai vécu *(Prix des Vikings, 1969)*.
Au pays des brigands gentilshommes.
Sous des nuées d'orages.
A l'ouest barbare de la vaste Chine.
Le Vieux Tibet face à la Chine nouvelle.
Mystiques et magiciens du Tibet *(Presses Pocket)*.
Le Sortilège du mystère *(Presses Pocket)*.
Deux maîtres chinois : les Maîtres Mo-Tse et Yan-Tchou.
Quarante siècles d'expansion chinoise. *Epuisé.*
Le Lama aux cinq sagesses *(Presses Pocket)*.
La Puissance du néant *(Presses Pocket)*.
Magie d'amour et magie noire ou le Tibet inconnu *(Presses Pocket)*.
Le Tibet d'Alexandra David Neel. Album de photographies.
Du bois de Vincennes à Lhassa ! A.D.N. racontée aux enfants...
Dix ans avec Alexandra David Neel, par Marie-Madeleine Peyronnet.
Le Lumineux Destin de A.D.N., par Jean Chalon.

### *Aux Éditions du Rocher*

Le Bouddhisme du Bouddha.
Immortalité et réincarnation.
Astavakra Gîtâ — Avadhuta Gîtâ.
La Vie surhumaine de Guésar de Ling *(l'Iliade des Tibétains)*.
Pensées et citations d'Alexandra David Neel. A paraître.
La lampe de sagesse.

### *Aux Éditions Adyar*

Les Enseignements secrets des bouddhistes tibétains.
La Connaissance transcendante.
Initiations lamaïques.

### *Aux Éditions Pygmalion*

Au cœur des Himâlayas, le Népal.
Textes tibétains inédits.

### *Aux Éditions Terradou*

Sodetcher l'invisible.

« *Espaces libres* »
au format de poche

*Reproduction photomécanique et*
*impression Bussière, août 2005*
*Editions Albin Michel*
*22, rue Huyghens, 75014 Paris*
*www.albin-michel.fr*
*N° d'édition : 23798. – N° d'impression : 052865/1.*
*ISBN 2-226-06904-6*
*ISSN 1147-3762*
*Dépôt légal : mars 1994.*
*Imprimé en France.*